بسم الله الرحمن الرحيم

- Titre : Lettre Aux Mariés
- Auteurs : Des éminents Ulémas; Le Collectif permanent de l'Iftâ
- Édition Française : 1ère édition - 2014

رسالة إلى العروسين

Lettre aux Mariés

Opinions Légales sur le Mariage et sur la Vie Conjugale

Risâla ilâ al-Arûsayn

Des éminents Ulémas:

Cheikh Muhammad Ibn Ibrâhîm Âl al-Cheikh
Cheikh 'Abd-al-'Azîz Ibn Bâz
Cheikh 'Abdullah Ibn 'Abd-al-Rahmân al-Jibrîn
Cheikh 'Abd-al-Rahmân Ibn Nâsir al-Sa'dî
Cheikh Muhammad Ibn Sâlih al-'Uthaymîn
Cheikh Sâlih Ibn Fawzân al-Fawzân

Le Collectif permanent de l'Iftâ

Introduit et revisé par :
Cheikh Muhammad Ibn Jamîl Zaynû

Préparé par :
Abû 'Abd-al-Rahmân Sayyid
Ibn 'Abd-al-Rahmân al-Subayhî

Sana

Éditions Ibn Hazm

ISBN: 978-9959-854-85-8

Beyrouth, Liban, B.P: 14/6366
Tel. - Fax: (009611)701974-300227
e-mail: Ibnhazim@cyberia.net.lb
www.daribnhazm.com

116, rue Jean-Pierre Timbaud - 75011 PARIS
tél: 01 48 05 29 28 / fax : 01 48 05 29 97

17, rue Paul Bert 69003 LYON
tél: 04 37 48 06 91 / fax: 04 78 62 75 11
www.librairie-sana.com

Préface de son Éminence, Cheikh Muhammad Ibn Jamîl Zaynû

Louanges à Allah. Nous Lui rendons grâce, sollicitons Son assistance et Son pardon. Nous implorons Allah de nous préserver contre les méfaits de nos âmes et de nos mauvais actes. Nul ne peut guider ceux que Dieu égare, ni égarer ceux qu'Il guide.

J'atteste qu'il n'y a point de divinité en dehors d'Allah, Seul, sans associé et que Muhammad est son humain-sujet et Messager.

Ainsi donc, le noble frère Sayyid Ibn 'Abd-al-Rahmân m'a montré son livre: "Lettre aux mariés, fatwâs du mariage et de la vie conjugale" que j'ai trouvé grandement utile aux hommes comme aux femmes.

J'ai approuvé le fait qu'il incite au mariage et qu'il traite des règles concernant les noces, les droits et devoirs des conjoints l'un envers l'autre, des conseils importants à l'intention des jeunes mariés, la recommandation de ne pas exiger des dots exagérées, l'importance du port du voile (hijâb) pour la femme et les critères légaux le concernant, la responsabilité des époux dans l'éducation des enfants, l'interdiction de la chasteté (tabattul) et du rejet du mariage, la mise en garde contre la répudiation qui démembre la famille et disperse les enfants, l'observance des obligations filiales envers les parents et les droits de l'épouse...

J'ai révisé, pour ces raisons, ce livre que je trouve salutaire et indispensable pour les mariés.

Dieu fasse qu'en profitent tous les hommes et toutes les femmes et qu'il Lui soit voué sincèrement.

Muhammad Ibn Jamîl Zaynû

Enseignant à Dâr-al-Hadîth al-Khayriyya,
à La Sainte Mecque.
Le 15/8/1420 hég.

Introduction de l'auteur

Louanges à Allah. Nous Lui rendons grâce, nous implorons Son assistance et Son pardon. Nous L'implorons de nous préserver contre les méfaits de nos âmes et de nos mauvais actes. Nul ne peut guider ceux que Dieu égare, ni égarer ceux qu'Il guide.

J'atteste qu'il n'y a point de divinité en dehors d'Allah, Seul, sans associé et que Muhammad e3st son humain-sujet et Messager.

﴿يَٰٓأَيُّهَا ٱلَّذِينَ ءَامَنُوا۟ ٱتَّقُوا۟ ٱللَّهَ حَقَّ تُقَاتِهِۦ وَلَا تَمُوتُنَّ إِلَّا وَأَنتُم مُّسْلِمُونَ ﴿١٠٢﴾﴾

﴿Ô les croyants! craignez Allah comme Il doit être craint. Et ne mourrez qu'en pleine soumission.﴾ [La Famille d'Imrân, 102]

﴿يَٰٓأَيُّهَا ٱلنَّاسُ ٱتَّقُوا۟ رَبَّكُمُ ٱلَّذِى خَلَقَكُم مِّن نَّفْسٍ وَٰحِدَةٍ وَخَلَقَ مِنْهَا زَوْجَهَا وَبَثَّ مِنْهُمَا رِجَالًا
كَثِيرًا وَنِسَآءً ۚ وَٱتَّقُوا۟ ٱللَّهَ ٱلَّذِى تَسَآءَلُونَ بِهِۦ وَٱلْأَرْحَامَ ۚ إِنَّ ٱللَّهَ كَانَ عَلَيْكُمْ رَقِيبًا ﴿١﴾﴾

﴿Ô hommes! craignez votre Seigneur qui vous a créés d'un seul être, et a créé de celui-ci son épouse, et qui de ces deux-là a fait répandre [sur la terre] beaucoup d'hommes et de femmes. Craignez Allah au nom duquel vous vous implorez les uns les autres, et craignez de rompre les liens du sang. Certes, Allah vous observe parfaitement.﴾ [Les Femmes, 1]

﴿يَٰٓأَيُّهَا ٱلَّذِينَ ءَامَنُوا۟ ٱتَّقُوا۟ ٱللَّهَ وَقُولُوا۟ قَوْلًا سَدِيدًا ﴿٧٠﴾ يُصْلِحْ لَكُمْ أَعْمَٰلَكُمْ وَيَغْفِرْ لَكُمْ
ذُنُوبَكُمْ ۗ وَمَن يُطِعِ ٱللَّهَ وَرَسُولَهُۥ فَقَدْ فَازَ فَوْزًا عَظِيمًا ﴿٧١﴾﴾

﴿Ô vous qui croyez! craignez Allah et parlez avec droiture, afin qu'Il améliore vos actions et vous pardonne vos péchés. Quiconque obéit à Allah et à Son Messager obtient certes une grande réussite.﴾ [Les Coalisés, 70-71]

Puis, la meilleure parole est le Livre de Dieu et le meilleur enseignement est celui de Son Prophète Muhammad ﷺ. Et les pires choses [en religion] sont les innovations, sachant que toute innovation est une hétérodoxie, que toute hétérodoxie est un égarement et que tout égarement mène à l'enfer.

Dieu ﷻ dit:

﴿وَمِنْ ءَايَٰتِهِۦٓ أَنْ خَلَقَ لَكُم مِّنْ أَنفُسِكُمْ أَزْوَٰجًا لِّتَسْكُنُوٓا۟ إِلَيْهَا وَجَعَلَ بَيْنَكُم مَّوَدَّةً وَرَحْمَةً ۚ إِنَّ فِى ذَٰلِكَ لَءَايَٰتٍ لِّقَوْمٍ يَتَفَكَّرُونَ ﴿٢١﴾﴾

﴾Et parmi Ses signes, Il a créé de vous, pour vous, des épouses pour que vous viviez en tranquillité avec elles et Il a mis entre vous de l'affection et de la bonté. Il y a en cela des preuves pour des gens qui réfléchissent.﴿

[Les Romains, 21]

﴿وَٱللَّهُ جَعَلَ لَكُم مِّنْ أَنفُسِكُمْ أَزْوَٰجًا وَجَعَلَ لَكُم مِّنْ أَزْوَٰجِكُم بَنِينَ وَحَفَدَةً وَرَزَقَكُم مِّنَ ٱلطَّيِّبَٰتِ ۚ أَفَبِٱلْبَٰطِلِ يُؤْمِنُونَ وَبِنِعْمَتِ ٱللَّهِ هُمْ يَكْفُرُونَ ﴿٧٢﴾﴾

﴾Allah vous a fait à partir de vous-mêmes des épouses, et de vos épouses Il vous a donné des enfants et des petits-enfants. Et Il vous a attribué de bonnes choses. Croient-ils donc au faux et nient-ils le bienfait d'Allah?﴿

[Les Abeilles, 72]

Le Prophète ﷺ dit: **"De votre monde, m'a été inspiré l'amour des femmes, du parfum et la sérénité de mon âme se trouve en prière."** [Hadîth rapporté par al-Nasâ'î et Ahmad]. Il est déclaré authentique (sahîh) par l'Imam Ibn al-Qayyim qui ajoute: "Les transmetteurs qui rapportent le hadîth, en disant: "Il m'est inspiré l'amour de trois choses de votre monde:..." commettent une erreur (wahm). En fait, le Prophète ﷺ ne dit-il pas "trois choses", surtout que la prière ne fait pas partie des choses de la vie temporelle."(1)

Le Prophète ﷺ dit aussi: **"Prenez pour épouse la femme affectueuse et féconde. Car je rivaliserai de votre surabondance avec les autres peuples, au Jour de la Résurrection."** [Hadîth rapporté par Abû Dâwûd et al-Nasâ'î d'après Ma'qal Ibn Yasâr ﷺ].

(1) Zâd al-Ma'âd, 1/151.

Il dit encore: **"La vie d'ici-bas est jouissance; or la meilleure jouissance y est la femme vertueuse."** [Hadîth rapporté par Muslim, al-Nasâ'î, Ibn Mâja et Ahmad].

Et dans un autre hadîth: **"Si quelqu'un dont vous appréciez la piété et les mœurs vient demander la main de votre fille, accordez-la-lui. Si vous ne le faites pas, le désordre et la dépravation morale se répandront sur terre."** [Hadîth rapporté par al-Tirmidhî d'après Abû Hurayra رضي الله عنه et par Ibn Mâja, déclaré hasan].

Le Messager de Dieu ﷺ dit: **"On épouse une femme pour quatre raisons: sa fortune, sa descendance, sa beauté et sa piété. Prends donc celle pieuse, sinon tu risques l'infortune."** [Hadîth rapporté al-Bukhârî, Muslim, Abû Dâwûd et Ibn Mâja.].

Des versets et hadîths susmentionnés, l'on peut tirer les enseignements suivants:

1) La création d'une épouse pour l'homme représente l'un des plus importants signes et bienfaits de Dieu ﷻ.

2) L'instauration légale du mariage vise à assurer une vie tranquille, pleine d'affection, de bonté et faite de complémentarité entre les conjoints, tel qu'il est précisé dans ce verset où Dieu ﷻ dit:

﴿هُنَّ لِبَاسٌ لَّكُمْ وَأَنتُمْ لِبَاسٌ لَّهُنَّ﴾

﴿Elles sont un vêtement[1] pour vous et vous êtes un vêtement pour elles.﴾ [La Vache, 187]

Autrement dit, l'homme et la femme ne peuvent se passer l'un de l'autre et vivre sans lui. Cela est une nécessité dictée par leur nature-même, conformément à la Loi de Dieu qui régit ce monde.

3) Dieu ﷻ rappelle aux humains la faveur de la procréation qu'Il leur a accordée, et par laquelle Il leur donne des enfants, ainsi qu'indiqué dans ces versets:

(1) Un vêtement: À entendre ici au sens de couverture, signifie aussi source de tranquillité, de quiétude et de complémentarité réciproque entre les deux conjoints.

﴿ٱلْمَالُ وَٱلْبَنُونَ زِينَةُ ٱلْحَيَوٰةِ ٱلدُّنْيَا﴾

﴿Les biens et les enfants sont l'ornement de la vie de ce monde.﴾

[La Caverne, 46]

﴿زُيِّنَ لِلنَّاسِ حُبُّ ٱلشَّهَوَٰتِ مِنَ ٱلنِّسَآءِ وَٱلْبَنِينَ﴾

﴿On a enjolivé aux gens l'amour des choses qu'ils désirent: femmes, enfants.﴾

[La Famille d'Imrân, 14]

4) La haute spiritualité et la sainteté inhérentes à l'Apostolat n'empêchent pas le Prophète ﷺ d'aimer les femmes(1). En fait, bien des prophètes qui l'avaient précédé s'étaient mariés.

5) Le Prophète ﷺ a recommandé de rechercher la femme féconde et affectueuse pour fonder une famille heureuse; le bonheur conjugal étant tributaire principalement des bonnes mœurs de la femme et de l'abondance de la progéniture.

6) Le mariage et la procréation abondante sont vivement recommandés, parce que le Prophète ﷺ rivalisera de la surabondance de sa nation, au Jour de la Résurrection, avec les autres peuples.

7) Il nous incombe, en matière du choix de l'épouse, de rechercher en priorité la femme pieuse et de noble moralité.

8) Le tuteur matrimonial doit veiller à trouver pour la femme qu'il a à sa charge un époux pieux, de bon caractère et de noble moralité.

9) Un pieux ancien disait: "Celui qui marie sa fille à un pervers, aura manqué aux devoirs de parenté avec elle."

10) Un homme ayant demandé à al-H̱asan: "Plusieurs hommes viennent de demander la main de ma fille. À qui d'entre eux dois-je l'accorder?", ce dernier lui dit: "À celui qui craint Dieu, car il la traitera généreusement s'il l'aime et s'il la répugne, il ne la lèsera point."

---

(1) Autrement dit, sa condition de Prophète n'est guère en contradiction avec son désir naturel d'union conjugale, ni ne l'exclut.

Voici donc, cher frère musulman, une épitre destinée aux mariés, à tous les jeunes des deux sexes. Elle comporte de saints versets, des hadîths authentiques du Prophète ﷺ et une anthologie de prescriptions légales. Elle couvre tout ce que le musulman et la musulmane doivent savoir sur la question du mariage et des prescriptions légales s'y rapportant. Et elle indique les avis les plus plausibles en cas de divergence des Ulémas, en mentionnant les preuves scripturaires relatives tirées du Coran et de la Sunna authentique, sans entrer dans les questions de détails propres aux traités de jurisprudence, par souci de concision et afin de faciliter la lecture au public.

Cette épitre vise, en fait, à rendre commode l'accès à la connaissance du code du mariage, vu le rôle important que celui-ci joue dans l'édification de la société et son impact décisif sur son salut ou sa perdition. Grand est donc mon plaisir d'adresser ce message à tous les jeunes mariés, unis par les liens du mariage légitime, et de leur présenter, à l'occasion, mes meilleurs vœux et sincères félicitations.

Aussi, j'ai tenu à ne mentionner dans ce livre que les hadîths dont l'authenticité est établie dans les recueils de hadîths, les ouvrages de jurisprudence et ceux qui traitent du sujet du mariage. J'ai également mentionné des citations des Ulémas qui font autorité parmi les anciens et les contemporains, tels que Cheikh al-Islâm Ibn Taymiyya, son disciple Ibn al-Qayyim, le Savant Traditionniste Cheikh Muhammad Nâsir ad-Dîn al-Albânî, son éminence le Savant Cheikh 'Abd-al-'Azîz Ibn Bâz, ainsi que son éminence, Cheikh Sâlih al-Fawzân et nombre d'autres nobles Ulémas.

J'ai enjoint à la fin de l'ouvrage des fatwas concernant l'homme et la femme et des fatwâs relatives au mariage et aux rapports conjugaux, émises par les éminents Ulémas:

1) Cheikh Muhammad Ibn Ibrâhîm Âl al-Cheikh.

2) Cheikh 'Abd-al-'Azîz Ibn 'Abdullah Ibn Bâz.

3) Cheikh 'Abdullah Ibn 'Abd-al-Rahmân al-Jibrîn.

4) Cheikh 'Abd-al-Rahmân Ibn Nâsir al-Sa'dî.

5) Cheikh Muhammad Ibn Sâlih al-'Uthaymîn.

6) Cheikh Sâlih Ibn Fawzân al-Fawzân.

7) Le collectif permanent de L'Iftâ'.

Enfin, j'implore Dieu, le Sublime, de guider l'ensemble des musulmans à se conformer au saint Coran et à la Sunna de Son Messager ﷺ, dans toutes les situations de la vie. C'est Lui qui entend et exauce les supplications.

Notre dernière prière est: Louange à Dieu, Seigneur des univers.

Abû 'Abd-al-Rahmân Sayyid Ibn 'Abd-al-Rahmân al-Subayhî
Que Dieu lui accorde grâce ainsi qu'à ses parents et aux musulmans

La Sainte Mecque 1er Chawwâl, 1420 hég.

Chapitre I

Le mariage

1- Définition du mariage (zawâj) et du rapport conjugal (nikâh)

2- Légitimité du mariage

3- Incitation au mariage et sa recommandation

4- Bienfaits du mariage

5- Objectifs du mariage

6- Interdiction de la chasteté (tabattul)

1. Définition du mariage et du rapport conjugal

Sens propre du mariage (zawâj):

Le mot mariage, zawâj, désigne la liaison solidaire de deux choses et leur couplage de sorte qu'elles forment un couple[1], après que chacune existait individuellement.

Sens propre du "rapport conjugal", union (nikâh):

En arabe, le mot nikâh signifie l'étreinte, comme par exemple lorsqu'un homme étreint son épouse en la serrant dans ses bras, à la manière d'une mère qui serre son petit contre sa poitrine avec tendresse. Mais le mot nikâh désigne aussi, par extension, le contrat du mariage et le rapport sexuel.

Sens canonique du zawâj et du nikâh:

Les deux termes zawâj et nikâh désignent le contrat qui donne droit à chacun des deux conjoints de jouir (sexuellement) l'un de l'autre d'une manière légale[2].

---

(1) Le mot zawj signifie littéralement "couple".

(2) Al-Nawawî rapporte, dans son Commentaire du Sahîh de Muslim, qu'en arabe, le terme nikâh désigne, à la fois, l'acte du mariage et l'acte sexuel. Mais d'après al-Azharî, le terme nikâh désigne, au sens littéral, l'acte sexuel [seulement]. Le mariage est appelé donc nikâh (rapport sexuel) du fait qu'il constitue "le moyen" de pratiquer l'acte sexuel. Étymologiquement parlant, explique aussi Abû al-Qâsim al-Zajjâjî, que la racine de nikâh désigne la conjonction de deux choses et leur couplage l'une à l'autre, [ce qui équivaudrait, en français, au terme: union]. Ainsi, lorsqu'on emploi le terme "nakaha" =

Qualification juridique du mariage:

Le mariage est, en principe, recommandé (mandûb). Le Messager de Dieu ﷺ a établi le commandement aux jeunes de se marier, étant tributaires de l'aptitude financière et sexuelle. Ainsi, le mariage est-il obligatoire pour la personne qui dispose de ladite capacité et qui craint pour sa personne de succomber au péché de la chair. La personne est, donc, tenue de préserver sa chasteté et de se prémunir contre les rapports illicites. Or, cela se réalise par le recours au mariage. Par contre, le mariage est simplement recommandé pour la personne disposant des moyens matériels nécessaires à l'entretien d'un ménage et jouissant d'une capacité sexuelle normale.

2. Légitimité du mariage

La conservation et la perpétuité de l'espèce humaine ne se réalisent que par l'union charnelle des mâles et des femelles. Telle est la Loi naturelle, établie par Dieu, seule garante de la continuité de la vie et de l'épanouissement du monde. La pulsion dont Dieu ﷻ a doté l'être humain pousse chacun des deux sexes à s'unir à l'autre, et de cette union naissent tranquillité, amour et tendresse.

Si l'homme était livré à sa nature et ses instincts à l'instar des animaux, cela aurait engendré de grands désastres pour tout le genre humain. Imaginons qu'un groupe d'hommes cherchent tous à s'unir à une seule femme. Qu'en serait-il? Certes, cela suscitera la haine, l'envie, l'outrage et la rancune entre eux, mais aussi la confusion et la perte de la filiation légitime, ce qui est propre à rabaisser l'humanité et à favoriser la propagation d'épidémies que l'on connaît bien de nos jours. Dans ce sens, Dieu ﷻ dit:

﴿وَلَا تَقْرَبُوا۟ ٱلزِّنَىٰٓ ۖ إِنَّهُۥ كَانَ فَٰحِشَةً وَسَآءَ سَبِيلًا ﴿٣٢﴾﴾

﴿Et n'approchez point la fornication. En vérité, c'est une turpitude, et quel mauvais chemin!﴾ [Le Voyage nocturne, 32]

= pour dire qu'untel s'est uni à unetelle, il s'agit du mariage; et lorsqu'on parle de deux conjoints, il s'agit du rapport sexuel uniquement, du fait que le couple est déjà uni par les liens de mariage.

Aussi, la sagesse de Dieu ﷻ a-t-elle dicté l'instauration d'une législation divine pour le bien de l'homme, concernant notamment les questions matrimoniales qui définissent le cadre légal du mariage, ses règles fondamentales et les obligations qu'il implique. Cette législation garantit les droits de chacun des deux conjoints, et leur indique les principes de la relation saine qui doit les lier. Elle leur éclaire ainsi la voie à suivre, pour mener une vie conjugale heureuse, et parvenir au bonheur dans ce monde et dans l'Au-Delà.

3. Incitation au mariage et sa recommandation

Dieu ﷻ dit:

﴿وَمِنْ ءَايَـٰتِهِۦٓ أَنْ خَلَقَ لَكُم مِّنْ أَنفُسِكُمْ أَزْوَٰجًا لِّتَسْكُنُوٓا۟ إِلَيْهَا وَجَعَلَ بَيْنَكُم مَّوَدَّةً وَرَحْمَةً ۚ إِنَّ فِى ذَٰلِكَ لَـَٔايَـٰتٍ لِّقَوْمٍ يَتَفَكَّرُونَ ﴿٢١﴾﴾

﴾Et parmi Ses signes, Il a créé de vous, pour vous, des épouses pour que vous viviez en tranquillité avec elles et Il a mis entre vous de l'affection et de la bonté. Il y a en cela des preuves pour des gens qui réfléchissent.﴿

[Les Romains, 21].

Cher frère musulman, le mariage est une pratique, Sunna du Prophète ﷺ, sachant qu'il est le parangon des humains, leur guide vers leur bien-être et au succès suprême. Il s'adresse aux musulmans pour déclarer que le mariage fait partie de sa voie, en soulignant qu'il désavoue quiconque s'en détourne et la néglige.

En effet, dans un hadîth rapporté par al-Bukhârî, Anas Ibn Mâlik ؓ dit: "Trois hommes vinrent aux appartements des épouses du Prophète ﷺ s'enquérir de sa pratique cultuelle. Lorsqu'ils en furent informés, ils semblèrent sous-estimer sa ferveur et dirent: "Nous ne pouvons nous comparer au Prophète ﷺ auquel Dieu a pardonné les erreurs passées et à venir?", puis l'un d'entre eux dit: "Quant à moi, je prierai toujours toute la nuit." "Moi, dit le deuxième, je jeûnerai toute ma vie, et ne romprai le jeûne aucun jour", et le troisième d'enchaîner: "Moi, je renonce aux femmes, et je ne me marierai jamais." Lorsque le Messager de Dieu ﷺ arriva, il leur dit:

"Est-ce vous qui avez dit tels et tels propos? Je jure par Dieu que je suis le plus dévot et le plus pieux d'entre vous. Néanmoins, je jeûne par intermittence, je pratique l'adoration nocturne, je dors par intermittence, et je prends en mariage des femmes. Alors quiconque refuse de suivre ma voie, je le désavoue." [Hadîth rapporté par al-Bukhârî, Muslim, al-Nasâ'î et Ahmad]

L'islam incite, donc, au mariage, et l'encourage vivement, parce qu'il représente le moyen de se prémunir contre le péché de la chair, de sauvegarde de l'intégrité de la société et de multiplication de la progéniture musulmane. Le Prophète ﷺ dit: **"Ô jeunes [célibataires]! celui qui parmi vous a les moyens de se marier qu'il le fasse, parce que le mariage est propre à vous éviter les regards interdits et à préserver contre le péché charnel. Celui qui n'en a pas les moyens devra s'appliquer au jeûne, car le jeûne est propre à le protéger(1)"** [Hadîth rapporté par al-Bukhârî, Muslim et al-Tirmidhî]

Cher frère, le mariage est le cadre [naturel et légitime] de la procréation et de la perpétuité de l'espèce humaine. Il calme les troubles de l'âme, assure son équilibre, et lui permet de jouir de la vie. Il procure la paix et la sérénité du cœur et préserve contre tout péché qui peut être commis par le corps. C'est une faveur divine qui donne le repos. Le mariage est, à la fois, une pratique de la Sunna(2), havre du bonheur et moyen de protection et de prévention contre les déviations. Il est, en plus, le moyen d'engendrer une descendance pieuse dont profite l'homme, aussi bien de son vivant qu'après sa mort. Enfin, le mariage constitue, en islam, un contrat exécutoire, un pacte solennel, une obligation sociale, un moyen de réaliser la stabilité psychique et le cadre de l'amour et de la tendresse entre homme et femme. Il satisfait les besoins affectifs et psychiques, constituant ainsi un moyen incontournable de stabilité et d'équilibre de la personnalité, et il revêt une dimension cultuelle qui équivaut à la moitié de la dévotion(3), du fait qu'il

---

(1) Wijâ': [Dans le texte, traduit par: propre à le protéger], et signifie que le jeûne est propre à calmer et briser le désir sexuel.

(2) Au sens de pratique naturelle également.

(3) Au sens qu'il assure à l'homme un cadre propice à la dévotion, de par la sérénité et l'équilibre qu'il lui procure, à travers la satisfaction de ses désirs et pulsions sexuels. Il le soulage ainsi de bien de soucis et le met à l'abri des risques de déviation et de commettre des actes licencieux ou immoraux. Libéré de ces préoccupations, l'homme se trouve disposé à la dévotion, et prêt à s'y adonner avec plein d'enthousiasme. De plus, le conjoint pieux aide son épouse à accomplir ses obligations cultuelles, et favorise chez elle le =

permet à la personne de rencontrer le Seigneur, en étant parfaitement saine et pure. Craignez donc Dieu.

À tous les jeunes musulmans: Détournez le regard de ce qui est interdit, obéissez à votre Seigneur qui vous recommande le mariage, et Il vous réalisera sa promesse de vous enrichir. Prenez garde de renoncer au mariage, par crainte de ne pouvoir en assumer les responsabilités matérielles, car c'est de Dieu ﷿ que dépend le dénouement et la solution des situations de gêne et de difficulté et l'issue heureuse vis-à-vis de l'adversité.

Dieu ﷿ dit:

﴿وَمَن يَتَّقِ ٱللَّهَ يَجْعَل لَّهُۥ مَخْرَجًا ۝٢ وَيَرْزُقْهُ مِنْ حَيْثُ لَا يَحْتَسِبُ﴾

﴾Et quiconque craint Allah, Il Lui donnera une issue favorable, et lui accordera Ses dons par [des moyens] sur lesquels il ne comptait pas﴿.

[La Répudiation, 2-3]

﴿وَمَن يَتَّقِ ٱللَّهَ يَجْعَل لَّهُۥ مِنْ أَمْرِهِۦ يُسْرًا﴾

﴾Quiconque craint Allah, cependant, Il lui facilite les choses.﴿

[La Répudiation, 4]

﴿وَأَنكِحُوا۟ ٱلْأَيَـٰمَىٰ مِنكُمْ وَٱلصَّـٰلِحِينَ مِنْ عِبَادِكُمْ وَإِمَآئِكُمْ ۚ إِن يَكُونُوا۟ فُقَرَآءَ يُغْنِهِمُ ٱللَّهُ مِن فَضْلِهِۦ ۗ وَٱللَّهُ وَٰسِعٌ عَلِيمٌ ۝٣٢﴾

﴾Mariez les célibataires d'entre vous et les gens de bien parmi vos esclaves, hommes et femmes. S'ils sont besogneux, Allah les rendra riches par Sa grâce. Car [la grâce d'] Allah est immense et Il est Omniscient.﴿

[La Lumière, 32]

Dans son exégèse, l'Imam Ibn Kathîr رحمه الله affirme qu'il s'agit, dans ce verset, d'un commandement divin de marier ces gens. Un groupe d'Ulémas soutiennent que le mariage est obligatoire pour tout individu qui en possède la capacité et fondent leur avis sur la lettre du hadîth du Prophète ﷺ disant: **"Ô jeunes [célibataires]! celui qui parmi vous a les moyens de se marier qu'il le**

= penchant à la piété, et vice-versa. De par cela, le mariage équivaud à la moitié de la piété.

fasse, parce que le mariage est propre à vous éviter les regards interdits et à préserver contre le péché charnel. Celui qui n'en a pas les moyens devra s'appliquer au jeûne, car le jeûne est propre à le protéger." [Hadîth rapporté par al-Bukhârî et Muslim dans leurs Sahîhs, d'après Ibn Mas'ûd]. Ensuite, Ibn Kathîr indique-t-il que le mariage suscite la richesse en avançant comme preuve scripturaire le verset disant:

﴿إِن يَكُونُوا۟ فُقَرَآءَ يُغْنِهِمُ ٱللَّهُ مِن فَضْلِهِۦ﴾

﴾S'ils sont besogneux, Allah les rendra riches par Sa grâce﴿.

[La Lumière, 32]

Il ajoute après qu'Abû Bakr al-Siddîq ﷺ dit: "Obéissez au commandement de Dieu de vous marier, et Dieu vous réalisera sa promesse de vous rendre riches", car Il ﷻ dit:

﴿إِن يَكُونُوا۟ فُقَرَآءَ يُغْنِهِمُ ٱللَّهُ مِن فَضْلِهِۦ﴾

﴾S'ils sont besogneux, Allah les rendra riches par Sa grâce﴿.

[La Lumière, 32]

Dans son ouvrage Zâd al-Ma'âd, l'Imam Ibn al-Qayyim ﷺ énumère les bienfaits du rapport charnel qui constitue l'un des objectifs du mariage: "Le rapport charnel est institué pour trois objectifs primordiaux:

Primo: La procréation qui assure la perpétuité de l'espèce humaine, jusqu'à atteindre le nombre d'individus prédestiné par Dieu, en ce monde.

Secundo: Évacuer le liquide séminal dont la rétention est nuisible pour le corps.

Tertio: La satisfaction du désir sexuel et la jouissance de cette faveur." [fin de citation]

Les bienfaits du mariage sont très nombreux: C'est un moyen de prévention contre la fornication; il permet de s'abstenir de regarder ce qui est prohibé; il constitue un cadre pour la procréation et assure la légitimité de la filiation; il procure la stabilité psychique des conjoints; il représente l'occasion pour eux de s'entraider et de conjuguer leurs efforts pour fonder une bonne famille, base de la société musulmane; et au sein de cette institution, l'époux pourvoit à la subsistance de sa femme et la prend en charge. Aussi, de son côté, la femme s'occupe-t-elle du ménage et remplit sa véritable fonction dans la vie.

4. Bienfaits du mariage

Le mariage recèle de nombreux bienfaits religieux, temporels, sociaux et a des effets salutaires sur la santé, entre autres:

1. La soumission au commandement de Dieu et de Son Messager qui assure le bonheur extrême de l'homme, en ce monde et dans l'Au-Delà.

2. En se mariant, l'on se conforme à la pratique des Messagers qu'il est recommandé de suivre et de prendre comme exemples.

3. Jouir du plaisir charnel, assouvir l'âme et égayer le cœur.

4. Le mariage permet de se préserver contre les rapports charnels illicites, de sauvegarder son honneur, de s'abstenir du regard illicite et d'être à l'abri de la tentation et de la séduction.

5. L'accroissement démographique de la nation islamique, sachant que la forte population est un facteur qui favorise la puissance des nations.

6. C'est grâce au mariage, en tant que facteur de croissance démographique, que le Prophète ﷺ sera en mesure de vanter le nombre de la population musulmane devant les autres peuples.

7. Le mariage établit des liens de parenté par alliance, renforce l'amitié entre familles et consolide les relations sociales, sachant que la communion et la solidarité d'une société font sa force et son bonheur.

8. Le mariage suscite les faveurs divines et la richesse, ainsi que mentionné dans le verset:

﴿إِن يَكُونُوا۟ فُقَرَآءَ يُغْنِهِمُ ٱللَّهُ مِن فَضْلِهِۦ﴾

﴾S'ils sont besogneux, Allah les rendra riches par Sa grâce.﴿

[La Lumière, 32]

9. La conservation de l'espèce humaine au moyen de la procréation, qui se réalise dans le cadre du mariage et la joie d'avoir des enfants.

10. La satisfaction du besoin mutuel de stabilité psychique, physique et spirituelle entre époux.

11. La satisfaction chez les deux sexes du désir naturel établi par Dieu pour assurer l'existence humaine.

12. L'entraide des conjoints pour élever leur progéniture, fonder une famille et veiller sur elle.

13. Organiser la relation entre l'homme et la femme sur la base des devoirs conjugaux réciproques et de la participation édifiante, dans un cadre d'entente, de tendresse, d'amour, de respect et de considération mutuels.

14. Grandes sont les rétributions et récompenses divines dues à l'acquittement de ses obligations envers le conjoint et les enfants et des dépenses pour les entretenir.

Muslim rapporte, d'après Abû Dharr رضي الله عنه, que certains compagnons رضي الله عنهم vinrent se plaindre: "Ô Messager de Dieu! dirent-ils, les riches accaparent les récompenses divines. Certes, ils prient et jeûnent comme nous, mais ils font en plus aumône du surplus de leurs richesses." **"Ne savez-vous pas que Dieu vous a donné de quoi faire aumône?"**, leur rétorqua-t-il et de leur expliquer: **"En fait, à chaque fois que vous dites: "Gloire à Dieu"(1), cela vaut une aumône. À chaque fois que vous dites: "Dieu est Tout-Grand"(2), cela vaut une aumône. À chaque fois que vous dites: "Louange à Dieu"(3), cela vaut une aumône. À chaque fois que vous dites: "Il n'y a point de divinité en dehors de Dieu"(4), cela vaut une aumône. Chaque fois que vous commandez le bien, cela vaut une aumône. Chaque fois que vous réprimez le mal, cela vaut une aumône. Voire même, chaque acte charnel que vous faites vaut une aumône.**" "Ô Messager de Dieu! s'exclamèrent-ils, est-ce que l'un de nous a une récompense divine quand il satisfait son désir charnel" **"Ne voyez-vous pas**, répliqua-t-il, **qu'il**

---

(1) Subhân -Llâh.

(2) Allâhu Akbar.

(3) Al-hamdu li-Llâh.

(4) Lâ ilâha illâ-Llâh.

sera grevé d'un péché s'il satisfait son désir illicitement? Aussi, s'il le satisfait licitement, il en sera récompensé".

Cela prouve, explique l'Imam al-Nawawî dans son Commentaire du Hadîth [nº1006], que les actes licites[1] deviennent des œuvres pieuses, lorsqu'ils sont accomplis avec des intentions pures et sincères. Ainsi, l'acte charnel devient-il un acte pieux lorsqu'on le fait dans l'intention de remplir son devoir envers l'épouse et de la traiter convenablement, tel que Dieu ﷻ l'a prescrit, ou dans l'intention d'avoir un enfant pieux, ou de préserver sa chasteté, ou encore la chasteté de son épouse, et d'éviter-une fois son désir sexuel assouvi-de regarder ce qui est prohibé ou d'y penser, etc.

En effet, Abû Hurayra ﷺ rapporte que le Messager de Dieu ﷺ dit: **"Une fois l'homme mort, [la rétribution de] son œuvre est arrêtée, à l'exception de trois: une œuvre de bienfaisance durable, un savoir dont on continue de profiter et un enfant pieux qui invoque Dieu en sa faveur."**[2] [Hadîth rapporté par Muslim]. Le Prophète ﷺ dit aussi: **"Toute dépense que tu feras en vue de l'agrément de Dieu te vaudra une récompense, même la bouchée que tu mets dans la bouche de ta femme."**[3] [Hadîth rapporté par al-Bukhârî et Muslim]

15. Le mariage permet de parvenir à la plénitude de la piété, de purifier l'âme et le corps et de préserver la dignité et la réputation de l'individu.

(1) Il s'agit des actes ordinaires licites, tels que manger avec l'intention de gagner des forces pour bien rendre le culte à Dieu ﷻ, ou dormir avec l'intention de se reposer et de se lever plein d'entrain pour accomplir les actes de dévotion, ou encore jouir de son épouse pour préserver sa personne et son regard contre la tentation du péché, pour s'acquitter de son devoir conjugal envers elle, et pour avoir des enfants pieux...

(2) Ce hadîth, affirment les Ulémas, signifie, qu'à sa mort, l'œuvre de l'homme cesse, et par conséquent leur rétribution aussi, sauf en ces trois choses, du fait de leur origine. En effet, l'enfant pieux est le fruit de ses actes, et son invocation en faveur de son père lui est salutaire et lui représente alors une rétribution.

(3) Car l'épouse représente, pour l'époux, le plaisir et la jouissance les plus intimes de ce monde. En fait, lorsque l'époux met une bouchée de nourriture dans la bouche de sa femme, c'est généralement lors des préludes et du badinage qui accompagnent la jouissance sexuelle licite. Ainsi, cette situation est-elle naturellement tout loin des actes de piété ayant trait à l'Au-Delà. Or, malgré cela, le Prophète ﷺ nous informe que lorsque l'époux aspire, de par cette bouchée, à plaire à Dieu ﷻ, il sera récompensé. Par conséquent, les situations en dehors de celle-ci procurent, à fortiori, plus de récompenses lorsqu'on vise à satisfaire Dieu ﷻ.

16. L'invocation de l'enfant pieux en faveur de ses parents est un autre fruit du mariage, ainsi que le dit le Prophète ﷺ: **"Une fois l'homme mort, [la rétribution de] son œuvre est arrêtée, à l'exception de trois: une œuvre de bienfaisance durable, un savoir dont on continue de profiter et un enfant pieux qui invoque Dieu en sa faveur."**

17. Le mariage préserve l'humain contre les mauvaises suggestions du démon, prévient les méfaits du désir irrépressible de la chair et éloigne, de la sorte, le danger de commettre la fornication.

18. Il assure la sauvegarde de la légitimité des filiations et des droits successoraux(1).

19. Il permet, en outre, de divertir l'individu par la compagnie du conjoint, les regards licites, la cajolerie et les privautés, ce qui soulage le cœur et dispose mieux aux pratiques cultuelles.

20. L'islam considère le mariage comme pratique pieuse, parce qu'il préserve l'individu des dangers de la tentation, des regards prohibées et du risque de succomber à la turpitude.

5. Objectifs du mariage

La Loi recommande fortement le mariage dans l'intérêt des conjoints, de leurs descendances et de la société entière. Citons, parmi ces intérêts et bienfaits, les suivants:

1. La satisfaction de l'instinct sexuel dans le cadre de l'union légitime, ce qui prémunit l'individu contre le voyeurisme(2), et prévient les suites sociales fâcheuses de la fornication et des enfants illégitimes... Aussi, le Prophète

---

(1) Puisque ces droits découlent de rapports de parenté légitimes.

(2) Nous avons adopté le terme voyeurisme, du fait que sa définition coïncide avec le sens entendu dans le texte, le regard prohibé. En effet, selon la définition du Larousse, le voyeurisme désigne une déviation sexuelle dans laquelle le plaisir est obtenu par la vision dérobée de scènes érotiques. Or, par extension, en islam, le voyeurisme englobe-t-il tout regard de toute partie du corps d'un autre individu qu'il est prohibé de regarder, et tout ce qui est propre à susciter la volupté, chez l'homme ou la femme, en dehors de la conjugalité.

ﷺ recommande-t-il: **"Celui qui, parmi vous, a les moyens de se marier qu'il, le fasse, parce que le mariage est propre à vous éviter les regards interdits et à préserver contre le péché charnel."**

2. Prévention des maladies vénériennes (sexuellement transmissibles) causées par les relations sexuelles illégitimes, telles que: la syphilis, le chancre mou, le sida (syndrome immunodéficitaire acquis), etc.

3. Sauvegarder de la filiation légitime.

4. Assurer la conservation et la perpétuité de l'espèce humaine par la procréation, dans le cadre du mariage, et par conséquent réaliser le progrès, la civilisation et la lieutenance ou le vicariat de l'homme sur terre.

5. Réaliser le désir humain de procréation et de jouir de ses enfants. Dieu ﷻ dit:

﴿وَٱللَّهُ جَعَلَ لَكُم مِّنْ أَنفُسِكُمْ أَزْوَٰجًا وَجَعَلَ لَكُم مِّنْ أَزْوَٰجِكُم بَنِينَ وَحَفَدَةً وَرَزَقَكُم مِّنَ ٱلطَّيِّبَٰتِ﴾

﴿Allah vous a fait à partir de vous-mêmes des épouses, et de vos épouses Il vous a donné des enfants et des petits-enfants, et Il vous a attribué de bonnes choses.﴾ [Les Abeilles, 72]

6. Mener une vie conjugale prospère dans un cadre paisible et convenable.

7. Le mariage implique, par ailleurs, le devoir des conjoints d'assumer leurs responsabilités relatives. 'Abdullah Ibn 'Umar رضي الله عنهما rapporte, à cet égard, que le Prophète ﷺ dit: **"Chacun de vous est pasteur, et chaque pasteur est responsable de son troupeau. Le gouverneur est pasteur et responsable de ses sujets; l'homme est pasteur dans sa famille et est responsable d'elle. La femme est pasteur de la maison et des enfants de son époux et est responsable d'eux. L'esclave est pasteur des biens de son maître et en est responsable. Ainsi, chacun de vous est pasteur et est responsable de son troupeau."**(1) [Hadîth rapporté par al-Bukhârî et Muslim]

---

(1) Dans son Commentaire du Hadîth, al-Nawawî رحمه الله dit que les Ulémas affirment que le pasteur est toute personne qui veille avec conscience, intégrité et dévouement, à bien assumer les charges et les responsabilités qui lui sont soumises. Le hadîth indique, donc, =

8. Le mariage doit être une institution qui se charge d'élever et de former les générations futures, au sein d'une famille vertueuse. Il vise ainsi à fonder des foyers pieux, qui sont la base et le noyau d'une société saine.
9. Le mariage vise, enfin, à établir des liens de parenté par alliance entre familles.

Les objectifs du mariage se résument, quant à eux, dans les points suivants:

Primo: Atténuer l'ardeur du désir sexuel.

Secundo: La procréation.

Tertio: L'abondance de la descendance.

Quarto: L'accomplissement des tâches ménagères.

Primo: Atténuer l'ardeur du désir sexuel

Atténuer l'ardeur du désir sexuel est requis légalement, parce que le contrôle du désir élève l'individu aux plus haut rangs spirituels, et lui procure la satisfaction dans l'ici-bas et l'agrément divin dans l'Au-Delà. C'est pourquoi le Messager de Dieu ﷺ recommande: **"Celui qui parmi vous a les moyens de se marier qu'il le fasse, parce que le mariage est propre à vous éviter les regards interdits et à préserver contre le péché charnel. Celui qui n'en a pas les moyens devra s'appliquer au jeûne, car le jeûne est propre à le protéger."**

Le mariage préserve réellement l'homme de céder aux suggestions insidieuses du démon, et le protège contre les méfaits de l'emprise des pulsions sexuelles, comme il favorise l'abstention du voyeurisme et la préservation de la chasteté. Anas Ibn Mâlik ؓ rapporte que le Messager de Dieu ﷺ dit: **"En se mariant, l'homme accomplit la moitié de sa piété. Il doit alors craindre Dieu quant à la moitié restante."**[(1)]

Secundo: La procréation

= que toute personne ayant une certaine responsabilité, doit faire preuve de justice envers les gens desquels elle est responsable, les traiter avec justice et veiller à leurs intérêts temporels et spirituels.

(1) Hadîth rendu hasan par Cheikh al-Albânî.

La procréation constitue également l'un des objectifs majeurs du mariage. En effet, les enfants représentent, pour leurs parents, la joie dans cette vie, et représentent une réserve de rétribution dans l'Au-Delà. Le Prophète ﷺ nous apprend, qu'à la mort de l'homme, tous ces actes cessent d'être rétribués, excepté trois, dont l'enfant pieux qu'il aura engendré et qui invoquera Dieu ﷻ en sa faveur, sachant que ces invocations seront exaucées en faveur du mort et que celui-ci en sera rétribué.

Tertio: L'abondance de la descendance

L'abondance de la descendance procure de l'assurance à l'individu parmi sa famille, son clan et sa communauté, et lui assure la stabilité et l'aide dans ses réalisations temporelles.

Quarto: L'accomplissement des tâches ménagères

S'occuper des affaires du ménage nécessite du temps, mais aussi un savoir-faire et des connaissances que peu d'hommes maîtrisent ou possèdent. Or, la femme est naturellement disposée à prendre soin du ménage, de l'entretien [de la maison] et de sa gestion, comme par exemple: la cuisine, le nettoyage, ... Cette tâche, qu'elle remplit chez elle, dans l'intimité du foyer conjugal et dans le cadre de la chasteté, de l'honneur et de la vertu, n'est pas moins importante que la tâche de l'homme qui consiste à travailler pour subvenir matériellement à la subsistance de sa famille.

6. Interdiction de la chasteté

La chasteté est le fait de s'abstenir des rapports charnels pour se consacrer entièrement à l'adoration de Dieu. Al-Bukhârî rapporte que Sa'd Ibn Abû Waqqâṣ ؓ dit: "Le Messager de Dieu ﷺ désavoua le vœu de chasteté de 'Uthmân Ibn Maẕ'ûn. Or, s'il le lui avait accordé, nous nous serions castrés."(1) [Ḫadîth rapporté par al-Bukhârî, Muslim, al-Tirmidhî et al-Nasâ'î]

---

(1) C'est de là que l'on dit: "la Vierge Marie" et "Fâṭima la Chaste" (al-Batûl), car elles n'avaient pas de pareilles parmi les femmes de leurs époques, quant à leur dévotion, leur vertu et leur aspiration à l'Au-Delà.

Sa'd dit: "Or, s'il le lui avait accordé, nous nous serions castrés." pour dire que s'il nous =

La chasteté a été interdite pour encourager le mariage, afin de perpétuer la procréation, de conserver les caractéristiques de virilité, d'éviter l'atrocité de la castration et d'empêcher l'interdiction des choses licites. Dieu ﷻ dit:

﴿يَٰٓأَيُّهَا ٱلَّذِينَ ءَامَنُوا۟ لَا تُحَرِّمُوا۟ طَيِّبَٰتِ مَآ أَحَلَّ ٱللَّهُ لَكُمْ وَلَا تَعْتَدُوٓا۟ ۚ إِنَّ ٱللَّهَ لَا يُحِبُّ ٱلْمُعْتَدِينَ ﴿٨٧﴾﴾

﴾Ô les croyants! ne déclarez pas illicites les bonnes choses qu'Allah vous a établies comme licites. Et ne transgressez pas. Allah, en vérité, n'aime pas les transgresseurs.﴿ [La Table servie, 87]

'Abdullah Ibn 'Amr Ibn al-'Âs ﷺ rapporte que le Messager de Dieu ﷺ lui dit: **"N'est-ce pas à ton sujet que j'ai appris que tu pries la nuit et que tu jeûnes la journée régulièrement?"** "Je le fais, en effet.", confirmai-je. **"Ne le fais, donc plus,** m'ordonna-t-il, et d'ajouter: **"Tu devras plutôt jeûner et t'en abstenir par intermittence; et tu devras aussi veiller à prier et dormir par intermittence. Car tu as des obligations vis-à-vis de tes yeux(1), des obligations vis-à-vis de ta femme et des obligations vis-à-vis ton hôte. Il te suffit de jeûner trois jours de chaque mois. Or, la bonne action étant rétribuée au décuple, cela équivaudra au jeûne à vie."** Mais j'insistai, et lui d'insister davantage. "Je me sens capable de faire mieux que cela, ô Messager de Dieu!", lui dis-je, et lui de me répliquer: **"Jeûne alors à la manière du prophète de Dieu David mais pas plus."** "Et comment le prophète de Dieu David jeûnait-il?", m'enquis-je. **"Il jeûnait la moitié du temps"**, expliqua-t-il. Une fois devenu vieux, 'Abdullah disait: "Si seulement j'avais accepté la facilité que le Prophète ﷺ m'avait accordée." [Hadîth rapporté par al-Bukhârî, Muslim, al-Tirmidhî, al-Nasâ'î et Ibn Mâja].(2)

= avait autorisé à nous abstenir des femmes et des autres plaisirs temporels, nous nous serions volontiers castrés, afin d'éliminer le désir et de pouvoir nous abandonner entièrement à la dévotion. Cela signifie aussi qu'ils pensaient à la castration licite sur la base de leur raisonnement personnel. Mais leur supposition ne concordait pas avec la Loi. Car la castration de l'humain est absolument interdite, qu'il s'agisse d'un enfant ou d'un adulte. Al-Baghawî dit qu'il est également interdit de castrer tout animal dont la viande n'est pas consommable.

(1) Tu dois reposer tes yeux par le sommeil.

(2) Le hadîth montre, selon le Commentaire d'al-Nawawî, la bienveillance du Prophète ﷺ envers les membres de sa nation, sa compassion pour eux, son application à les guider et les orienter vers ce qui est dans leur intérêt, leur incitation à s'adonner aux œuvres pieuses =

= qu'ils peuvent soutenir en permanence, et leur interdiction de faire preuve d'un zèle excessif dans la dévotion, de crainte que cela n'engendre chez eux la lassitude et l'incapacité de poursuivre, avec assiduité, la totalité ou bien une partie de ces œuvres. Dieu ﷻ blâme les gens qui font preuve d'un grand zèle en dévotion et qui finissent par la négliger. Il ﷻ dit:

﴿وَرَهْبَانِيَّةً ابْتَدَعُوهَا مَا كَتَبْنَاهَا عَلَيْهِمْ إِلَّا ابْتِغَاءَ رِضْوَانِ اللَّهِ فَمَا رَعَوْهَا حَقَّ رِعَايَتِهَا﴾

﴾Le monachisme qu'ils inventèrent, Nous ne le leur avons nullement prescrit. Ils devaient seulement rechercher l'agrément de Dieu. Mais ils ne l'observèrent pas [à ce monachisme] comme il se devait.﴿

[Le Fer, 27]

Car il est tout simplement inadmissible de s'imposer des pratiques ou un mode de vie qui vont à l'encontre de la nature humaine.

Chapitre II

La cherté de la dot

1- Les méfaits de la cherté de la dot

2- Mise en garde contre les dots excessives et les noces dispendieuses, par Cheikh 'Abd-al-'Azîz Ibn Bâz رحمه الله

3- Appel à faciliter le mariage et à éviter d'exiger des dots excessives, par Cheikh Sâlih al-Fawzân

4- L'amour des femmes

1. Les méfaits de la cherté de la dot

Certes, le mariage est une nécessité vitale en raison de son importance religieuse et temporelle, des liens qu'il établit entre les individus, de l'amour et de la mansuétude qui lient les conjoints et du sentiment de paix et de tranquillité que chacun éprouve auprès de l'autre. Dieu ﷻ dit:

﴿وَمِنْ ءَايَٰتِهِۦٓ أَنْ خَلَقَ لَكُم مِّنْ أَنفُسِكُمْ أَزْوَٰجًا لِّتَسْكُنُوٓا۟ إِلَيْهَا وَجَعَلَ بَيْنَكُم مَّوَدَّةً
وَرَحْمَةً ۚ إِنَّ فِى ذَٰلِكَ لَءَايَٰتٍ لِّقَوْمٍ يَتَفَكَّرُونَ ﴿٢١﴾﴾

﴾Et parmi Ses signes, Il a créé de vous, pour vous, des épouses pour que vous viviez en tranquillité avec elles et Il a mis entre vous de l'affection et de la bonté. Il y a en cela des preuves pour des gens qui réfléchissent.﴿

[Les Romains, 21]

Le mariage, a-t-on précisé plus haut, permet également l'accroissement requis de la population, ainsi qu'indiqué dans le hadîth du Prophète ﷺ disant: **"Prenez pour épouse la femme affectueuse et féconde. Car je rivaliserai de votre surabondance avec les autres peuples au Jour de la Résurrection."** En plus, le mariage favorise et dispose à éviter le voyeurisme, à préserver l'intégrité sur le plan sexuel. L'on remarque, ainsi, que les personnes mariées mènent une vie, de loin, meilleure que celle des célibataires. En effet, l'individu marié jouit généralement de sérénité et de prospérité, et dispose des conditions de stabilité, de bien-être et de détente, ce qui contribue à l'épanouissement de sa vie spirituelle et temporelle, comme le dit le hadîth: **"En se mariant, l'homme accomplit la moitié de sa piété. Il doit alors craindre Dieu quant à la moitié restante"**, surtout quand l'on a le bonheur d'épouser une femme vertueuse, fidèle à son époux, qui maintient intact ce que Dieu a prescrit de sauvegarder, qui obéit à son mari et qui veille à son honneur et ses biens pendant son absence. Multiples, d'ailleurs, sont les saints versets et les hadîths prophétiques qui recommandent le mariage et y encouragent; entre autres, Dieu ﷻ dit:

﴿فَٱنكِحُواْ مَا طَابَ لَكُم مِّنَ ٱلنِّسَآءِ مَثۡنَىٰ وَثُلَٰثَ وَرُبَٰعَ﴾

﴿Il est permis d'épouser deux, trois ou quatre parmi les femmes qui vous plaisent﴾ [Les Femmes, 3]

Il dit aussi:

﴿وَأَنكِحُواْ ٱلۡأَيَٰمَىٰ مِنكُمۡ وَٱلصَّٰلِحِينَ مِنۡ عِبَادِكُمۡ وَإِمَآئِكُمۡۚ إِن يَكُونُواْ فُقَرَآءَ يُغۡنِهِمُ ٱللَّهُ مِن
فَضۡلِهِۦۗ وَٱللَّهُ وَٰسِعٌ عَلِيمٞ ٣٢﴾

﴿Mariez les célibataires d'entre vous et les gens de bien parmi vos esclaves, hommes et femmes. S'ils sont besogneux, Allah les rendra riches par Sa grâce. Car [la grâce d'] Allah est immense et Il est Omniscient.﴾

[La Lumière, 32]

Le terme "célibataires", dans le verset, désigne aussi bien les hommes que les femmes. Ce verset, a-t-on déjà expliqué, incite au mariage et promet aux mariés qu'au manque de ressources, succèdera l'aisance. Abû Bakr al-Siddîq ؓ dit: "Obéissez au commandement de Dieu qui vous appelle à vous marier, et Il vous réalisera sa promesse de vous rendre riches." De son côté, Ibn Mas'ûd ؓ dit: "Trouvez la richesse en vous mariant:

﴿إِن يَكُونُواْ فُقَرَآءَ يُغۡنِهِمُ ٱللَّهُ مِن فَضۡلِهِۦۗ وَٱللَّهُ وَٰسِعٌ عَلِيمٞ ٣٢﴾

﴿S'ils sont besogneux, Allah les rendra riches par Sa grâce. Car [la grâce d'] Allah est immense et Il est Omniscient.﴾ [La Lumière, 32]

Citons aussi ce hadîth, où le Prophète ﷺ dit: "**Il est trois personnes que Dieu soutient obligatoirement: le marié qui cherche à préserver sa chasteté, l'affranchi contractuel (mukâtab)**(1) **qui cherche à acquitter ses redevances et le**

---

(1) L'affranchi contractuel (mukâtab) est l'esclave qui rachète sa liberté de son maître à un prix payable par tranches. Un contrat est donc établi, stipulant l'affranchissement de =

combattant qui part en expédition pour la cause de Dieu." [Hadîth rapporté par Ahmad, al-Tirmidhî, al-Nasâ'î et Ibn Mâja]

Ibn Kathîr ﵀ écrit: Dieu, de par Sa générosité et Sa bienveillance, donnera à l'homme assez de ressources pour subvenir à la subsistance de sa femme et à la sienne." Il convient donc à l'individu, possédant les moyens, de se marier, ceci par observance du commandement de Dieu et de Son Messager, et dans le but de préserver la chasteté de sa personne et de son épouse. Car l'abstention de se marier engendre bien des méfaits, tels que le voyeurisme qui est une flèche empoisonnée de la part du démon, car il mène à la fornication, donc à des maladies auxquelles s'expose l'individu célibataire. Malheureusement, l'on constate beaucoup de jeunes qui renoncent au mariage prescrit, pour fuir les responsabilités qu'il implique. Or, cela est un grave danger, et pour eux et pour leur nation. Le Messager de Dieu ﷺ, avec toute sollicitude et toute bonté pour les croyants, dit: **"Ô jeunes [célibataires]! celui qui parmi vous a les moyens de se marier qu'il le fasse, parce que le mariage est propre à vous éviter les regards interdits et à préserver contre le péché charnel. Celui qui n'en a pas les moyens devra s'appliquer au jeûne, car le jeûne est propre à le protéger."** Les moyens requis pour le mariage, dans le hadîth, désignent les ressources nécessaires à la fondation et à l'entretien d'un ménage. Ce hadîth incite aussi au mariage, parce qu'il préserve contre le péché de la chair, et favorise l'abstention du voyeurisme. Anas Ibn Mâlik ﵁ rapporte que le Prophète ﷺ, après avoir rendu grâce et louange à Dieu, a ajouté: **"Néanmoins, je jeûne par intermittence, je pratique l'adoration nocturne, je dors par intermittence, et je prends en mariage des femmes. Alors quiconque refuse de suivre ma voie, je le désavoue."** [Hadîth rapporté par al-Bukhârî et Muslim]

Nombreux sont les gens qui, de nos jours, ne possèdent pas les moyens de se marier à cause de la cherté des dots et des coûts exorbitants des fêtes des noces. Ce grand problème nuit considérablement à la société et cause beaucoup de torts aux jeunes hommes et filles. Et selon la tradition, ni le Prophète ﷺ, ni aucun de ses compagnons, ni de leurs successeurs dans la bonne voie n'ont exigé des dots élevées, ni ne l'ont recommandé à autrui.

= l'esclave, dès l'acquittement de ses redevances, selon l'échéance convenue.

Bien au contraire, le Prophète ﷺ dit: "**Si quelqu'un dont vous appréciez la piété et les mœurs se présente à vous [comme prétendant], mariez-le. Si vous ne le faites pas, le désordre et la dépravation morale se répandront sur terre.**" Dans une autre version d'al-Tirmidhî: "**Quand quelqu'un dont vous appréciez la piété et la moralité vient vous demander la main de votre fille, accordez-la-lui. Car si vous ne le faites pas, la dépravation et un grand désordre séviront sur terre.**" [Hadîth rapporté par al-Tirmidhî]. Le Prophète ﷺ dit aussi: "**Le mariage le plus béni est celui qui coûte le moins.**" Les dots des épouses du Prophète ﷺ et ses filles étaient de cinq-cents dirhams (pièces d'argent) seulement. Il avait aussi marié une femme à un homme pauvre, qui ne possédait aucun bien matériel, en lui fixant comme dot seulement une bague en fer. Et à l'homme ne pouvant pas procurer cette dot minime, le Prophète ﷺ lui a demandé d'enseigner, à la femme, le Coran qu'il connaissait. [Hadîth rapporté par al-Bukhârî et Muslim]. Encore, 'Abd-al-Rahmân Ibn 'Awf رضي الله عنه avait épousé une femme pour la dot d'une once[1] d'or. [Hadîth rapporté par al-Bukhârî et Muslim]. Rappelons alors que Dieu ﷻ dit:

﴿لَّقَدْ كَانَ لَكُمْ فِي رَسُولِ ٱللَّهِ أُسْوَةٌ حَسَنَةٌ لِّمَن كَانَ يَرْجُوا۟ ٱللَّهَ وَٱلْيَوْمَ ٱلْـَٔاخِرَ وَذَكَرَ ٱللَّهَ كَثِيرًا ﴿٢١﴾﴾

﴾En effet, vous avez dans le Messager d'Allah un excellent modèle à suivre, pour quiconque espère en Allah et au Jour dernier et invoque Allah fréquemment.﴿ [Les Coalisés, 21]

Il n'y a aucun intérêt ni de raison valable pour fixer des dots élevées, ni pour imposer des dépenses excessives pour la fête du mariage, ni pour exiger

(1) Littéralement, dans le texte: "Pour une dot d'un noyau d'or". Al-Khattâbî affirme, selon le Cadi 'Iyâd, que le terme once désignait, pour eux, une mesure déterminée que l'on a expliquée comme valant cinq dirhams d'or. Le Cadi ajoute que c'est ainsi que le terme noyau a été expliqué par la plupart des Ulémas. Ahmad Ibn Hanbal soutient, pour sa part, que cette mesure vaut trois dirhams et un tiers. L'on dit aussi qu'il s'agit du poids, en or, d'un noyau de datte, mais l'avis correct reste le premier. Certains malékites affirment aussi que le noyau vaut un quart de dinar chez les gens de Médine, sachant que d'après le sens apparent des propos d'Abû 'Ubayd, il avait payé une dot de cinq dirhams car, explique-t-on, il n'était pas alors question d'or, mais noyau (once) désignait plutôt cinq dirhams, au même titre qu'un écu (ûqiyya), quarante dirhams. Dans tous les cas, il s'agitssait d'une dot symbolique, d'une valeur minime.

au marié de grandes sommes qui dépassent les moyens des gens pauvres. Voire, ces conditions privent de tels gens de la possibilité de se marier et engendre, par là, le prolongement du célibat. D'un autre point de vue, l'exigence d'une dot excessive porte atteinte à la dignité de la femme, puisqu'ainsi elle serait considérée au même titre qu'une marchandise que l'on vend et que l'on achète. Un tel traitement rabaisse la femme et-cela va de soi-contraire aux valeurs morales.

L'individu ne possédant pas les moyens de se marier doit, quant à lui, observer le jeûne et préserver sa chasteté, dans l'attente d'une issue de la part du Seigneur ﷻ qui dit:

﴿وَلْيَسْتَعْفِفِ ٱلَّذِينَ لَا يَجِدُونَ نِكَاحًا حَتَّىٰ يُغْنِيَهُمُ ٱللَّهُ مِن فَضْلِهِۦ﴾

﴿Et que ceux qui n'ont pas de quoi se marier, cherchent à rester chastes jusqu'à ce qu'Allah les enrichisse par Sa grâce.﴾ [La Lumière, 33]

C'est dans ce sens que s'inscrit également le hadîth susmentionné du Prophète ﷺ disant: **"Ô jeunes [célibataires]! celui qui parmi vous a les moyens de se marier qu'il le fasse, parce que le mariage est propre à vous éviter les regards interdits et à préserver contre le péché charnel. Celui qui n'en a pas les moyens devra s'appliquer au jeûne, car le jeûne est propre à le protéger (wijâ')."** Et wijâ', dans le texte, signifie que le jeûne est propre à calmer et briser le désir sexuel. En ce qui concerne les tuteurs des jeunes hommes et filles, ils devraient donc réduire les dots et faciliter les conditions du mariage, loin de l'âpreté au gain et de la cupidité obsessionnelle, en considérant la situation des besogneux et des impécunieux qu'ils doivent soutenir et encourager. Ceci contribue à établir et renforcer la cohésion sociale et la solidarité islamique; et de là, la fraternité et l'entraide s'affirmeront entre les musulmans qui sont censés faire corps et être aussi solidaires que les parties d'un édifice.

2. Mise en garde contre les dots excessives et les noces dispendieuses, par Cheikh 'Abd-al-'Azîz Ibn 'Abdullah Ibn Bâz ﷺ

De 'Abd-al-'Azîz Ibn 'Abdullah Ibn Bâz, à tous nos frères musulmans auxquels parviendra cette missive: Que Dieu nous guide tous à accomplir ce qu'Il apprécie et approuve et nous écarte de commettre ce qu'Il interdit et prohibe. Amen.

Salut de Dieu sur vous, ainsi que Sa miséricorde et Sa bénédictions.

J'ai reçu de nombreuses plaintes, de personnes vertueuses, au sujet des dots excessives, des fêtes de mariage onéreuses, de la concurrence des gens dans ce genre de gaspillage et dans les choses prohibées qui s'y produisent, comme la photographie(1), la mixité, la musique et le chant. En effet, toutes les dépenses que ces pratiques impliquent sont responsables du renoncement des jeunes au mariage, puisqu'ils seront incapables de payer leur coût excessif. Par contre, il est légalement permis dans les fêtes de mariage, spécifiquement pour les femmes, de jouer du tambour et de chanter entre elles des chansons ordinaires, toutefois sans les diffuser par les haut-parleurs. Étant donné que beaucoup de gens commettent ces pratiques prohibées par simple imitation des autres et par ignorance de la Sunna du Prophète ﷺ, maître des premiers et des derniers, j'ai décidé de rédiger ces mots, mû par le devoir de loyauté envers Dieu, envers son Livre, envers son Messager ainsi qu'envers les chefs et le commun des musulmans.

Ainsi donc, comptant sur l'assistance de Dieu, je dirai ceci:

Tout un chacun sait que le mariage a été pratiqué par les prophètes et que Dieu et son Messager l'ont recommandé. Dieu ﷻ dit:

﴿فَٱنكِحُوا۟ مَا طَابَ لَكُم مِّنَ ٱلنِّسَآءِ مَثْنَىٰ وَثُلَـٰثَ وَرُبَـٰعَ﴾

﴿Il est permis d'épouser deux, trois ou quatre parmi les femmes qui vous plaisent﴾ [Les Femmes, 3]

Il dit aussi:

﴿وَأَنكِحُوا۟ ٱلْأَيَـٰمَىٰ مِنكُمْ وَٱلصَّـٰلِحِينَ مِنْ عِبَادِكُمْ وَإِمَآئِكُمْ﴾

(1) Il arrive, en effet, que certains profitent de ces occasions pour photographier les femmes présentes à la fête, pour ensuite utiliser indûment ces photos ou les montrer à des personnes qui n'ont légalement pas le droit de les voir.

﴿Mariez les célibataires d'entre vous et les gens de bien parmi vos esclaves, hommes et femmes.﴾ [La Lumière, 32]

De son côté, le Prophète ﷺ dit: "**Ô jeunes [célibataires]! celui qui parmi vous a les moyens de se marier qu'il le fasse, parce que le mariage est propre à vous éviter les regards interdits et à préserver contre le péché charnel. Celui qui n'en a pas les moyens devra s'appliquer au jeûne, car le jeûne est propre à le protéger.**" Et dans un autre hadîth: "**Néanmoins, je jeûne par intermittence, je pratique l'adoration nocturne, je dors par intermittence, et je prends en mariage des femmes. Alors quiconque refuse de suivre ma voie, je le désavoue.**"

Tous les musulmans, et spécialement leurs chefs, doivent œuvrer à réaliser cette Sunna, qu'est le mariage, et la faciliter, pour concrétiser le hadîth du Prophète ﷺ disant: "**Quand quelqu'un dont vous appréciez la piété et la moralité vient vous demander la main de votre fille, accordez-la-lui. Car si vous ne le faites pas, la dépravation et un grand désordre séviront sur terre.**" Dans ce même contexte, Muslim rapporte dans son Sahîh qu'Abû Salama Ibn 'Abd-al-Rahmân dit: J'avais demandé à 'Â'icha ﵂, l'épouse du Prophète ﷺ: "De combien était la dot que le Messager de Dieu ﷺ donnait?" Elle avait dit: "Sa dot, pour ses épouses, était de douze écus et d'un nachâ?", et d'ajouter: "Sais-tu combien vaut un nachâ?" "Non", infirmai-je et à elle de préciser: "Un demi-écu. Ce qui fait un montant de cinq cents dirhams. Telle fut la dot du Messager de Dieu ﷺ pour ses épouses." On rapporte aussi que 'Umar ﵁ dit: "À ma connaissance, le Messager de Dieu ﷺ n'a épousé aucune de ses femmes, ni n'a marié aucune de ses filles pour une dot dépassant douze écus."(1) Les Sahîhs [d'al-Bukhârî et Muslim], entre autres recueils de hadîth, mentionnent que Sahl Ibn Sa'd al-Ansârî ﵁ rapporte que le Prophète ﷺ a marié une femme à un homme pauvre, ne possédant aucun bien, en lui fixant comme dot seulement de lui enseigner les parties du Coran qu'il connaissait.

Ahmad, al-Bayhaqî et al-Hâkim rapportent que l'épouse la plus bénie est celle dont on accorde la main, sans exiger des conditions pénibles, notamment celle dont la dot est modérée. Or, malgré ces textes clairs et explicites de la Sunna, relatant les dires et les actes du Prophète ﷺ, beaucoup

---

(1) Al-Tirmidhî déclare ce hadîth hasan.

de gens agissent contrairement et transgressent le commandement de Dieu et de son Messager de ne pas dépenser l'argent de façon injustifiée. Dieu met en garde, dans son saint Livre, contre le gaspillage et la dilapidation de l'argent:

﴿وَءَاتِ ذَا ٱلْقُرْبَىٰ حَقَّهُۥ وَٱلْمِسْكِينَ وَٱبْنَ ٱلسَّبِيلِ وَلَا تُبَذِّرْ تَبْذِيرًا ٢٦ إِنَّ ٱلْمُبَذِّرِينَ كَانُوٓا۟
إِخْوَٰنَ ٱلشَّيَٰطِينِ ۖ وَكَانَ ٱلشَّيْطَٰنُ لِرَبِّهِۦ كَفُورًا ٢٧﴾

﴿Et donne au proche parent ce qui lui est dû ainsi qu'au pauvre et au voyageur [en détresse]. Et ne gaspille pas indûment, car les gaspilleurs sont les frères des diables; et le Diable est très ingrat envers son Seigneur.﴾

[Le Voyage nocturne, 26-27]

Dieu ﷻ dit encore:

﴿وَلَا تَجْعَلْ يَدَكَ مَغْلُولَةً إِلَىٰ عُنُقِكَ وَلَا تَبْسُطْهَا كُلَّ ٱلْبَسْطِ فَتَقْعُدَ مَلُومًا مَّحْسُورًا ٢٩﴾

﴿Ne porte pas ta main enchaînée à ton cou [par avarice], et ne l'étend pas non plus trop largement, sinon tu te trouveras blâmé et chagriné.﴾

[Le Voyage nocturne, 29]

Dans d'autres versets, Dieu ﷻ nous apprend que les croyants se caractérisent par certaines qualités dont la modération dans les dépenses:

﴿وَٱلَّذِينَ إِذَآ أَنفَقُوا۟ لَمْ يُسْرِفُوا۟ وَلَمْ يَقْتُرُوا۟ وَكَانَ بَيْنَ ذَٰلِكَ قَوَامًا ٦٧﴾

﴿Qui, lorsqu'ils dépensent, ne sont ni prodigues ni avares, mais se tiennent au juste milieu.﴾ [Le Discernement, 67]

Comme Il dit:

﴿وَأَنكِحُوا۟ ٱلْأَيَٰمَىٰ مِنكُمْ وَٱلصَّٰلِحِينَ مِنْ عِبَادِكُمْ وَإِمَآئِكُمْ ۚ إِن يَكُونُوا۟ فُقَرَآءَ يُغْنِهِمُ ٱللَّهُ مِن
فَضْلِهِۦ ۗ وَٱللَّهُ وَٰسِعٌ عَلِيمٌ ٣٢﴾

﴿Mariez les célibataires d'entre vous et les gens de bien parmi vos esclaves, hommes et femmes. S'ils sont besogneux, Allah les rendra riches par Sa grâce. Car [la grâce d'] Allah est immense et Il est Omniscient.﴾

[La Lumière, 32]

Dieu ﷻ commande de marier les célibataires en général, aussi bien les riches que les pauvres, et indique que la pauvreté ne doit pas être un critère pour accepter la demande en mariage, car les subsistances et les ressources sont détenues exclusivement par Dieu ﷻ qui peut, à volonté, changer le pauvre en riche. Puisque la Loi islamique encourage tellement le mariage, les musulmans doivent, par soumission au commandement de Dieu et de Son Messager ﷺ, en faciliter la réalisation et ne point exiger des conditions pénibles, pour qu'ainsi Dieu ﷻ leur réalise sa promesse. Abû Bakr al-Siddîq ؓ dit: "Obéissez au commandement de Dieu qui vous appelle à vous marier, et Il vous réalisera sa promesse de vous assurer des ressources." De son côté, Ibn Mas'ûd ؓ disait: "Trouvez la richesse en vous mariant". Craignez Dieu, sujets de Dieu, quant à vos obligations envers vous-mêmes, envers vos filles et vos sœurs et les autres femmes dont Dieu vous a confié la charge, et envers vos frères en islam. Appliquez-vous tous à répandre la bienfaisance au sein de la société, à favoriser son développement et à lutter contre les causes du désordre moral et des crimes. N'employez pas les faveurs que Dieu vous a accordées pour Lui désobéir, et rappelez-vous toujours que vous êtes responsables et que vous allez devoir rendre compte de vos actes. Dieu ﷻ dit:

﴿فَوَرَبِّكَ لَنَسْـَٔلَنَّهُمْ أَجْمَعِينَ ﴿٩٢﴾ عَمَّا كَانُوا يَعْمَلُونَ ﴿٩٣﴾﴾

﴿Par ton Seigneur! nous les interrogerons tous sur ce qu'ils œuvraient.﴾

[Al-Hijr, 92-93]

On rapporte que le Messager de Dieu ﷺ dit: **"Aucun être humain ne bougera au Jour de la Résurrection jusqu'à ce qu'il aura rendu compte de quatre choses: En quoi aura-t-il usé sa vie? En quoi aura-t-il passé sa jeunesse? Comment aura-t-il gagné sa vie et où aura-t-il dépensé son argent? Et comment aura-t-il employé son savoir?"** [Hadîth rapporté par al-Bazzâr et Al-Tabarânî avec un isnâd authentique]. Mariez donc vos fils et vos filles en suivant l'exemple de votre Prophète, de ses nobles compagnons et de ceux qui suivent leur bonne voie. Tâchez de marier vos filles aux gens vertueux, honnêtes et pieux. Observez la modération quant aux dépenses du mariage et des noces. N'exigez pas des dots excessives, ni ne posez des conditions pénibles pour le marié. Si vous possédez un surplus de richesse, dépensez-le plutôt pour les œuvres de bienfaisance, pour aider les pauvres et les orphelins, pour prêcher Dieu ou pour édifier des mosquées. Ceci est meilleur, plus durable et plus salutaire pour vous dans cette vie et dans l'autre que les dépenses pour les fêtes somptueuses et ostentatoires en vue de chercher à rivaliser avec autrui dans ce genre d'occasions. Toute personne qui compte organiser une cérémonie fastueuse, animée par des chanteurs et des chanteuses, doit considérer sérieusement les grands méfaits de ce genre d'actes avant de prendre une telle décision. Il doit être conscient qu'agir de la sorte serait faire preuve d'ingratitude envers Dieu au lieu de Lui rendre grâce pour ses faveurs. Or, il devra inéluctablement comparaître devant Dieu pour rendre compte de tous ses actes. Aussi, doit-on observer la modération dans les dépenses du mariage et les dots, comme on doit se veiller rigoureusement, pour les fêtes du mariage, à éviter ce que Dieu a prohibé et se limiter strictement à ce qu'Il a permis. Les Ulémas, les notabilités et les chefs musulmans doivent porter une attention particulière à cette question et s'appliquer à donner, eux-mêmes, le bon exemple au reste de la nation, car les gens sont naturellement portés à suivre leur exemple, qu'il soit bon ou mauvais. Que Dieu bénisse donc quiconque offre, par sa conduite, un bon modèle à suivre pour les musulmans, dans tous les aspects de la vie, y compris le mariage. Le Messager de Dieu ﷺ déclare à ce titre: **"Quiconque instaure en islam une pratique louable en aura la rétribution, ainsi que la rétribution, pour son application par tous ceux qui l'observeront après lui, sans que cela n'implique la moindre réduction de leurs rétributions; et quiconque instaure en islam une mauvaise pratique sera chargé de son péché, ainsi que de l'équivalent des péchés de tous ceux qui l'auront appliquée après lui, sans que cela n'engendre la moindre réduction de leurs péchés."**[1] [Hadîth rapporté par Muslim]. Enfin, que Dieu accorde grâces et salut à notre Prophète Muhammad.

3. Appel à faciliter le mariage et à éviter d'exiger des dots excessives[2], par Cheikh Sâlih Al-Fawzân

Louange à Dieu qui dit dans son saint Livre:

(1) Ce texte incite à prendre l'initiative pour faire le bien, à instaurer les pratiques louables en tant qu'exemples à suivre. Il met en garde, d'un autre côté, contre l'invention de vaines et répréhensibles coutumes.

(2) Tiré des "Discours du Cheikh Sâlih al-Fawzân", vol.1, pp. 341-344.

﴿وَمِنْ ءَايَٰتِهِۦٓ أَنْ خَلَقَ لَكُم مِّنْ أَنفُسِكُمْ أَزْوَٰجًا لِّتَسْكُنُوٓا۟ إِلَيْهَا وَجَعَلَ بَيْنَكُم مَّوَدَّةً وَرَحْمَةً ۚ إِنَّ فِى ذَٰلِكَ لَءَايَٰتٍ لِّقَوْمٍ يَتَفَكَّرُونَ ﴿٢١﴾﴾

﴿Et parmi Ses signes, Il a créé de vous, pour vous, des épouses pour que vous viviez en tranquillité avec elles et Il a mis entre vous de l'affection et de la bonté. Il y a en cela des preuves pour des gens qui réfléchissent.﴾

[Les Romains, 21]

J'atteste qu'il n'y a point de divinité en dehors de Dieu, Seul, sans associés; Dieu qui gouverne avec omnipotence et qui a établi une Loi commode. Et J'atteste que Muhammad est son sujet et Messager, qui a recommandé le mariage et incité les fidèles à faciliter sa réalisation, vu ses conséquences louables sur les plans spirituels et temporels. Il dit: **"Facilitez les choses et évitez de les rendre difficiles. Annoncez la bonne nouvelle et évitez d'en en imposer aux gens au point de leur inspirer la répulsion."** [Hadîth rapporté par al-Bukhârî]. Que Dieu couvre de grâces et de paix notre noble Prophète, ainsi que sa famille et ses compagnons, jusqu'à la fin des temps.

Ô musulmans! craignez Dieu et sachez que les bienfaits du mariage sont innombrables, comme par exemple préserver la chasteté des mariés et les prémunir contre le péché de la chair. Le Prophète ﷺ dit: **"Ô jeunes [célibataires] ! celui qui, parmi vous, a les moyens de se marier qu'il le fasse, parce que le mariage est propre à vous éviter les regards interdits et à préserver contre le péché charnel..."** Le mariage permet aussi l'augmentation de la natalité et l'accroissement de la population qui représente un facteur de force pour la nation. Le Messager de Dieu ﷺ dit: **"Prenez pour épouse la femme affectueuse et féconde. Car je rivaliserai de votre surabondance avec les autres peuples, au Jour de la Résurrection."** Parmi les bienfaits du mariage, citons encore la complémentarité et l'entraide des conjoints aux tâches de la vie. La femme reconnaît à l'homme l'autorité (qawâma), de part les charges de famille qui lui sont imposées et qu'elle est incapable d'assumer, en raison de sa féminité et de sa nature délicate et vulnérable. De son côté, l'homme trouve dans la femme un appui qui lui épargne les préoccupations ménagères, et le soulage de l'éducation des enfants. En somme, le mariage ne vise pas uniquement à satisfaire le désir charnel, mais son objectif est plus élevé encore, puisqu'il s'agit d'une relation d'amour et de tendresse, d'affinité et d'harmonie affective, de création d'une famille, voire d'édification d'une société dans sa totalité, d'où l'importance et la noblesse de sa portée.

Ô musulmans! C'est en vue de concrétiser ces objectifs, que la Loi encourage le mariage et recommande d'en faciliter les conditions et qu'elle interdit d'imposer des obstacles qui empêchent, ou bien qui risquent de compliquer, sa réalisation. Cependant, à cause de leurs mauvais agissements et des suggestions que leurs dictent les démons, djinns et humains, les gens posent tellement d'entraves devant le mariage qu'il est devenu, de nos jours, une affaire des plus difficiles, sinon la plus difficile. Notons, parmi ces entraves, les suivantes:

Primo: Empêcher la femme de se marier

Il s'agit d'empêcher la femme d'épouser un homme qui lui est convenable par sa condition (kuf'). Ainsi, lorsqu'un prétendant demande-t-il sa main, et qu'elle est empêchée de l'épouser soit directement par son tuteur matrimonial, soit par l'intervention de personnes bornées qui l'en dissuadent, pour des raisons infondées, comme dire par exemple qu'il est âgé pour elle, qu'il est pauvre, ou rigoriste ou autre chose dans ce sens, alors qu'en réalité la seule est vraie raison c'est qu'il n'est pas à leur goût. Lorsque de tels gens mènent la femme et décident de son sort, leur responsabilité devient loin d'être assumée envers elle, puisque leur acte porte atteinte à ses intérêts et ne lui cause que du tort. Il est donc du devoir du tuteur sage et perspicace d'accepter la demande de la femme en mariage dans ce cas, et de ne pas laisser l'occasion aux intrigues des esprits malveillants. Le Messager de Dieu ﷺ dit: **"Quand quelqu'un dont vous appréciez la piété et la moralité vient vous demander la main de votre fille, accordez-la-lui. Car si vous ne le faites pas, la dépravation et un grand désordre séviront sur terre."**

Empêcher la femme dépouser un homme qui lui convient, comporte trois transgressions: une atteinte du tuteur à l'encontre de lui-même pour avoir désobéi à Dieu et à son Messager; une atteinte à la femme pour l'avoir privée d'un époux digne d'elle et l'avoir privée de l'opportunité de se marier, ce qui va à l'encontre de ses intérêts; et une atteinte au droit du prétendant que le Législateur a commandé. Un tel tuteur matrimonial perd donc son autorité sur la femme, et la tutelle passe de lui au tuteur légal le plus loyal et digne parmi les autres pour assumer cette responsabilité envers elle. Voire, un tuteur qui persiste à maintes reprises à empêcher la femme étant sous sa tutelle de se marier, devient pervers, sa Foi et sa piété seront entachées et son témoignage sera irrecevable, selon l'avis d'un groupe d'Ulémas.

Secundo: La dot excessive

La dot excessive constitue l'une des causes principales qui empêchent le mariage. Certains exigent de telles dots par snobisme ou par mercantilisme, et ne cherchent qu'à parler de leurs montants énormes, sans pour autant réfléchir aux suites de leur acte, ni penser qu'en accomplissant cette mauvaise pratique, en islam, ils deviennent coupables de l'avoir instaurée, puis d'avoir induit autrui à la pratiquer, car ils seront responsables de quiconque qui les imite. Insoucieux des peines qu'ils occasionnent, ils se font objet d'exécration, car une dot élevée est susceptible d'engendrer, chez l'époux, des sentiments de répulsion vis-à-vis de sa future femme, pour la moindre raison, tandis qu'une dot modérée favorise l'entente et l'harmonie du couple, ainsi que la bénédiction du mariage.

Le Prophète ﷺ dit: **"Le mariage le plus béni est celui qui coûte le moins"**, [Hadîth rapporté par Ahmad]. Le Commandeur des croyants 'Umar Ibn al-Khattâb ﷺ dit: "Évitez de hausser les dots revenant aux femmes. En fait, si cela était honorable en ce monde, ou pouvait attirer quelque grâce dans l'Au-Delà, le Prophète ﷺ l'aurait pratiquée en priorité." Ibn al-Qayyim explique que les hadîths ne fixent pas le montant minimum de la dot, et qu'à ce titre, du sawîq(1), une bague de fer ou bien des sandales peuvent être considérés comme une dot, et rendre ainsi licite la jouissance de l'épouse. Par contre, les hadîths indiquent que les dots élevées sont répréhensibles, parce qu'elles diminuent la bénédiction du mariage et le rendent difficile.

Tertio: Les dépenses pléthoriques innovées

Les dépenses abusives représentent un fardeau financier si lourd pour les gens qu'il les pousse à renoncer au mariage. Parmi ces formes de dépenses, il y a l'achat d'habillements et de bijoux aux prix exorbitants,

(1) Semoule de blé ou d'orge obtenue par torréfaction et moulage.

l'excès dans l'ameublement des chambres à coucher, faire des banquets somptueux impliquant le gaspillage de nourriture et payer des frais importants lors des visites échangées entre les belles-familles. Or, toutes ces dépenses épuisent le marié et ne représentent aucun intérêt réel pour lui. Elles ne profitent, en fait, qu'aux commerçants, et pour ainsi dire c'est de l'argent dilapidé, perdu pour des futilités. Voire, ces frais font obstacle devant le mariage qui est, quant à lui, une nécessité vitale pour la communauté. En outre, certaines pratiques inadmissibles et prohibées ont été introduites chez les musulmans, par la vilaine plèbe, et se sont si bien ancrées chez eux qu'elles sont décidément considérées comme faisant partie des modalités du mariage. Il s'agit des soirées organisées à l'occasion dans les hôtels et les salles, animées par des chanteurs et des chanteuses, la musique étant diffusée par les haut-parleurs, dans une ambiance de mixité, où les mariés se présentent devant la foule pour être photographiés, sachant que tout cela est prohibé, surtout que la mariée se trouve souvent, durant ce genre d'occasions, dans une tenue indécente, dénudée de manière licencieuse. De telles cérémonies transforment le mariage en une cause de dépravation morale, qui offense Dieu et son Messager par les péchés qui y sont commis.

Puis, le mari doit entreprendre avec sa femme le voyage des noces, dans un pays étranger, aux mœurs dissolues, pour se défaire du voile de la pudeur et de la décence puis retourner contaminés par les idées perverses désavouant leur religion et leur pays. Ce sont des ignominies avilissantes et scandaleuses. Or, les consciences mortes ne s'en rendent même pas compte.

Sachez, serviteurs de Dieu, que faire obstacle au mariage par ce genre de futilités engendre de graves méfaits, comme:

- La diminution du nombre des mariages à cause de l'incapacité financière, ce qui conduit au désordre moral, en favorisant les rapports illégitimes entre hommes et femmes. En fait, l'empêchement de la légitimité aboutit à l'illégitimité et tout ce qui dépasse la mesure entraîne son contraire.

- Le gaspillage et la dilapidation de l'argent, et la prohibition de ceci est explicitement établie par de nombreux textes du Coran et de la Sunna.

- La déloyauté du tuteur envers la femme qui est sous sa tutelle, par son abstention de la marier à l'homme pieux qui la mérite, car il ne lui versera pas une dot importante, ou bien n'est pas capable de payer ces frais excessifs. Il refuse donc de lui accorder sa main, et préfère à quelqu'un qui est prêt à payer ce prix, même s'il s'avère inadéquat sur le plan religieux et moral et qu'il soit peu probable que la femme trouve le bonheur avec lui. Or, persister dans un tel refus vaut la qualification de perversité, de piété défaillante et de manque d'intégrité en ce qui concerne ce genre de tuteur, à moins qu'il ne s'en repente vers Dieu.

Craignez donc Dieu, ô serviteur de Dieu, et soyez attentif à cette question, en lui accordant l'intérêt qu'elle mérite. Dieu ﷻ dit:

﴿وَأَنكِحُوا۟ ٱلْأَيَٰمَىٰ مِنكُمْ وَٱلصَّٰلِحِينَ مِنْ عِبَادِكُمْ وَإِمَآئِكُمْ إِن يَكُونُوا۟ فُقَرَآءَ يُغْنِهِمُ ٱللَّهُ مِن فَضْلِهِۦ وَٱللَّهُ وَٰسِعٌ عَلِيمٌ ﴿٣٢﴾﴾

﴾Mariez les célibataires d'entre vous et les gens de bien parmi vos esclaves, hommes et femmes. S'ils sont besogneux, Allah les rendra riches par Sa grâce. Car [la grâce d'] Allah est immense et Il est Omniscient.﴿

[La Lumière, 32]

4. L'amour des femmes

Dieu ﷻ dit:

﴿زُيِّنَ لِلنَّاسِ حُبُّ ٱلشَّهَوَٰتِ مِنَ ٱلنِّسَآءِ﴾

﴾On a enjolivé aux gens l'amour des choses qu'ils désirent: femmes,﴿

[La Famille d'Imrân, 14]

Dans ce saint verset, Dieu ﷻ indique que les gens se laissent tromper par les plaisirs périssables de cette vie éphémère et que l'attachement aux désirs leur est naturellement inspiré et qu'ils le trouvent agréable. Ensuite, Dieu ﷻ énumère les désirs auxquels les hommes s'attachent. Il commence alors par les femmes, car leur séduction est la plus forte et le désir de jouir d'elles est le plus intense. Dans un hadîth authentique, le Prophète ﷺ dit: **"L'épreuve la plus pernicieuse pour hommes, après mon départ, sera les femmes."** [Hadîth rapporté par al-Bukhârî]. Il faut donc que le rapport avec elles se fasse par la voie de l'union légitime qui n'est que le mariage. Dieu ﷻ dit:

﴿هُوَ ٱلَّذِى خَلَقَكُم مِّن نَّفْسٍ وَٰحِدَةٍ وَجَعَلَ مِنْهَا زَوْجَهَا لِيَسْكُنَ إِلَيْهَا﴾

﴿C'est Lui qui vous a créés d'un seul être dont il a tiré son épouse, pour qu'il trouve de la tranquillité auprès d'elle.﴾ [Les Limbes, 189]

La véritable raison qui sous-entend le désir de l'humain et son penchant à la corruption devrait être préservée, en cherchant la tranquillité et fondant une bonne famille, et certes pas en se livrant aux passions, ni en se comportant à sa guise. En fait, Dieu ﷻ a créé un partenaire pour chaque être, justement pour assurer à chacun la tranquillité, la paix et le bien-être. Par conséquent, satisfaire ses désirs par des moyens qui offensent Dieu ﷻ est propre à engendrer la misère de l'homme et son malheur en ce monde.

L'union légitime seule est à même d'assurer l'épanouissement de la vie et une descendance pieuse, qui édifie la civilisation sur terre, qui rend le culte à Dieu ﷻ et qui accomplit les rites qu'Il a prescrits.

Anas رضي الله عنه rapporte que le Messager de Dieu ﷺ dit: **"Il m'est inspiré l'amour de trois choses: les femmes, le parfum et la sérénité de mon âme se trouve en prière."** [Hadîth rapporté par al-Nasâ'î et Ahmad et déclaré authentique par l'Imam Ibn al-Qayyim].

Le véritable amour entre l'homme et la femme est celui qui réalise la stabilité et le bien-être, qui permet de fonder une famille pieuse et heureuse, qui aboutit à l'édification du monde grâce à une bonne descendance. C'est un amour qui grandit au fur et à mesure de la vie commune, et finit par s'enraciner et s'affermir de sorte à résister à toute éventuelle tempête, si violente soit-elle, car c'est un amour fondé sur la vénération de Dieu et l'observance de Sa Loi. Par contre, l'amour qui existe dans l'imagination des adolescents, des jeunes et certains adultes est, en réalité, un amour illusoire, vain et qui-étant loin d'apporter le bonheur-n'engendre que le malheur et la ruine. Les jeunes des deux sexes doivent donc se méfier de se laisser prendre à ces chimères et sont appelés à vivre dans la réalité et à bien connaître la vie.

Chapitre III

Les fiançailles

1- Les fiançailles ou la demande du mariage

2- Prescription de baisser le regard

3- Regarder la fiancée

4- Ce qui est permis de voir du corps de la fiancée

5- Critères recommandables dans la fiancée

6- Recommandation d'épouser la femme pieuse, féconde et vertueuse

1. Les fiançailles ou la demande du mariage

Définition des fiançailles

Les fiançailles désignent la demande solennelle par un homme, d'épouser une femme, au tuteur matrimonial de celle-ci. Cette demande doit être formulée de façon franche et explicite. L'homme doit demander la main de la femme en s'adressant à son tuteur, en disant par exemple: "Je désire épouser votre fille." Les fiançailles deviennent effectives suite à la connaissance mutuelle de l'homme et de la femme et leur entrevue, et elles sont confirmées par le consentement des deux partis.

Femmes dont il est permis de demander la main

Il est permis de demander la main de la femme qui n'a pas de mari, lorsqu'il n'existe aucun motif légal empêchant son mariage. Rien n'empêche, non plus, que la fille déclare son désir de se marier. Seulement, c'est à l'homme de demander sa main. Le prétendant doit rencontrer sa fiancée en présence de sa famille ou d'un parent au degré prohibitif (mahram)[1], afin qu'il y ait entrevue les deux. Il est prohibé pour les fiancés de se trouver en retraite ou tête-à-tête. Mais la Loi permet à l'homme de voir sa fiancée en

(1) Mahram: Signifie, ici, proche parent, dont le degré de parenté est prohibitif du mariage.

dehors de cette retraite, pendant ou avant les fiançailles, toujours dans le cadre des dispositions et des règles légales, afin d'éviter la rétraction ou le renoncement éventuels qui pourraient avoir lieu après la conclusion des fiançailles, ce qui risquerait d'avoir des suites fâcheuses.

La partie qui renonce devra, dans ce cas, informer l'autre en toute politesse et respect et ne pas divulguer publiquement son renoncement.

2. Prescription de baisser le regard

Dieu ﷻ dit:

﴿إِنَّ ٱلسَّمْعَ وَٱلْبَصَرَ وَٱلْفُؤَادَ كُلُّ أُوْلَٰٓئِكَ كَانَ عَنْهُ مَسْـُٔولًا ﴿٣٦﴾﴾

﴾L'ouïe, la vue et le cœur: sur tout cela, en vérité, on sera interrogé.﴿

[Le Voyage nocturne, 36]

Dieu ﷻ n'a pas doté l'homme de la faculté de la vue pour qu'il l'emploie indûment, à des fins illégales, surtout qu'il devra rendre compte, au Jour de Résurrection, de l'emploi de sa vue, de son ouï et de son cœur, à savoir: Employait-il son ouïe et sa vue à des fins saines et pieuses? ou bien les employait-il, en plus des autres facultés dont Dieu a muni le corps humain, à commettre le péché?

Étant une faveur divine accordée à l'homme, la vision requiert, à l'instar des autres sens, de rendre grâce à Dieu. Or, le premier devoir qu'implique le témoignage de gratitude consiste à ne pas l'employer à des fins que Dieu ﷻ a prohibées. C'est pourquoi Dieu ﷻ explique-t-Il à l'homme ce dont il doit s'abstenir de voir:

﴿قُل لِّلْمُؤْمِنِينَ يَغُضُّوا۟ مِنْ أَبْصَٰرِهِمْ وَيَحْفَظُوا۟ فُرُوجَهُمْ ۚ ذَٰلِكَ أَزْكَىٰ لَهُمْ ۗ إِنَّ ٱللَّهَ خَبِيرٌۢ بِمَا
يَصْنَعُونَ ﴿٣٠﴾ وَقُل لِّلْمُؤْمِنَٰتِ يَغْضُضْنَ مِنْ أَبْصَٰرِهِنَّ وَيَحْفَظْنَ فُرُوجَهُنَّ وَلَا يُبْدِينَ زِينَتَهُنَّ إِلَّا
مَا ظَهَرَ مِنْهَا ۖ وَلْيَضْرِبْنَ بِخُمُرِهِنَّ عَلَىٰ جُيُوبِهِنَّ ۖ وَلَا يُبْدِينَ زِينَتَهُنَّ إِلَّا لِبُعُولَتِهِنَّ أَوْ ءَابَآئِهِنَّ
أَوْ ءَابَآءِ بُعُولَتِهِنَّ أَوْ أَبْنَآئِهِنَّ أَوْ أَبْنَآءِ بُعُولَتِهِنَّ أَوْ إِخْوَٰنِهِنَّ أَوْ بَنِىٓ إِخْوَٰنِهِنَّ أَوْ بَنِىٓ
أَخَوَٰتِهِنَّ أَوْ نِسَآئِهِنَّ أَوْ مَا مَلَكَتْ أَيْمَٰنُهُنَّ أَوِ ٱلتَّٰبِعِينَ غَيْرِ أُوْلِى ٱلْإِرْبَةِ مِنَ ٱلرِّجَالِ أَوِ
ٱلطِّفْلِ ٱلَّذِينَ لَمْ يَظْهَرُوا۟ عَلَىٰ عَوْرَٰتِ ٱلنِّسَآءِ ۖ وَلَا يَضْرِبْنَ بِأَرْجُلِهِنَّ لِيُعْلَمَ مَا يُخْفِينَ مِن
زِينَتِهِنَّ ۚ وَتُوبُوٓا۟ إِلَى ٱللَّهِ جَمِيعًا أَيُّهَ ٱلْمُؤْمِنُونَ لَعَلَّكُمْ تُفْلِحُونَ ﴿٣١﴾﴾

﴾Dis aux croyants de baisser leurs regards et de garder leur chasteté. C'est plus pur pour eux. Allah est, certes, Parfaitement Connaisseur de ce qu'ils font. Et dis aux croyantes de baisser leurs regards, de garder leur chasteté, et de ne montrer de leurs atours que ce qui en paraît. Et qu'elles rabattent leur voile sur leurs poitrines; et qu'elles ne montrent leurs atours qu'à leurs maris, ou à leurs pères, ou aux pères de leurs maris, ou à leurs fils, ou aux fils de leurs maris, ou à leurs frères, ou aux fils de leurs frères, ou aux fils de leurs sœurs, ou aux femmes musulmanes, ou aux esclaves qu'elles possèdent, ou aux domestiques mâles impuissants, ou aux garçons impubères qui ignorent tout des parties cachées des femmes. Et qu'elles ne frappent pas avec leurs pieds de façon que l'on sache ce qu'elles cachent de leurs parures. Et repentez-vous tous devant Allah, ô croyants, afin que vous récoltiez le succès!﴿ [La Lumière, 30-31]

La vue est la faille par laquelle les passions s'infiltrent dans le cœur de l'homme. Puis, une fois l'homme affecté par ces passions, il se retrouve sous leur emprise, voué à la perdition. Car la vue communique au cœur les images perçues et les grave dans la mémoire et l'imagination. Ainsi, l'homme qui donne libre cours à son désir de voir, sans retenue, succombera-t-il inévitablement aux épreuves et la tentation du péché. C'est donc par amour pour ses sujets-humains que Dieu ﷻ leur a prescrit d'éviter les regards coupables. Puis, Il commanda aux croyantes pareillement:

﴿وَقُل لِّلْمُؤْمِنَٰتِ يَغْضُضْنَ مِنْ أَبْصَٰرِهِنَّ﴾

﴾Et dis aux croyantes de baisser leurs regards﴿ [La Lumière, 30]

Dans ces versets, Dieu ﷻ commande, et aux croyants et aux croyantes, de s'abstenir de regarder les femmes et les hommes étrangers, en dehors des mahram(1), parce que le regard suscite le désir [illicite] dans le cœur, et le désir des passions mène à la perdition. Le poète dit:

---

(1) Personne étrangère (masc. ajnabî, fem. ajnabiyya) désigne toute personne en dehors des mahram. Or, en général, mahram signifie proche parent dont le degré de parenté est prohibitif du mariage, mais aussi ce que représente l'un pour l'autre des deux époux. Et de là, c'est le lien de parenté entre un homme et une femme qui leur permet légalement de se trouver seuls, sans la présence de tiers, pour impossibilité de rapports sexuels entre eux ou impossibilité de rapports illicites.

Comme la petite étincelle provoque un grand feu,
un simple regard peut être désastreux.
Car, comme une flèche sans arc ni corde,
l'œil darde le cœur par ce qu'il regarde.

Le regard est pour ainsi incité à la fornication. Aussi, le Prophète ﷺ nous a-t-il commandé de détourner le regard dans maints hadîths authentiques:

Premier hadîth: D'après Abû Sa'îd al-Khudrî, le Prophète ﷺ dit: **"Gardez-vous de vous asseoir dans les rues."** "Ô Messager de Dieu! dit-on, nous ne pouvons nous passer de nos lieux de rencontre où nous tenons nos conversations!" Le Messager de Dieu ﷺ leur dit alors: **"Si vous insistez à vous asseoir, vous devrez observer les obligations relatives à la rue."** "Et quelles sont ces obligations?", demanda-t-on, et lui d'expliquer: **"Baissez le regard, s'abstenir de causer du tort, répondre au salut, commander le convenable et interdire le répréhensible."**[1] [Hadîth rapporté par al-Bukhârî et Muslim].

Deuxième hadîth: Ibn 'Abbâs ﷺ dit: Je n'ai vu quelque chose qui ressemble plus aux péchés véniels que ce que rapporte Abû Hurayra, d'après le Prophète ﷺ qui dit: **"Dieu a préétabli à chaque fils d'Adam une part de fornication qui s'accomplira inéluctablement: la fornication des yeux c'est de**

(1) Le Prophète ﷺ leur a indiqué le motif de l'interdiction de s'assoir dans la rue, à savoir le fait d'être exposé à la tentation et au péché, à cause du passage des femmes, et autres choses, puisque l'on risque de les regarder, ou de penser à elles, ou de penser du mal d'elles ou des autres passants. Comme l'on y est exposé au risque de regarder des gens avec mépris ou bien avec dédain, ou de médire quelques passants, ou de négliger de répondre au salut, à certains moments, ou encore de négliger de commander le bien et de réprimer le mal, et autres risques desquels l'on est à l'abri, si l'on reste chez soi. Le tort que peut engendrer le fait de s'assoir dans la rue réside aussi dans la gêne de la circulation, en y obstruant ou rétrécissant le passage. L'on risque aussi d'empêcher les femmes de sortir de chez elles pour s'occuper de leurs affaires. Comme l'on risque de s'assoir devant l'entrée de la maison d'autrui, lui causant ainsi de l'embarras, ou encore découvrant de la sorte des secrets qu'il n'aime pas divulguer, car s'asseoir dans la rue porte atteinte à la privée d'autrui.
Les paroles bienséantes dont sont tenus ceux qui s'assoient dans la rue comportent les propos qu'ils échangent entre eux et qui doivent être exempts de médisance, de colportage et de propos de malveillances qui risquent de semer la discorde entre les gens, sans mensonges, ni mots indignes, ni tout autre propos blâmables. Les paroles bienséantes comprennent aussi le devoir de répondre au salut des passants, et d'indiquer le chemin à celui qui le sollicite, etc.

regarder, la fornication des oreilles c'est d'écouter, la fornication de la langue ce sont les mots prononcés, et l'âme désire et convoite. C'est enfin le sexe qui confirme tout cela ou qui le dément."[1] [Hadîth rapporté par al-Bukhârî et Muslim].

Jarîr Ibn 'Abdullah ﵁ dit: Ayant interrogé le Messager de Dieu ﷺ à propos du regard accidentel, il m'ordonna de détourner mon regard. [Hadîth rapporté par Muslim].

Troisième hadîth: Ibn 'Abbâs ﵄ dit: Le jour du Sacrifice, le Prophète ﷺ fit monter en croupe, sur sa chamelle, al-Fadl Ibn 'Abbâs qui était un bel homme. Le Prophète ﷺ s'arrêta ensuite en route pour répondre à certaines questions des fidèles. Une belle femme des Khath'am vint alors consulter le

---

(1) Le hadîth signifie que l'être humain a une part de fornication, qui lui est préétablie par le destin, fatalement. Mais certains commettent réellement la fornication par une intromission prohibée du membre viril dans le sexe de la femme. Quant à la fornication dans les autres cas, elle est au sens figuré, comme métaphore, et a lieu en regardant ce qui est prohibé, en l'écoutant et en faisant tout ce qui permet de la commettre, en touchant avec la main une femme étrangère, en l'embrassant, en se rendant sur ses pieds chez elle, ou par les propos interdits qui lui sont adressés, ou son imagination volontaire. Tout cela relève de la fornication, au sens figuré, qui se concrétise par la fornication réelle et effective, ou qui ne se concrétise pas, en s'en abstenant, serait-ce juste avant d'introduire le membre viril dans le sexe de la femme, Dieu étant l'Omniscient. Les propos d'Ibn 'Abbâs: "Je n'ai vu quelque chose qui ressemble plus aux péchés véniels (lamam) que ce rapporte Abû Hurayra" renvoient au verset disant:

﴿الَّذِينَ يَجْتَنِبُونَ كَبَٰٓئِرَ الْإِثْمِ وَالْفَوَٰحِشَ إِلَّا اللَّمَمَ إِنَّ رَبَّكَ وَٰسِعُ الْمَغْفِرَةِ هُوَ أَعْلَمُ بِكُمْ إِذْ أَنشَأَكُم مِّنَ الْأَرْضِ وَإِذْ أَنتُمْ أَجِنَّةٌ فِي بُطُونِ أُمَّهَٰتِكُمْ فَلَا تُزَكُّوٓا أَنفُسَكُمْ هُوَ أَعْلَمُ بِمَنِ اتَّقَىٰٓ ﴿٣٢﴾﴾

﴾Ceux qui évitent les plus grands péchés, ainsi que les turpitudes, et [qui ne commettent] que des fautes légères. Certes, le pardon de Ton Seigneur est immense.﴿

[L'Étoile, 32].

Ce verset, Dieu étant l'Omniscient, signifie que pour ceux qui évitent les grands péchés, les péchés légers qu'ils commettent sont pardonnés, tel qu'énoncé dans cet autre verset aussi:

﴿إِن تَجْتَنِبُوا كَبَآئِرَ مَا تُنْهَوْنَ عَنْهُ نُكَفِّرْ عَنكُمْ سَيِّـَٔاتِكُمْ وَنُدْخِلْكُم مُّدْخَلًا كَرِيمًا ﴿٣١﴾﴾

﴾Si vous évitez les grands péchés qui vous sont interdits, Nous effacerons vos méfaits de votre compte, et Nous vous ferons entrer dans un endroit honorable (le Paradis).﴿

[Les Femmes, 31].

Les deux versets impliquent que l'abstention des grands péchés engendre la rémission des péchés véniels qu'Ibn 'Abbâs interprète, dans ce hadîth, comme étant le regard, le toucher, etc, ce qui est l'explication correcte de fautes légères. D'autres avis expliquent que "faute légère" signifie arriver au stade de commettre une faute [grave] et s'en abstenir, ou bien avoir la tendance de commettre un péché, sans y persister, etc.

Messager de Dieu ﷺ. Sur ce, al-Fad̲l se mit à la regarder tellement il avait apprécié sa beauté. Le Prophète ﷺ se retourna, et voyant ce qu'il était en train de la regarder, il lui détourna le visage en le saisissant par le menton. Puis il lui dit: **"Voyant un jeune homme et une jeune fille, je crains qu'ils ne soient tentés par le démon."**(1) [H̲adîth rapporté par al-Bukhârî et Muslim].

Burayda rapporte que le Messager de Dieu ﷺ a dit à 'Alî ؓ: **"Ô 'Alî! ne persiste pas à regarder ce que tu vois accidentellement. Car le premier regard est excusable, mais le second sera retenu contre toi."** [H̲adîth rapporté par Abû Dâwûd et al-Tirmidhî].

Voici, à présent, mon frère en islam, ce qui est permet et ce qu'il interdit de voir du corps de la fiancée.

3. Regarder la fiancée

La Loi permet de regarder la fiancée. Voici donc les preuves scripturaires établissant la licéité de ce regard.

Première preuve: D'après Jâbir Ibn 'Abdullah ؓ, le Messager de Dieu ﷺ dit: **"Lorsque l'un de vous demande une femme en mariage, il doit veiller, si possible, à la regarder pour voir ce qui l'encourage à l'épouser."** [H̲adîth rapporté par Abû Dâwûd, Ah̲mad Ibn H̲anbal et al-T̲ah̲h̲âwî].

Deuxième preuve: Muslim rapporte, dans son S̲ah̲îh̲, qu'Abû Hurayra

(1) Ce texte contient l'incitation des hommes à détourner le regard des femmes étrangères et vice-versa. Précisant qu'al-Fad̲l était blanc et avait de beaux cheveux, le transmetteur du h̲adîth veut souligner qu'il était du genre à séduire les femmes par son physique. Dans la version de ce h̲adîth, rapportée par al-Tirmidhî et d'autres traditionnistes, le Prophète ﷺ plia le cou à al-Fad̲l, et al-'Abbâs de lui dire: "Tu plies le cou à ton cousin?" Le Prophète ﷺ lui rétorqua: "Voyant un jeune homme et une jeune fille, je crains qu'ils ne soient tentés par le démon." Ce qui prouve que le Prophète ﷺ avait posé sa main sur le visage d'al-Fad̲l, afin de parer la tentation aussi bien d'al-Fad̲l que de la jeune fille.
Le texte indique, par ailleurs, que quiconque assiste à un acte blâmable et qu'il soit capable de l'empêcher par l'acte (par la main), est tenu de le faire. Et si en le réprimant par la parole, la personne ne cesse pas de commettre ce mal, alors que ce soit par la force, tout en étant capable de le faire, et l'on sera fautif si l'on restreint toujours à n'user que de la parole.

ؓ dit: «J'étais chez le Prophète ﷺ lorsqu'un homme arriva l'informer qu'il venait de contracter mariage avec une femme des Ansâr (de Médine). Alors le Messager de Dieu ﷺ lui demanda: **"L'as-tu regardée?"** "Non", infirma l'homme, et le Messager de Dieu ﷺ de lui enjoindre: **"Va la regarder. Car les yeux des Ansâr présentent un certain vice."**[1]

Troisième preuve: Al-Mughîra Ibn Chu'ba ؓ rapporte: Ayant demandé la main d'une femme, le Messager de Dieu ﷺ me dit: **"L'as-tu vue?"**. "Non", informai-je, et lui de m'enjoindre: **"Regarde-la car cela est propre à garantir la permanence de l'affection entre vous."** [Hadîth rapporté

---

(1) Il est donc recommandé de voir la face de la femme qu'on compte épouser: Tel est l'avis des chaféites ainsi que l'avis de Mâlik, d'Abû Hanîfa et du reste des Savants de Kûfa, d'Ahmad et de la quasi-totalité des Ulémas. Le Cadi 'Iyâd attribue à certains gens que cela est répréhensible, ce qui est erroné et contraire au texte clair du hadîth et au consensus de la communauté sur le fait qu'il est loisible de regarder la femme, en cas de nécessité, lors des opérations de vente et d'achat, de témoignage, et autres cas similaires. Il faut souligner là qu'il n'est permis de regarder que sa face et ses mains, car elles ne font pas partie de sa nudité, et le visage illustre la beauté du reste corps ou le contraire, et les mains révèlent l'abondance, ou non, de la chair. Tel est l'avis de la plupart des écoles juridiques.

Al-Awzâ'î dit qu'il est loisible de regarder les endroits charnus; Dâwûd, l'ensemble du corps; mais tout cela est évidemment faux et contraire aux principes de la Sunna et au consensus.

L'avis chaféite, également l'avis de Mâlik, d'Ahmad et de la quasi-totalité des Ulémas est que le consentement de la femme n'est pas exigé pour qu'il soit loisible de la regarder: L'homme a le droit de voir la femme à son insu, et avant même de se présenter pour demander sa main. Mâlik souligne: "Je désapprouve le regard de l'homme à la femme, à l'insu de celle-ci, par crainte qu'il ne tombe sur sa nudité". Et d'après un avis faible attribué à Mâlik aussi: "Il n'est pas permis à l'homme de regarder la femme qu'avec son consentement, mais c'est un avis inconsistant, a-t-on déjà précisé, car le Prophète ﷺ l'avait autorisé sans restriction et sans exiger son consentement, puisque la femme, en général, a honte, et sa pudeur l'en empêche. En plus, cela représente une sorte d'abus, puisqu'il se peut que, l'ayant vu, elle ne lui plaise pas, et par conséquent il renonce à l'épouser, ce qui est propre à la vexer terriblement, et à porter gravement atteinte à son amour propre".

C'est pourquoi donc les chaféites disent qu'il est recommandé de la voir avant la demande officielle en mariage, et ainsi, si le prétendant la répugne, il la laissera sans lui causer du tort, contrairement au cas où il la quitte après les fiançailles.

Les chaféites disent aussi qu'en cas d'impossibilité de la voir, il est recommandé d'envoyer de sa part une femme de confiance pour [revenir] l'informer sur elle, cela étant, bien entendu, recommandé avant de faire les premiers pas de demande officielle, comme nous venons de l'expliquer.

par al-Tirmidhî et al-Nasâ'î et déclaré authentique par al-Albânî dans le Sahîh d'Ibn Mâja].

Quatrième preuve: D'après Jâbir Ibn 'Abdullah ﵁, le Messager de Dieu ﷺ dit: **"Lorsque l'un de vous demande une femme en mariage, il doit veiller, si possible, à la regarder pour voir ce qui l'encourage à l'épouser."** Sur ce, ayant demandé une jeune fille en mariage, je me cachais pour la regarder, de sorte à voir ce qui m'encourage à l'épouser, et ainsi je l'ai épousée. [Hadîth rapporté par Abû Dâwûd, Ahmad Ibn Hanbal et al-Tahhâwî].

4. Ce qui est permis de voir du corps de la fiancée

Nous avons vu que l'islam permet au prétendant de regarder sa fiancée. Il nous faut donc connaître les limites de ce qui lui est permis de voir d'elle. Les Ulémas divergent, en réalité, sur les parties du corps de la fiancée qu'il est loisible de regarder. Nous présentons, ici, les principaux avis sur la question:

Premier avis: Il est permis à l'homme de regarder le visage et les mains de sa fiancée, selon l'avis de la quasi-totalité des Ulémas. C'est également l'un des avis attribués à l'Imam Ahmad, comme c'est l'avis de l'Imam al-Châfi'î et de Sufyân al-Thawrî.

Deuxième avis: Il est permis de regarder l'ensemble du corps de la fiancée selon l'avis de Dâwûd. Voire, l'Imam Ahmad stipule qu'il est permis même de la voir sans voile.

Troisième avis: Le fiancé a le droit de regarder les parties du corps de sa fiancée qui sont visibles d'ordinaire, telles que le cou, les jambes, etc. C'est aussi l'un des avis attribués à l'Imam Ahmad qui précise qu'il n'y a pas de grief à regarder ces parties du corps de la fiancée ou toute autre partie propre à stimuler son envie de l'épouser, telles que les mains, la physionomie, etc. Ibn al-Jawzî rapporte: Ahmad a énoncé qu'il est loisible, pour l'homme, de regarder certaines parties 'awra (considérées illicites à voir d'ordinaire), allusion aux parties [susmentionnées] en dehors du visage.

Quatrième avis: Al-Awzâ'î soutient qu'il est loisible de regarder les endroits charnus.

Quel est donc l'avis le plus plausible et le plus juste?

Parmi ces avis, c'est le troisième qui est le plus plausible. À savoir qu'il est loisible à l'homme de regarder les parties du corps de sa fiancée qui sont généralement dénudées, telles que le cou et les jambes, ou toute autre partie, comme les mains ou la corpulence, propre à l'encourager à l'épouser.

En vérité, la restriction du regard au visage et aux mains ne se fonde sur aucune preuve. Tout aussi infondé est l'avis soutenant la licéité de la regarder sans port du voile, ou encore de regarder l'ensemble de son corps.

Dans son al-Mughnî, Ibn Qudâma dit: "La licéité de regarder ce qui est généralement apparent se fonde sur le fait que l'autorisation du Prophète ﷺ de regarder la femme [qu'on compte épouser] à son insu, implique l'autorisation de regarder tout ce qui est visible d'ordinaire de son corps, puisqu'il n'est pas possible de regarder uniquement le visage, sachant que d'autres parties ont, en commun avec le visage, la particularité d'être ordinairement découvertes. Ceci étant, il est loisible de regarder ces parties au même titre que le visage. Or, s'agissant d'une femme, la licéité de la regarder a été établie pour le prétendant par le Législateur. Cette licéité concerne les parties qu'il est permis de voir des parentes mahram."

Y a-t-il un nombre limité de fois pour regarder la fiancée?

Le prétendant est tenu de savoir que sa fiancée lui est encore prohibée. Par conséquent, il lui est interdit de se trouver en tête-à-tête avec elle ou de la saluer en lui serrant la main, car la Loi n'autorise rien en dehors du regard(1).

Al-Bukhârî mentionne qu'Ibn 'Abbâs rapporte avoir entendu le Prophète ﷺ dire dans un prêche: **"Aucun homme ne doit se trouver en retraite avec une femme qu'en présence d'un parent proche à elle au degré prohibitif (mahram)(2). De même, la femme ne doit voyager que si elle est**

---

(1) En règle générale, la rencontre d'un homme en retraite avec une femme étrangère, sans la présence d'une tierce personne, est catégoriquement interdite par l'accord des Ulémas. Il en est de même au cas où ils se rencontrent en retraite en compagnie d'un individu dont la présence n'inspire pas la retenue en raison, à cause de son jeune âge par exemple, tel qu'un enfant de deux ou trois ans dont la présence et l'absence se valent.

(2) La femme interdite, qu'il est loisible de regarder, de se trouver en retraite avec elle et d'accompagner en voyage, est toute femme prohibée en mariage à perpétuité, pour cause =

accompagnée d'un parent proche, au degré prohibitif." Un homme se leva alors et dit: "Ô Messager de Dieu! ma femme est partie en voyage pour le pèlerinage alors que je suis dans le détachement [de la cavalerie] de telle expédition militaire", et le Prophète ﷺ de lui enjoindre: **"Pars donc faire le pèlerinage toi-même avec ta femme."**(1) [Hadîth rapporté par al-Bukhârî, Muslim et Ibn Mâja].

Le prétendant a le droit de regarder sa fiancée à maintes reprises et de contempler ses charmes, car l'objectif ne se réalise qu'ainsi. Seulement, le regard ne se doit être accompagné ni de jouissance, ni de volupté, ni ne doit être motivé par des raisons suspectes.(2)

5. Critères recommandables dans la fiancée

1. Il est préférable que la femme soit affectueuse, c'est-à-dire qu'elle tient tant à maintenir et préserver l'amour de son mari pour elle, son penchant et son désir d'elle. Or, lorsque la femme est telle, elle tiendra toujours à gagner sa satisfaction et à faire tout ce qui favorise son attachement à elle, de sorte qu'il trouve la tranquillité auprès d'elle, qu'il apprécie de vivre ensemble, qu'il déteste de s'en séparer et qu'il trouve du plaisir dans ses conversations et sa compagnie.

Dieu ﷻ dit:

﴿وَمِنْ ءَايَٰتِهِۦٓ أَنْ خَلَقَ لَكُم مِّنْ أَنفُسِكُمْ أَزْوَٰجًا لِّتَسْكُنُوٓا۟ إِلَيْهَا وَجَعَلَ بَيْنَكُم مَّوَدَّةً
وَرَحْمَةً ۚ إِنَّ فِى ذَٰلِكَ لَءَايَٰتٍ لِّقَوْمٍ يَتَفَكَّرُونَ ﴿٢١﴾﴾

= licite et en raison de sa prohibition en soi.

(1) Ceci est une preuve en faveur de l'avis d'al-Châfi'î et de la quasi-totalité des Ulémas stipulant que tous les parents mahram se valent dans cette question. Il lui est alors loisible de voyager soit avec un mahram par parenté de consanguinité, tel que son fils, son frère, son neveu, le fils du frère ou de la sœur, son oncle paternel ou maternel; soit accompagnée par un mahram par parenté de lait, tel que son frère de lait, son neveu, le fils de son frère ou de sa sœur de lait; soit encore accompagnée par un mahram par parenté d'alliance, tel que son beau-père ou le fils de son époux, rien de tout cela n'étant répréhensible. Comme il est loisible à tous ces parents de se trouver en tête-à-tête avec elle et de la regarder en dehors du cas de nécessité.

(2) Ibn Qudâma, Al-Mughnî, vol.VII, p. 453.

﴿Et parmi Ses signes, Il a créé de vous, pour vous, des épouses pour que vous viviez en tranquillité avec elles et Il a mis entre vous de l'affection et de la bonté. Il y a en cela des preuves pour des gens qui réfléchissent.﴾

[Les Romains, 21]

D'un autre côté, la femme affectueuse tient à se faire belle pour son mari pour satisfaire ses désirs. Elle veille à soigner sa toilette pour lui faire plaisir. Faut-il souligner, toutefois, qu'au même titre qu'il est recommandé à la femme d'être affectueuse et prévenante à l'égard de son mari, cela est aussi requis pour l'homme, qui est tenu d'être avenant et affectueux envers elle. Car l'affection entre les époux est grandement salutaire pour eux, puisqu'elle fait durer la prospérité de la famille et le plaisir de la vie conjugale. Enfin, seule la femme saine de corps, pure d'esprit et de bonne famille tient à cette qualité.

2. La femme doit être féconde, car le bonheur et la stabilité de la famille dépendent principalement de l'enfantement. En effet, les enfants, garçons et filles, sont le but et le souhait de tout couple. L'enfantement apporte la stabilité et l'équilibre aux conjoints, il perpétue l'espèce humaine et procure des héritiers directs. Dans ce sens, Dieu ﷻ dit en décrivant les serviteurs du Miséricordieux:

﴿وَالَّذِينَ يَقُولُونَ رَبَّنَا هَبْ لَنَا مِنْ أَزْوَاجِنَا وَذُرِّيَّاتِنَا قُرَّةَ أَعْيُنٍ وَاجْعَلْنَا لِلْمُتَّقِينَ إِمَامًا ﴿٧٤﴾﴾

﴿Et qui disent: "Ô Seigneur! donne-nous, en nos épouses et nos descendants, la joie des yeux, et fais de nous un guide pour les pieux".﴾

[Le Discernement, 74]

Dieu ﷻ nous rapporte aussi ces propos de Zacharie :

﴿وَإِنِّي خِفْتُ الْمَوَالِيَ مِن وَرَاءِي وَكَانَتِ امْرَأَتِي عَاقِرًا فَهَبْ لِي مِن لَّدُنكَ وَلِيًّا ﴿٥﴾ يَرِثُنِي وَيَرِثُ مِنْ آلِ يَعْقُوبَ وَاجْعَلْهُ رَبِّ رَضِيًّا ﴿٦﴾﴾

﴿Je crains [le comportement] de mes héritiers après ma mort. Ma propre femme est stérile. Accorde-moi, par un effet de Ta grâce, un descendant direct qui héritera de moi et de la famille de Jacob. Et fais qu'il te soit agréable, ô mon Seigneur!".﴾ [Marie, 5-6]

Pour sa part, le Prophète ﷺ dit: **"Prenez pour épouse la femme affectueuse et féconde. Car je rivaliserai de votre surabondance avec les autres peuples au Jour de la Résurrection."** [Hadîth rapporté par Abû Dâwûd et al-Nasâ'î d'après Ma'qil Ibn Yasâr ﷺ].

3. Il est également recommandé, comme critère du choix de l'épouse, qu'elle soit jeune, et ceci sur la base du hadîth mentionné, notamment dans les deux Sahîhs d'al-Bukhârî et de Muslim, d'après Jâbir ﷺ, qui rapporte que le Prophète ﷺ lui a demandé: **"As-tu épousé une vierge ou une ex-mariée?"** "C'est plutôt une ex-mariée, ô Messager de Dieu!", précisai-je. **"N'aurait-il pas mieux valu pour toi,** me dit-il, **d'épouser une vierge que tu divertirais et qui te divertirait?"** [Hadîth rapporté par al-Bukhârî, Muslim et Ibn Mâja].

En fait, il est recommandé d'épouser, de préférence, une jeune fille, parce que c'est elle qui réalise les objectifs du mariage, la vie avec elle est plus agréable, sa conversation est plus plaisante, son apparence est plus belle, son toucher est plus doux, et enfin parce qu'elle est plus disposée à s'accommoder à la conduite que son mari apprécie[1].

Ibn Mâja rapporte, d'après Ibn Mas'ûd (da), que le Messager de Dieu ﷺ dit: **"Tâchez d'épouser de jeunes femmes (vierges), car leur haleine est plus fraîche, leur matrice plus fertile et elles sont moins exigeantes."** [Hadîth rapporté par al-Tabarânî et Ibn Mâja].

Selon une autre version, le Messager de Dieu ﷺ dit aussi: **"Veillez à épouser les femmes jeunes, car elles sont plus fraîches, plus fécondes et plus sensuelles."**

4. Il est recommandé d'épouser une femme d'origine noble et connue en tant que telle parmi les gens. Cela se répercutera sur lui et sur les enfants qu'il aura d'elle. À ce propos, le Prophète ﷺ dit: **"On épouse une femme pour quatre raisons: sa fortune, sa descendance, sa beauté et sa piété. Prends donc celle pieuse, sinon tu risques l'infortune."**[2] [Hadîth rapporté par Muslim].

---

(1) Al-Nawawî, Charh Muslim, p. 9.

(2) L'interprétation correcte de ce hadîth est que le Prophète ﷺ nous y informe des pratiques habituelles des gens qui recherchent ces quatre qualités, dont la dernière, pour eux, est la piété de la femme. Il veut ainsi dire: "Remporte, quant à toi, qui cherche la bonne voie, la femme pieuse." Cela n'implique pas qu'il s'agit d'un commandement. Et par: =

5. Il faut veiller à épouser une femme pieuse, c'est-à-dire religieuse et de moralité saine et élevée. Car la piété et la bonne moralité, ajoutées à sa bonne éducation, en font un soutien pour son mari et un facteur qui l'encourage et lui facilite l'accomplissement de ses devoirs religieux. Une telle sera aussi une excellente éducatrice pour ses enfants, elle traitera agréablement ses beaux-parents, elle sera obéissante à son époux, elle exaucera ses vœux et ne décevra point ses attentes, elle lui apportera la joie lorsqu'il rentrera chez lui et qu'il la regardera, et enfin elle préservera son honneur rigoureusement et lui sera absolument fidèle. C'est ainsi que Dieu ﷻ décrit ce genre de femmes dans le saint Coran:

﴿فَالصَّالِحَاتُ قَانِتَاتٌ حَافِظَاتٌ لِّلْغَيْبِ بِمَا حَفِظَ اللَّهُ﴾

﴾Les femmes vertueuses sont obéissantes [à leurs maris] et protègent [ce qui doit être protégé], pendant l'absence [de leurs époux], avec la protection d'Allah.﴿ [Les Femmes, 34]

Dans son exégèse de ce verset, Ibn Kathîr ﷺ explique que les femmes vertueuses et obéissantes à leurs maris, signifient, notamment selon al-Saddy, celles qui restent fidèles à leurs maris pendant leur absence, en préservant leur chasteté et en veillant sur les biens de leurs époux[(1)].

'Abdullah Ibn 'Amr Ibn al-'Âs ﷺ rapporte que le Messager de Dieu ﷺ dit: **"La vie ici-bas est jouissance. Or, la meilleure jouissance ici-bas est la femme vertueuse."** [Hadîth rapporté par Muslim, al-Nasâ'î et Ibn Mâja.].

Ibn Mâja rapporte aussi, d'après Thawbân, que le Prophète ﷺ dit: **"Que chacun de vous tâche d'avoir un cœur qui rend grâce à Dieu, une langue qui L'évoque et une épouse croyante qui vous aide à vous préparer pour l'Au-Delà."** [Hadîth rapporté par Ibn Mâja].

6. On doit rechercher l'épouse qui est belle, car la beauté est appréciée par tous, elle est visée et souhaitée par toute personne désireuse de se marier. C'est une qualité qui, recélée par l'un des deux conjoints, encourage la chasteté chez l'autre et la consolide. Le Prophète ﷺ l'a d'ailleurs mentionnée

= "descendance", il faut entendre le noble lignage et les vertus de la personne qu'elle tient de son ascendance.

(1) Tafsîr Ibn Kathîr, vol. II, p. 276.

parmi les critères recherchés dans la future épouse.

Cela dit, la notion de beauté est très relative, car chacun a sa propre conception de la beauté féminine qui l'émeut et le réjouit. Certains trouvent belle la femme de petite taille, d'autres la femme de grande taille, certains aiment les brunes et d'autres les blondes, certains accordent plus d'importance à la voix et ses intonations, etc. Chacun devrait donc choisir son épouse selon les critères de beauté qu'il préfère pour ne pas s'intéresser à une autre. Et ainsi, l'objectif du mariage sera réalisé, à savoir la chasteté et la fidélité à l'épouse.

6. Recommandation d'épouser la femme pieuse, féconde et vertueuse

'Abdullah Ibn Mas'ûd رضي الله عنه rapporte que le Messager de Dieu ﷺ dit: "**Ô jeunes [célibataires]! celui qui parmi vous a les moyens de se marier qu'il le fasse, parce que le mariage est propre à vous éviter les regards interdits et à préserver contre le péché charnel. Celui qui n'en a pas les moyens devra s'appliquer au jeûne, car le jeûne est propre à le protéger**." Les moyens requis pour le mariage désignent les ressources nécessaires à la fondation et à l'entretien d'un ménage. Wijâ', dans le texte arabe [traduit par: **propre à le protéger**], signifie que le jeûne permet de calmer et de briser l'ardeur du désir sexuel.

'Abdullah Ibn 'Amr Ibn al-'Âs رضي الله عنه rapporte que le Messager de Dieu ﷺ dit: "**La vie ici-bas est jouissance. Or, la meilleure jouissance ici-bas est la femme vertueuse.**" [Hadîth rapporté par Muslim, al-Nasâ'î et Ibn Mâja.].

Le Messager de Dieu ﷺ dit aussi: "**En se mariant, l'homme accomplit la moitié de sa piété. Il doit alors craindre Dieu quant à la moitié restante.**" [Hadîth rapporté par al-Bayhaqî et authentifié par al-Albânî].

Puis cet autre hadîth, d'après Abû Hurayra رضي الله عنه, où il ﷺ dit: "**Il est trois personnes que Dieu soutient obligatoirement: le combattant qui part en expédition pour la cause de Dieu, l'affranchi contractuel qui cherche à acquitter ses redevances et le marié qui cherche à préserver sa chasteté.**" [Hadîth rapporté par Ahmad, al-Tirmidhî, al-Nasâ'î et Ibn Mâja].

Anas Ibn Mâlik ﷺ rapporte: "Trois hommes vinrent aux appartements des épouses du Prophète ﷺ s'enquérir de sa pratique cultuelle. Lorsqu'ils en furent informés, ils semblèrent sous-estimer sa ferveur et dirent: "Nous ne pouvons nous comparer au Prophète ﷺ auquel Dieu a pardonné les erreurs passées et à venir?", puis l'un d'entre eux dit: "Quant à moi, je prierai toujours, toute la nuit." "Moi, dit le deuxième, je jeûnerai toute ma vie, et je ne romprai le jeûne aucun jour", et le troisième d'enchaîner: "Moi, je renonce au femmes, et ge ne me marierai jamais." Lorsque le Messager de Dieu ﷺ arriva, il leur dit: **"Est-ce vous qui avez dit tels et tels propos? Je jure par Dieu que je suis le plus dévot et le plus pieux d'entre vous. Néanmoins, je jeûne par intermittence, je pratique l'adoration nocturne, je dors par intermittence, et je prends en mariage des femmes. Alors quiconque refuse de suivre ma voie, je le désavoue.**

Abû Sa'îd al-Khudrî ﷺ rapporte que le Messager de Dieu ﷺ dit: **"On épouse une femme pour l'une de trois qualités: on l'épouse pour sa fortune, on l'épouse pour sa beauté, ou bien on l'épouse pour sa piété. Prends donc celle pieuse et de noble caractère, sinon tu risques l'infortune."** [Hadîth rapporté par Ibn Hibbân, Al-Hâkim, Ahmad].

D'après Abû Hurayra ﷺ, le Messager de Dieu ﷺ dit: **"On épouse une femme pour quatre raisons: sa fortune, sa descendance, sa beauté et sa piété. Prends donc celle pieuse, sinon tu risques l'infortune."** [Hadîth rapporté par Muslim].

Dans ce hadîth, l'expression: **"sinon tu risques l'infortune"**, ou encore **"misère à toi!"**, ne doit pas être entendue au sens littéral, car il fait partie d'expressions courantes chez les arabe qui servent à manifester la désapprobation, la réprimande, le blâme ou encore la gravité d'une chose, et paradoxalement l'approbation et l'encouragement, tel qu'il est le cas ici.

Chapitre IV

1. La prière de déprécation (istikhâra).

2. Points à prendre en considération dans la prière de déprécation.

3. Demander la main d'une femme déjà fiancée.

4. Consultation de l'avis de la femme, avant de la marier.

5. Critères requis pour l'époux.

6. Le discours de la conclusion du mariage.

1. La prière de déprécation (istikhâra)

Dans le Sahîh d'al-Bukhârî: Jâbir Ibn 'Abdullah dit: Le Messager de Dieu ﷺ nous enseignait de faire la prière de l'istikhâra[1] avant toute entreprise, tout comme il nous enseignait une sourate du Coran. Il nous disait: **"Quand l'un d'entre vous a l'intention de faire quelque chose, qu'il accomplisse une prière de deux rak'ât, en dehors des prières prescrites, puis qu'il dise: Par Ta science et Ta puissance, je Te demande de me guider dans le bon choix et de m'accorder la puissance. Je Te demande de m'accorder une part de Ton abondante grâce, car je suis impuissant devant Ton omnipotence et ignorant devant Ton omniscience; c'est Toi le Connaisseur par excellence de tout ce qui est caché. Mon Dieu, si ce projet[2] est bénéfique dans ma vie spirituelle et temporelle, fais-le aboutir et bénis-le. Si, par contre, il est néfaste dans ma vie spirituelle et temporelle, écarte-moi de lui et écarte-le de moi. Accorde-moi le bien où qu'il se trouve, puis fais que j'en sois satisfait[3]"**

---

(1) Istikhâra signifie demander à Dieu de nous guider à faire le bon choix. Et plus encore, c'est demander à Dieu d'intervenir en notre faveur, pour faciliter ou empêcher la réalisation de l'action qu'on prévoit, selon qu'elle est ou non dans notre intérêt. Par cette prière, le fidèle demande à Dieu de le guider à prendre la bonne décision lorsqu'il s'apprête à entreprendre tel ou tel projet. Il s'en remet entièrement à Dieu pour le détourner de ce projet, si celui-ci est susceptible de lui porter quelque nuisance, que ce soit dans sa vie religieuse ou séculière, comme il Lui demande de l'aider à le réaliser s'il s'avère pour son bien.

(2) On doit préciser, à ce moment, de quel projet s'agit-il, de façon claire et nette.

(3) Cette prière ne doit-elle pas avoir pour objets que des projets licites. Elle ne concerne ni les prescriptions divines, ni les interdits. Ces questions étant tranchées, le fidèle n'a pas de choix à faire le contraire.

[Hadîth rapporté par al-Bukhârî, al-Tirmidhî et Abû Dâwûd]. **"Ensuite,** ajoutait-il**, on doit spécifier l'objet de son entreprise."**

2. Points à prendre en considération dans la prière de déprécation

Il y a cependant certains points auxquels il faut prêter attention concernant cette prière:

1. La prière de déprécation doit être adressée à Dieu, après l'accomplissement de deux rak'ât en dehors des prières obligatoires, à savoir après la prière de salutation de la mosquée ou n'importe quelle autre prière surérogatoire.

2. L'invocation de déprécation (du'â' al-istikhâra) doit être prononcée après et non pas au cours de cette prière.

3. L'istikhâra, étant une invocation, il est permis de la réitérer, puisqu'il est recommandé et louable de multiplier l'invocation.

4. Il y a des gens qui croient qu'il est nécessaire, après l'istikhâra, de voir un songe pieux, ce qui n'est pas fondé. En principe, on doit plutôt faire la prière de l'istikhâra, puis si l'on trouve un sentiment de certitude et de confiance dans telle ou telle alternatives, ou si l'on a une vision pieuse qui tranche le choix, ou encore si cette affaire se conclut, ou bien, au contraire, s'arrête, cela veut dire que l'istikhâra s'est accomplie. Il n'est donc pas vrai de la répéter jusqu'à avoir une vision en rêve, ainsi que certains le croient.

5. L'istikhâra est une pratique recommandée et non pas obligatoire.

6. Ibn 'Umar ﷺ dit: **"Il arrive que l'homme demande à Dieu ﷻ de guider son choix, puis une fois que Dieu lui donne le bon choix, le voilà qui se montre mécontent du Seigneur ﷻ. Or, il ne tarde pas à se rendre compte, après un certain temps, que cela a été dans son intérêt."**(1)

Les Ulémas affirment qu'il est recommandé de recourir à la déprécation, au moyen de la prière et de l'invocation susmentionnée. La prière est

(1) Muhammad Ismâ'îl, 'Awdat al-Hijâb, vol. II, p. 397.

surérogatoire et comprend deux rak'ât. Et selon l'avis plausible, elle peut se faire au moyen d'une prière à deux rak'ât parmi les prières Sunna conjointes aux prescrites, ou encore dans la prière de salutation de la mosquée, ou n'importe quelle autre prière surérogatoire. La prière et l'invocation de l'istikhâra doivent être accomplies par l'individu concerné lui-même, tout comme on prend son médicament, avec la ferme conviction que le Seigneur le guidera vers l'alternative la plus avantageuse et salutaire.

7. Parmi les signes indiquant le bon choix, citons la facilité que Dieu ﷻ procure pour atteindre et réaliser une alternative plutôt qu'une autre. Cela dit, il faut se méfier de pratiquer l'istikhâra relevant de l'innovation, à savoir le fait de se laisser guider exclusivement par ses rêves et à se fier à telles chimères qui n'ont aucun fondement en religion.

3. Demander la main d'une femme déjà fiancée

Le Prophète ﷺ a interdit de demander la main d'une femme déjà demandée par un autre. Dans un hadîth d'al-Bukhârî, 'Abdullah Ibn 'Umar ؓ rapporte: "Le Prophète ﷺ interdit à chacun de vous de conclure une vente pour supplanter celle de son prochain. Il interdit à tout homme de demander la main de la fiancée de son prochain, à moins que ce dernier ne se désiste ou l'y autorise." [Hadîth rapporté par al-Bukhârî, Muslim, al-Tirmidhî, al-Nasâ'î et Mâlik].

Sache, ô frère en islam, qu'il est prohibé pour l'homme de demander la main d'une femme fiancée, et qu'il est également prohibé pour une femme d'accepter la demande en mariage d'un homme lorsqu'elle est fiancée à un autre.

L'Imam Mâlik a écrit dans son Muwatta': "À notre avis, le hadîth du Messager de Dieu ﷺ disant: "Il interdit à tout homme de demander la main de la fiancée de son prochain,..." concerne le cas où la demande du premier prétendant a été acceptée et que les deux fiancés ont fixé la dot par un commun accord. L'interdiction porte précisément sur ce cas. Elle ne concerne, certes, pas le cas d'une demande en mariage qui n'a pas reçu l'approbation de la femme. Il n'est donc pas interdit de demander la main d'une telle femme, sinon cela serait une absurdité de la part des gens."(1)

4. Consultation de l'avis de la femme, avant de la marier

La consultation de l'avis de la mariée dépend obligatoirement de l'un des trois cas suivants selon sa situation:

1. La mariée est une fille impubère et vierge.

2. Pubère et vierge.

3. Ex-mariée (thayyib).

À chacun de ces cas correspond une disposition légale spécifique concernant les modalités de consultation de son avis.

1. La fille impubère et vierge: Son père peut, sans conteste, la marier,

---

(1) Al-Khattâbî, entre autres, explique que le sens apparent du texte indique que l'interdiction porte uniquement sur le cas où le premier prétendant est un musulman. Car s'il s'agit d'un impie, il ne sera pas interdit de rivaliser avec lui, en demandant la main de la femme qu'il aura demandée en premier, et cet avis est soutenu par al-Awzâ'î. Quant à la quasi-totalité des Ulémas, ils soutiennent qu'il est également interdit de rivaliser avec l'impie en cette matière, car ils ont interprété le hadîth au sens que le terme "frère" ne doit pas être pris littéralement, et de là il n'a pas le sens strict qu'on entend d'emblée, tel que dans les versets:

﴿وَلَا تَقْتُلُوٓا۟ أَوْلَـٰدَكُم مِّنْ إِمْلَـٰقٍ ۖ نَّحْنُ نَرْزُقُكُمْ وَإِيَّاهُمْ﴾

﴿Ne tuez pas vos enfants pour cause de pauvreté. Nous vous nourrissons tout comme eux.﴾

[Les Bétail, 151]

et:

﴿حُرِّمَتْ عَلَيْكُمْ أُمَّهَـٰتُكُمْ وَبَنَاتُكُمْ وَأَخَوَٰتُكُمْ وَعَمَّـٰتُكُمْ وَخَـٰلَـٰتُكُمْ وَبَنَاتُ ٱلْأَخِ وَبَنَاتُ ٱلْأُخْتِ وَأُمَّهَـٰتُكُمُ ٱلَّـٰتِىٓ أَرْضَعْنَكُمْ وَأَخَوَٰتُكُم
مِّنَ ٱلرَّضَـٰعَةِ وَأُمَّهَـٰتُ نِسَآئِكُمْ وَرَبَـٰٓئِبُكُمُ ٱلَّـٰتِى فِى حُجُورِكُم مِّن نِّسَآئِكُمُ ٱلَّـٰتِى دَخَلْتُم بِهِنَّ﴾

﴿Vous sont interdites vos mères, filles, sœurs, tantes paternelles et tantes maternelles, fille d'un frère et fille d'un sœur, mères qui vous ont allaités, sœus de lait, méres de vos femmes, vos belles-filles sous votre tutelle et issues des femmes avec qui vous avez consommez le mariage﴾.

[Les Femmes, 23].

Bien d'autres exemples confirment aussi l'usage d'un mot au-delà de son sens strict. Sache ensuite que le sens correct dicté par le caractère généralisant des hadîths est qu'il n'y a pas de différence, en cette question, entre le fiancé pervers (fâsiq) ou non. [Al-Nawawî, Charh Sahîh Muslim].

sans lui demander son consentement, car elle n'a pas de discernement. Mais aussi parce qu'Abû Bakr al-Siddîq ﷺ avait donné en mariage sa fille 'Â'icha ﷺ au Messager de Dieu ﷺ alors qu'elle avait six ans, mais le mariage ne fut consommé que lorsqu'elle avait atteint neuf ans. [Hadîth rapporté par al-Bukhârî et Muslim].

Dans son Nayl al-Awtâr, l'Imam al-Chawkânî explique que le hadîth prouve qu'il est loisible pour le père de marier sa fille avant sa puberté. Il prouve aussi qu'il est loisible de marier une fille, très jeune, à un homme âgé. Al-Bukhârî a consacré un chapitre à cette question, dans lequel il a mentionné le hadîth de 'Â'icha. Puis Ibn Hajar rapporte, dans Fath al-Bârî (Commentaire du Sahîh d'al-Bukhârî), que ce point fait l'objet d'un consensus."

2. La femme pubère et vierge: Ne doit pas être mariée sans son consentement qui consiste, pour elle, à garder le silence(1). Et ce, partant du hadîth du Prophète ﷺ disant: **"La femme vierge ne doit pas être mariée sans son consentement."** l'on dit: "Et comment doit-elle donner son consentement, ô Messager de Dieu?" **Il dit: "En gardant le silence."** [Hadîth rapporté par al-Bukhârî et Muslim]. Le Savant Ibn al-Qayyim commente ce hadîth, dans son ouvrage Zâd al-Ma'âd, en disant: "Tel est l'avis de la quasi-totalité des Anciens, d'Abû Hanîfa et d'Ahmad selon l'une des deux versions qu'on lui attribue. C'est l'avis que nous adoptons selon le culte que nous rendons à Dieu, en rejetant tout autre avis, car c'est l'avis conforme à la prescription du Messager de Dieu ﷺ qui détermine ses commandements et ses interdictions."

3. La femme ex-mariée (thayyib): Ne doit être mariée qu'avec son consentement verbal, contrairement à la femme vierge dont le consentement est tacite. L'auteur d'Al-Mughnî a écrit ce propos: "Quant à la femme ex-mariée, les Ulémas s'accordent sans conteste, à notre connaissance, que son consentement doit être prononcé, pour informer de sa décision, et parce que c'est la parole qui exprime ce qui est dans l'esprit et c'est sa décision verbale qui est considérée dans toutes les situations où le consentement est requis."

Abû Hurayra rapporte ﷺ que le Messager de Dieu ﷺ dit: **"La femme ex-mariée ne doit pas être mariée sans sa consultation, et la femme vierge ne**

(1) Autrement dit, son approbation tacite.

doit pas être mariée sans son consentement." L'on dit: "Et comment doit-elle donner son consentement, ô Messager de Dieu?" Il dit: **"En gardant le silence."**

'Â'icha رضي الله عنها rapporte: J'avais interrogé le Messager de Dieu ﷺ au sujet de la fille vierge (bikr) que ses parents marient; à savoir s'ils doivent la consulter ou non? et le Messager de Dieu ﷺ avait répondu: **"Oui, elle doit être consultée."** 'Â'icha poursuit: Je lui fis remarquer alors: "Mais elle est pudique." **"C'est justement ainsi qu'elle donne son consentement, en gardant le silence"**, lui expliqua-t-il. [Hadîth rapporté par al-Bukhârî et Muslim].

Le Cheikh al-Islâm, Ibn Taymiya, dit dans Majmû' al-Fatâwâ: "Personne n'a le droit de marier une femme sans son consentement, tel que le Prophète ﷺ l'a prescrit. Si elle refuse, elle ne doit pas être obligée à se marier, à l'exception de la fille vierge et impubère qui peut être mariée par son père sans lui demander son avis. Quant à la femme pubère ex-mariée, il est interdit de la marier sans son consentement, aussi bien par son père ou quiconque d'autre, conformément au Consensus de la communauté islamique. De même, et toujours selon le Consensus de la communauté, il n'est pas permis à quiconque de marier une femme vierge et pubère sans avoir consulté son avis, en dehors de son père ou son grand-père. Les Ulémas divergent sur la qualification juridique de cette consultation, à savoir si elle est obligatoire ou simplement recommandée[1]. L'avis authentique stipule qu'elle constitue une obligation. Aussi, le tuteur matrimonial de la

---

(1) Dans son commentaire du Sahîh de Muslim, al-Nawawî dit qu'al-Châfi'î, Ibn Abû Laylâ, Ahmad et Ishâq soutiennent que la consultation de la femme vierge est prescrite. Si le tuteur est son père ou son grand-père, la consultation sera recommandée, et dans ce cas, s'il la marie sans la consulter, le mariage sera valide, en raison de la pleine bienveillance du tuteur envers elle. Mais lorsqu'il s'agit d'un autre tuteur, en dehors de ces deux, il sera obligatoire de la consulter, voire il n'est pas valable de la marier avant de lui avoir demandé son consentement.

Al-Awzâ'î, Abû Hanîfa et d'autres Savants de l'école de Kûfa, soutiennent qu'il est obligatoire de consulter l'avis de toute femme vierge pubère. Le Prophète ﷺ dit ensuite: "Or, son silence vaut son consentement." Ce texte paraît généralisable à toute femme vierge et à tout tuteur, et indique que son silence est absolument suffisant, ce qui est l'avis correct et authentique. Certains de nos condisciples [chaféites] affirment que si le tuteur est le père ou le grand-père, la consultation de la femme sera simplement recommandée, et il suffira, de sa part, de garder le silence pour donner son consentement. Mais s'il s'agit d'un tuteur autre que ces deux, elle doit nécessairement prononcer son consentement, car =

femme doit-il craindre Dieu quant au choix de l'homme à qui il compte la marier. Il doit juger si cet homme est digne d'elle ou non. Car s'il doit la marier, il doit veiller à ses intérêts à elle et non aux siens."

Cheikh al-Islâm ajoute: "Lorsque la femme accepte un homme digne d'elle, son tuteur, qu'il soit - par ordre de priorité - son père, son frère, ou son oncle, doit la marier. Et s'il lui impose des obstacles ou qu'il refuse, ce sera au tuteur de degré de priorité moindre de la lui marier, sinon ce sera le représentant de l'autorité qui la mariera sans l'approbation dudit tuteur, et ce par accord unanime des Ulémas. Le tuteur n'a donc pas le doit de l'obliger à épouser quelqu'un qu'elle n'approuve pas, ni l'empêcher d'épouser celui qu'elle approuve s'il est digne d'elle. Les grands Imams (les grandes autorités en matière de Droit) s'accordent unanimement sur ce point.

Ceux qui obligent la femme à un mariage ou l'en empêchent sont des gens ignorants et injustes, puisqu'ils la marient à l'homme qu'ils choisissent eux-mêmes, pour leur propre intérêt, et non pour son intérêt à elle, en usant la contrainte ou l'intimidation pour parvenir à leurs fins. Ils l'empêchent et la dissuadent aussi d'épouser l'homme digne d'elle par inimitié ou intérêt. Or, tout cela relève de l'injustice et de l'iniquité prohibées par Dieu et Son Messager, ainsi que par le consensus des musulmans.

Dieu a, par ailleurs, prescrit au tuteur matrimonial de considérer l'intérêt de la femme et non leurs désirs inspirés par leurs passions. Il leur incombe donc d'assumer loyalement cette responsabilité au sujet de laquelle Dieu ﷻ dit:

= elle est pudique devant son père plus qu'en présence de tiers. L'avis correct soutenu par la quasi-totalité des Ulémas est que son silence est suffisant avec tous les tuteurs, en raison de la généralisation du texte, puisque la pudeur existe dans tous les cas.

Quant à la femme ex-mariée, elle doit nécessairement prononcer son consentement, sans conteste, que le tuteur soit son père ou autre, car la plénitude de la pudeur a disparu chez elle, en raison du commerce charnel qu'elle a eu avec hommes.

Notre avis-qui est celui de la quasi-totalité des Ulémas-est qu'il n'est pas exigé d'informer la femme vierge que son silence vaut son consentement, alors que certains malékites l'exigent comme condition, et les disciples de Mâlik s'accordent sur la recommandation de l'en informer.

﴿إِنَّ ٱللَّهَ يَأۡمُرُكُمۡ أَن تُؤَدُّواْ ٱلۡأَمَٰنَٰتِ إِلَىٰٓ أَهۡلِهَا وَإِذَا حَكَمۡتُم بَيۡنَ ٱلنَّاسِ أَن تَحۡكُمُواْ بِٱلۡعَدۡلِۚ﴾

﴿Certes, Allah vous commande de rendre les dépôts à leurs ayants-droit, et quand vous jugez entre des gens, de juger avec équité.﴾ [Les Femmes, 58]

5. Critères requis pour l'époux

1. Celui qui compte se fiancer doit être attaché aux enseignements de l'islam sur le plan du dogme, de la parole et des actes.

2. Il doit être persévérant aux cinq prières quotidiennes prescrites, les accomplir à leurs moments canoniques et au sein de la collectivité, car la prière est le pilier de la religion, le moyen d'entretenir le lien avec le Seigneur des Univers. En effet, l'époux attaché à l'islam et qui observe ses préceptes, s'il aime sa femme, il la traitera généreusement, et s'il ne l'aime pas, il n'osera pas la léser.

3. Il doit se conformer à la Sunna en général, entre autres en laissant pousser la barbe et en taillant les moustaches, par obéissance à Dieu et à Son Messager.

4. Il ne doit pas laisser pendre ses habits au-dessous des chevilles, vu que cela constitue une manifestation d'orgueil.

5. Il ne doit pas être consommateur de boissons enivrantes ni de drogues qui suscitent la haine et l'hostilité et détournent la personne de l'évocation de Dieu et de la prière.

6. Il doit fréquenter les gens vertueux et pieux et se tenir toujours à l'écart des méchants et des rebelles à Dieu. Car l'homme se juge d'après ses fréquentations dont il adoptera, tôt ou tard. De là, chacun doit veiller à bien choisir ses amis.

7. Il doit bien traiter son épouse et se comporter convenablement avec elle, dans les actes et la parole.

8. Il ne doit pas veiller le soir à l'extérieur de la maison, ni ne jamais

proférer ni insultes, ni obscénités, ni imprécations qui ne relèvent point des qualités du croyants.

9. Il doit observer les enseignements de l'islam, dans son boire et son manger, son habillement, sa manière traiter son épouse, ses dépenses et tous les domaines de sa vie, afin de donner le bon exemple à autrui.

10. Il ne doit pas gaspiller son temps précieux dans des occupations aux suites fâcheuses, ni dans les lieux de distraction ni ceux du jeux.

6. Le discours de la conclusion du mariage

Il est recommandé pour l'individu qui exécute le contrat du mariage, ou bien quelqu'un d'autre, de prononcer un discours avant la conclusion du contrat.

'Abdullah Ibn Mas'ûd dit: Le Messager de Dieu ﷺ nous a appris le tachahhud lors de la prière et le tachahhud lors du discours de la conclusion d'une affaire. Celui-ci consiste à dire: "Louange à Allah, nous implorons son assistance et son pardon. Nous implorons Allah de nous préserver contre les méfaits de nos âmes et de nos mauvaises actions. Quiconque guidé par Allah, ne sera point égaré. Quiconque égaré par Allah n'aura point de guide. J'atteste qu'il n'y a point de divinité en dehors d'Allah, Seul, sans associé et j'atteste que Muhammad est son serviteur et Messager.

﴿يَٰٓأَيُّهَا ٱلَّذِينَ ءَامَنُوا۟ ٱتَّقُوا۟ ٱللَّهَ حَقَّ تُقَاتِهِۦ وَلَا تَمُوتُنَّ إِلَّا وَأَنتُم مُّسۡلِمُونَ ١٠٢﴾

﴾Ô les croyants! craignez Allah comme Il doit être craint. Et ne mourez qu'en pleine soumission.﴿ [La Famille d'Imrân, 102]

﴿يَٰٓأَيُّهَا ٱلنَّاسُ ٱتَّقُوا۟ رَبَّكُمُ ٱلَّذِى خَلَقَكُم مِّن نَّفۡسٍ وَٰحِدَةٍ وَخَلَقَ مِنۡهَا زَوۡجَهَا وَبَثَّ مِنۡهُمَا رِجَالًا
كَثِيرًا وَنِسَآءً ۚ وَٱتَّقُوا۟ ٱللَّهَ ٱلَّذِى تَسَآءَلُونَ بِهِۦ وَٱلۡأَرۡحَامَ ۚ إِنَّ ٱللَّهَ كَانَ عَلَيۡكُمۡ رَقِيبًا ١﴾

﴾Ô hommes! craignez votre Seigneur qui vous a créés d'un seul être, et a créé de celui-ci son épouse, et qui de ces deux-là a fait répandre [sur la terre] beaucoup d'hommes et de femmes. Craignez Allah au nom duquel vous vous implorez les uns les autres, et craignez de rompre les liens du sang. Certes, Allah vous observe parfaitement.﴿ [Les Femmes, 1]

﴿يَٰٓأَيُّهَا ٱلَّذِينَ ءَامَنُوا۟ ٱتَّقُوا۟ ٱللَّهَ وَقُولُوا۟ قَوْلًا سَدِيدًا ﴿٧٠﴾ يُصْلِحْ لَكُمْ أَعْمَٰلَكُمْ وَيَغْفِرْ لَكُمْ
ذُنُوبَكُمْ ۗ وَمَن يُطِعِ ٱللَّهَ وَرَسُولَهُۥ فَقَدْ فَازَ فَوْزًا عَظِيمًا ﴿٧١﴾﴾

﴿Ô vous qui croyez! craignez Allah et parlez avec droiture, afin qu'Il améliore vos actions et vous pardonne vos péchés. Quiconque obéit à Allah et à Son messager obtient certes une grande réussite.﴾ [Les Coalisés, 70-71]

[Hadîth rapporté par al-Tirmidhî, al-Nasâ'î et Abû Dâwûd]".

Al-Tirmidhî mentionne dans ses Sunan, d'après Abû Hurayra رضي الله عنه, que le Messager de Dieu ﷺ dit: **"Tout discours qui ne contient pas le tachahhud est aussi incomplet qu'une main amputée."** [Hadîth rapporté par al-Tirmidhî, Abû Dâwûd, Ibn Hibbân, al-Bayhaqî et Ahmad Ibn Hanbal et authentifié par al-Albânî].

[illegible]

« O vous qui croyez ! Craignez Allah et parlez avec droiture, pour qu'Il améliore vos œuvres et vous pardonne vos péchés. Quiconque obéit à Allah et à Son messager obtient certes une grande réussite » [Les Coalisés, 70-71]

[illegible]

Al-[illegible] d'après Abû Hurayra [illegible] que le Messager de Dieu a dit : « Tout discours qui ne contient pas le tachahhud est aussi incomplet qu'une main amputée. » Hadith rapporté par [illegible] Abû Dawud, Ibn Hibban, al-Bayhaqî [illegible] et authentifié par al-Albânî.

Chapitre V

Le contrat du mariage

1. Exigibilité du tuteur dans le mariage d'une femme.

2. Éléments fondamentaux du contrat.

3. Jouer du tambour, par les femmes, pour annoncer publiquement les noces.

4. Le banquet des noces.

5. Accepter l'invitation au banquet.

6. Refuser l'invitation est une désobéissance à Dieu et à Son Messager, car il est obligatoire de s'y rendre.

7. Prohibition d'inviter exclusivement les riches.

8. Invitation des gens vertueux.

9. Recommandation aux invités.

1. Exigibilité du tuteur dans le mariage d'une femme

L'islam exige l'approbation du mariage par le tuteur de la femme, par égards pour elle et par souci de protéger son avenir, sachant qu'il connaît mieux son'intérêt. Autrement dit, le tuteur est indispensable pour veiller sur l'intérêt de la femme, l'assister et l'orienter à faire le bon choix. Comme il se charge de conclure le contrat du mariage en son nom, car elle ne doit pas le faire elle-même. Et si elle contracte mariage par elle-même (sans tuteur), son contrat de mariage sera nul.

Les Sunan mentionnent ce ẖadîth, rapporté par 'Â'icha et disant: **"Toute femme qui contracte mariage par elle-même, sans l'autorisation de son tuteur, son mariage sera nul, son mariage sera nul, son mariage sera nul."** [H̱adîth rapporté par al-Tirmidhî, Abû Dâwûd, Ibn Mâja, al-Dârimî et Aẖmad]. Et dans les quatre recueils des Sunan: **"Le mariage ne peut avoir lieu sans le tuteur matrimonial [de la femme]."** [H̱adîth rapporté par al-Tirmidhî, Abû Dâwûd, Ibn Mâja et Aẖmad]. Ces deux ẖadîths prouvent, donc, l'invalidité du mariage contracté par la femme sans tuteur.

Al-Tirmidhî affirme que ce ẖadîth est de rigueur chez les Ulémas dont 'Umar, 'Alî, Ibn 'Abbâs et Abû Hurayra. L'on rapporte de même que les juristes de la génération des Épigones !'affirmaient, que le mariage ne peut avoir lieu sans le tuteur matrimonial [de la femme]." C'est aussi l'avis d'al-Châfi'î, d'Aẖmad et d'Isẖâq."(1)

(1) Al-Mughnî, vol. VI, p. 449.

En outre, le Prophète ﷺ dit: "**Une femme ne peut conclure le mariage, ni d'une autre, ni de sa propre personne. Car c'est une fornicatrice qui contracte mariage par elle-même.**" [Hadîth rapporté par Ibn Mâja].

Le Messager de Dieu ﷺ dit aussi: "**Nul est le mariage contracté sans tuteur**[1] **et deux témoins intègres**". [Hadîth authentifié par al-Albânî].

L'Imam al-San'ânî dit: "Ce hadîth prouve que le mariage contracté sans tuteur matrimonial [de la femme] est invalide, car il nie la validité d'un tel mariage est non pas sa perfection."[2]

De son côté, Ibn Hazm explique, dans son al-Muhallâ, qu'il n'est pas permis à la femme de contracter un mariage, qu'elle soit ex-mariée ou jeune fille vierge, sans l'autorisation de son tuteur, à savoir: son père, l'un de ses frères, le grand-père ou un oncle paternel."[3]

Le Messager de Dieu ﷺ dit encore: "**Le mariage ne peut avoir lieu sans tuteur matrimonial, or le gouvernant tient lieu de tuteur pour toute femme qui n'en a pas.**"

En stipulant l'approbation du tuteur matrimonial comme condition de validité du mariage, le sage Législateur vise de multiples objectifs dans l'intérêt de la femme. C'est ce qu'affirme, dans son Hujjat -Llâh al-Bâligha, le Cheikh Waliyy-Llâh al-Dahlûlî qui dit: "La stipulation de l'approbation du tuteur matrimonial, pour la validité du mariage, confirme son autorité. Tandis que l'accaparement de cette prérogative par la femme constitue, de sa part, une audace résultant d'une impudicité, d'une bravade et d'un mépris envers le tuteur. Comme il est obligatoire de distinguer le mariage légitime du mariage illicite par sa divulgation publique, celle-ci consistant, avant tout, la présence des tuteurs matrimoniaux."

---

(1) Les conditions requises pour le tuteur matrimonial, quand il s'agit de marier une musulmane, sont: être de condition libre, la jouissance des facultés mentales, la puberté, ne pas être en état d'ihrâm, ne pas être impie, et ayant la faculté du jugement et l'intégrité morale et la masculinité.

(2) Al-San'ânî, Subul al-Salâm, vol. III, p. 117.

(3) Ibn Hazm, al-Muhallâ, vol. XI, p. 453.

2. Éléments fondamentaux du contrat

Les éléments fondamentaux du contrat du mariage en dehors desquels celui-ci n'est pas valide sont:

1. L'autorisation du tuteur.

2. Le consentement de la mariée qu'elle soit femme ex-mariée ou jeune fille vierge.

3. Présence de deux témoins possédant la qualité d'intégrité morale ('adâla).

4. Déclaration du tuteur d'accorder la main de la femme au marié (îjâb) et la formule d'approbation de celui-ci (qabûl)[(1)].

3. Jouer du tambour, par les femmes, pour annoncer publiquement les noces

Il est recommandé pour les femmes de jouer du tambour (ou quelque autre instrument de percussion) pour annoncer et publier le mariage. Faut-il souligner là que cette célébration concerne spécialement et exclusivement les femmes, et ne doit pas être accompagnée des autres types d'instruments de musiques, ni de voix de chanteuses. Il n'y a cependant pas de grief, pour les elles, à réciter des poèmes en l'occasion, à condition que les hommes ne les entendent pas. Le Messager de Dieu ﷺ dit: **"Ce qui distingue le licite et l'illicite, c'est bien l'emploi du tambour et la voix lors de la célébration d'un mariage."** [Hadîth rapporté par al-Tirmidhî, al-Nasâ'î et Ibn Mâja, et authentifié par al-Albânî]. Ce hadîth prouve que ce qui fait la différence

(1) Les formules par lesquelles on conclut le mariage sont la déclaration du tuteur matrimonial (îjâb) d'accorder la main de la femme sous sa tutelle et l'approbation du marié (qabûl). Le tuteur dira, par exemple: "Je vous donne ma fille en mariage." Et le marié dira: "J'accepte, ou je consens", ou bien le tuteur dira: "Je te donne une telle comme épouse", et le marié devra dire consécutivement: "J'accepte de la prendre pour épouse", ou bien il pourra dire, s'il le veut: "J'accepte le mariage avec elle", respectivement transcrits: "qabiltu tazwîjahâ" ou bien: "qabiltu nikâhahâ". Le signe ou geste de la part du muet tient lieu de sa parole.

entre l'union licite (ou le mariage légitime) et l'adultère illicite consiste à jouer du tambour par les femmes, pour annoncer publiquement le mariage, et à chanter des chansons saines. L'auteur de Nayl al-Awṯâr (VI/200), le Savant al-Chawkânî, a écrit: "Cela prouve qu'il est permis, dans la célébration du mariage, de jouer du tambour et de chanter à voix haute des paroles [saines et décentes] telles que:

Nous sommes venues parmi vous
pour vous saluer, saluez-nous donc.
Si ce n'était le blé qui est pourtant brun,
vos jeunes filles n'auraient eu de l'embonpoint.

Il faut toutefois éviter les chansons indécentes et obscènes qui décrivent le charme des femmes et parlent de perversité et du vin, etc, et cela est prohibé aussi bien dans cette occasion que dans les autres. Il en va de même pour le reste des moyens de divertissement légalement prohibés.

On rapporte, d'après 'Â'icha, que lors des noces d'une femme avec un homme des Anṣâr (Alliés ou musulmans de Médine), le Prophète ﷺ a dit: **"Ô 'Â'icha! n'avez-vous pas des moyens de divertissement, parce que les Anṣâr aiment le divertissement."** [Ḥadîth par al-Bukhârî dans son Ṣaḥîḥ: Chapitre du mariage]. Selon une autre version, il lui dit: **"Veuillez, donc, leur envoyer une fille qui sait jouer du tambour et chanter?"**. "Mais que doit-elle chanter?", dis-je: Rapporte 'Â'icha. Le Prophète ﷺ lui expliqua: **"Elle chantera**:

Nous sommes venues parmi vous
pour vous saluer, saluez-nous donc.
Si ce n'était l'or rouge,
elle ne serait pas venue chez vous.
Et si ce n'était le blé brun,
vos jeunes filles n'auraient eu de l'embonpoint."

[Ḥadîth rapporté par Ibn Mâja et rendu bon par al-Albânî]

4. Le banquet des noces

Il est recommandé pour le marié d'organiser un banquet[1] pour célébrer

---

(1) Il s'agit du repas des noces (walîma), célébrant le mariage. Les Ulémas classent les =

son mariage, partant du hadîth mentionné par al-Bukhârî dans son Sahîh, d'après Anas qui dit: Lorsque les fidèles [Émigrés] arrivèrent à Médine, 'Abd-al-Rahmân Ibn 'Awf s'installa chez Sa'd Ibn al-Rabî' qui lui proposa: "Je voudrais partager avec toi mes biens et te donner l'une de mes deux femmes." 'Abd-al-Rahmân lui répondit: "Que Dieu te bénisse tes femmes et tes biens." Puis il se rendit au marché où il gagna un bénéfice de certaines opérations de vente et d'achat. Il acheta alors de l'Iqt (fromage de lait caillé) et du beurre. Ensuite il se maria. Le Prophète ﷺ lui dit: **"Fais un banquet à l'occasion de la célébration de ton mariage, serait-ce constitué d'un mouton."**[(1)] [Hadîth rapporté par al-Bukhârî, Muslim, al-Tirmidhî et al-Nasâ'î].

Al-Hâfidh Ibn Hajar, dans son Fath al-Bârî[(2)], explique que "la recommandation d'organiser un banquet des noces constitué d'un mouton s'applique aux gens aisés".

Al-Bukhârî rapporte aussi, d'après Anas, que le Prophète ﷺ avait affranchi Safiyya, puis il l'a épousée en lui offrant sa liberté en guise de dot, et qu'il a organisé une banquet, à l'occasion des noces, constitué de Bhays.

= banquets en huit catégories, à savoir: 1) le repas des noces (walîma) à l'occasion d'un mariage; 2) le banquet à l'occasion d'un accouchement, dit hars; 3) le banquet à l'occasion d'une circoncision, dit i'dâr; 4) le banquet à l'occasion d'une construction ou crémaillère, dit wakîra; 5) le banquet célébrant le retour d'un voyageur, dit naqî'a. Et selon un avis, c'est le voyageur qui l'offre, alors que selon un autre, il doit lui être offert; 6) le banquet à l'occasion du septième jour de la naissance, dit 'aqîqa; 7) Le repas à l'occasion d'un malheur (la mort de quelqu'un), dit wadîma; 8) et enfin, le banquet offert par convivialité, sans occasion spécifique. [Al-Nawawî, Charh Sahîh Muslim.]

(1) Ce texte prouve qu'il est recommandé pour l'homme aisé de ne pas offrir un banquet constitué, de moins, d'un mouton. Le Cadi 'Iyâd rapporte un consensus des Ulémas, stipulant que la quantité nécessaire et suffisante constituant le banquet n'est pas déterminée, et qu'il peut être de n'importe quelle nourriture disponible. Muslim rapporte, dans les chapitres relatifs au mariage, que le repas des noces célébrant le mariage de Safiyya ne comprenait pas de viande, et que lors du banquet du mariage du Prophète ﷺ avec Zaynab, les gens s'étaient rassasiés de pain et de viande, cela étant permis et suffisant pour un banquet. Il est donc toutefois recommandé que le banquet soit organisé selon la situation pécuniaire du mari. Puis le Cadi 'Iyâd explique que les anciens divergent sur la question de la nécessité de répéter le repas des noces pendant plus que deux jours, puisque certains l'ont considéré répréhensible, alors que d'autres, non. Il ajoute que les disciples de Mâlik recommandent que l'individu aisé doit offrir ces réjouissances pendant une semaine. [Voir: Al-Nawawî, op. cit.]

(2) Ibn Hajar al-'Asqalânî, Fath al-Bârî, Charh Sahîh al-Bukhârî, vol. IX, p. 231.

[Hadîth rapporté par al-Bukhârî, Muslim, Al-Tirmidhî et Ibn Mâja].

Bhays: C'est un mets fait de dattes mêlées et pétries avec du beurre, du lait caillé et un peu de farine.

Ce dernier hadîth prouve qu'il est permis d'offrir un banquet moins important qu'un mouton.

5. Accepter l'invitation au banquet

Dans le hadîth mentionné dans les deux Sahîhs d'al-Bukhârî et de Muslim, 'Abdullah Ibn 'Umar ﷺ rapporte que le Messager de Dieu ﷺ dit: **"Lorsque l'un d'entre vous est invité à un festin, il doit s'y rendre."**

La version de Muslim précise: **"Lorsque l'un d'entre vous est invité au festin des noces, il doit répondre à l'invitation."**

Une autre version d'al-Bukhârî dit: **"Répondez à cette invitation lorsque vous y êtes conviés."** [Hadîth rapporté par al-Bukhârî, Muslim et Ibn Mâja].

Muslim rapporte dans son Sahîh, d'après Abû Hurayra, que le Messager de Dieu ﷺ dit: **"Quand l'un de vous est invité, il doit répondre. S'il est en jeûne, il priera [chez son hôte], et s'il n'est pas en jeûne, il mangera."**(1) Les Ulémas divergent sur le sens entendu par "il priera". La quasi-totalité des Ulémas soutiennent qu'elle signifie que l'invité doit invoquer l'absolution et la bénédiction de Dieu, en faveur de son hôte,

(1) Dans un autre hadîth de Muslim, Nâfi' ﷺ dit: " 'Abdullah Ibn 'Umar répondait à l'invitation à l'occasion d'un mariage, comme à l'occasion d'autres événements. Il s'y rendait même lorsqu'il jeûnait."
Ce hadîth montre, selon al-Nawawî, que le jeûne ne constitue pas un empêchement légal de répondre favorablement à l'invitation. C'est également l'avis soutenu par nos condisciples chaféites, ajoute-il, selon lesquels si l'on est invité, alors qu'on est en jeûne, l'on sera tenu de répondre favorablement à l'invitation, au même titre que le fidèle qui n'est pas en jeûne (al-muftir). La simple présence sera suffisante [comme réponse favorable à l'invitation], même si l'on ne mange pas. Les hôtes et les présents peuvent trouver de la bénédiction dans la présence de cet invité, se réjouir, tirer profit de son invocation et se préserver de ce qu'ils pourraient commettre de mauvais en son absence. Dieu reste, enfin, l'Omniscient.

sachant que le mot prière (salât, en arabe) désigne fondamentalement l'invocation (duâ'), tel que dans le verset où Dieu ﷻ dit: ﴿*et prie pour eux*﴾ L'on dit, selon un certain avis, qu'il s'agit ici de la prière canonique comprenant génuflexions, prosternations, etc. c'est-à-dire que l'invité doit accomplir une prière afin d'en acquérir le bienfait et d'attirer la bénédiction sur ses hôtes et sur les présents.(1)

Dans le hadîth cité dans le Sahîh d'al-Bukhârî, Abû Hurayra ﷺ rapporte que le Prophète ﷺ dit: **"Je répondrai à l'invitation, serait-ce à un jarret (kurâ') et j'accepterai volontiers un jarret qu'on m'offrirait."** [Hadîth rapporté par al-Bukhârî, Muslim et Al-Tirmidhî].

Le terme Kurâ' dans le hadîth signifie jarret de mouton ou de chèvre.

Dans Fath al-Bârî, al-Hâfidh Ibn Hajar dit, en commentant, que ce hadîth indique la générosité du caractère du Prophète ﷺ, sa modestie et sa bienveillance envers eux qui consiste à ne pas les décevoir ou les vexer.

6. Refuser l'invitation est une désobéissance à Dieu et à Son Messager, car il est obligatoire de s'y rendre

Le Sahîh d'al-Bukhârî mentionne qu'Abû Hurayra ﷺ disait: "Le pire des repas est celui du festin auquel les riches sont conviés en ignorant les pauvres. Or, quiconque ne répond pas à une invitation désobéit à Dieu et à Son Messager ﷺ." Ceci prouve l'obligation de répondre à l'invitaiton, selon le commentaire d'al-Hâfidh Ibn Hajar dans Fath al-Bârî.

7. Prohibition d'inviter exclusivement les riches

Dans le Sahîh d'al-Bukhârî, Abû Hurayra ﷺ rapporte que le Prophète

(1) Quant au jeuneur, il n'est pas, sans conteste, tenu de manger. Voire, il lui sera interdit de manger si son jeûne est à caractère prescrit, car il n'est pas loisible d'interrompre une prescription avant son accomplissement. Mais s'il s'agit d'un jeûne surérogatoire, il lui sera loisible d'interrompre son jeûne, tout comme s'abstenir de manger. Si alors le maintien du jeûne cause de la peine au hôte, il est préférable pour l'invité de l'interrompre, sinon il devra continuer son jeûne. Et Dieu est l'Omniscient.

ﷺ dit: **"Le pire des repas est celui du festin auquel les riches sont conviés en ignorant les pauvres."**(1) [Hadîth rapporté par al-Bukhârî, Muslim et Abû Dâwûd].

8. Invitation des gens vertueux

Dans les Sunan d'Abû Dâwûd, Abû Sa'îd al-Khudrî رضي الله عنه rapporte que le Prophète ﷺ dit: **"Ne fréquente que des croyants et n'invite à manger que des pieux."** [Hadîth rapporté par Abû Dâwûd, Al-Tirmidhî et rendu bon par al-Albânî].

9. Recommandation aux invités

La Sunna indique d'invoquer Dieu ﷻ en faveur du marié afin de lui accorder grâces et bénédictions.

Celui qui assiste à la fête du mariage doit dire au marié: "Que Dieu te bénisse ta femme, qu'Il te bénisse et qu'Il bénisse votre union", ceci sur la base du hadîth mentionné par al-Tirmidhî, dans lequel Abû Hurayra رضي الله عنه rapporte que le Prophète ﷺ disait, pour féliciter(2) quelqu'un qui venait de se marier: **"Que Dieu te bénisse ta femme, qu'Il te bénisse et qu'Il bénisse votre union."** [Hadîth rapporté par Al-Tirmidhî, Abû Dâwûd et Ibn Mâja].

---

(1) Al-Nawawî commente que le hadîth comporte l'information sur le comportement et la conduite des gens dans l'avenir. Un comportement qui consistera à donner la préférnce, sinon l'exclusivité, de l'invitation, aux banquets et aux cérémonies, aux riches, en leurs réservant un traitement de faveur, quant à la diversité et la qualité du repas, aux places d'honneur qu'on leur présente et aux autres manifestations de l'accueil chaleureux et somptueux, lors des festins. Or, c'est de Dieu que nous implorons le secours contre de telles conduites.

(2) Il est répréhensible de dire au marié, en guise de félicitation: "Puisse votre union être durable et que vous ayez beaucoup d'enfants." Car c'est une expression que les arabes employaient à l'époque du Paganismes, et le Prophète ﷺ l'a interdite. [Ibn Hajar, Fath al-Bârî.]

Chapitre VI

La nuit des noces

1. La nuit des noces

2. Le parfum favorise l'attachement

3. La consommation du mariage

4. Le repentir et l'imploration de l'absolution

5. Prière des mariés, ensemble, dans le foyer conjugal

6. Cajoleries et batifolages

7. L'acte charnel

8. L'hymen

9. Les moments du commerce charnel

10. Dans le foyer nupital

11. Manifestation de l'affection envers le mari

12. Prononcer le nom de Dieu ﷻ, avant l'acte

1. La nuit des noces

La nuit des noces est la nuit où l'on annonce publiquement la réalisation et l'exercice, par les mariés, de leur droit à la jouissance qui découle du contrat du mariage. La Sunna indique que cette annonce publique soit accompagnée des manifestations de joie et de fête, notamment le chant licite, en observant les règles de l'éthique islamique et en se gardant de commettre des transgressions. Il n'est alors pas permis, dans les fêtes, que les hommes se mêlent aux femmes. Comme il n'est pas permis de faire des dépenses exagérées, de boire des boissons prohibées, d'abuser des chants inconvenants et des voix élevées des femmes.

'Â'icha رضي الله عنها rapporte que, lors des noces d'une femme avec un homme des Ans̲âr (Alliés ou musulmans de Médine), le Prophète ﷺ a dit: **"Ô 'Â'icha! n'avez-vous pas des moyens de divertissement, parce que les Ans̲âr aiment le divertissement. Veuillez, donc, leur envoyer une fille qui sait jouer du tambour et chanter?"** "Mais que doit-elle chanter?", dis-je: Rapporte 'Â'icha. Le Prophète ﷺ lui expliqua: **"Elle chantera:**

Nous sommes venues parmi vous
pour vous saluer, saluez-nous donc.
Si ce n'était l'or rouge,
elle ne serait pas venue chez vous.
Et si ce n'était le blé brun,
vos jeunes filles n'auraient eu de l'embonpoint."

Abû Bulj Yah̲yâ Ibn Sulaym rapporte: Je dis à Muh̲ammad Ibn H̲ât̲ib:

"J'ai épousé deux femmes sans avoir célébré aucun des deux mariages par des voix "(pour dire: du chant accompagné du jeu sur le tambour), et Muhammad ﷺ de me rétorquer: **"Ce qui distingue le licite et l'illicite, c'est bien de jouer du tambour lors de la célébration d'un mariage."** Le Cheikh al-Albânî dit: "Dieu étant celui qui connaît le mieux, ceci est la meilleure explication du sens du terme "voix dans le hadîth, à savoir qu'il s'agit de jouer du tambour et de chanter des chansons licites".

Le chant permis dans les fêtes est celui dont les paroles ne sont pas de pervers et qui ne sont accompagnées d'aucun instrument en dehors du tambour. Par contre, toute chanson comportant des paroles qui décrivent les joues, la tailles, l'amour passionnel, les charmes de la femme, la séparation et le contact des amoureux, les étreintes, des scènes indécentes et obscènes, la consommation du vin, ... tout cela engendre la perdition.

Ayant été interrogé sur la qualification juridique de la danse entre les femmes lors des fêtes, le Cheikh Ibn 'Uthaymîn répondit: "Je faisais preuve d'une certaine permissivité concernant l'autorisation de la danse des femmes entre elles, vu que cela s'inscrit dans le cadre des choses permises exceptionnellement, pour manifester la joie lors de ces cérémonies. Mais ayant été informé des choses inadmissibles qui arrivent, je déclare désormais la danse répréhensible".

La Sunna veut, aussi, que le marié soigne sa toilette pour sa mariée, au même titre que celle-ci se fait belle pour lui.

Ibn 'Abbâs ﷺ dit: "Je soigne ma toilette pour ma femme tout comme elle le fait pour moi."

Ayant été interrogée: "Qu'est-ce le Prophète ﷺ faisait-il en premier, dès il rentrait chez lui?" 'Â'icha ﷺ expliqua: "[Il se curait les dents au] siwâk." [Hadîth rapporté par Muslim].

Le Prophète ﷺ était probablement assidu à cette pratique pour donner un baiser à ses épouses une fois rentré chez lui. Quelle excellente et belle façon pour les époux de se séparer le matin par un baiser, et de se rencontrer le soir par un baiser, ce qui est propre à renforcer l'amour et l'affection entre eux! De même, la femme doit se faire belle pour son époux, car sa toilette soignée favorise et stimule le désir de son mari et son envie d'elle. Elle ravit ainsi ses yeux et lui exhibe ses charmes. Ces soins et cette attention représentent un facteur important qui favorise le maintien et la permanence des sentiments de tendresse et d'attachement réciproque des conjoints. La femme jouira davantage d'affection, de la part de son époux, quand, en plus de sa beauté et sa bonne et saine constitution, elle persévère les soins de toilette et d'hygiène, et se pare de bijoux et d'habits attrayants que son mari apprécie. Elle doit absolument se garder que son mari ne trouve sur elle une saleté ou une odeur répugnante. Et enfin, elle doit s'appliquer spécialement à se faire belle dans les moments mentionnés par Dieu ﷻ, dans le saint Coran, à savoir ceux qui sont propices à la jouissance. Dieu ﷻ dit:

﴿يَٰٓأَيُّهَا ٱلَّذِينَ ءَامَنُواْ لِيَسۡتَـٔۡذِنكُمُ ٱلَّذِينَ مَلَكَتۡ أَيۡمَٰنُكُمۡ وَٱلَّذِينَ لَمۡ يَبۡلُغُواْ ٱلۡحُلُمَ مِنكُمۡ ثَلَٰثَ
مَرَّٰتٖۚ مِّن قَبۡلِ صَلَوٰةِ ٱلۡفَجۡرِ وَحِينَ تَضَعُونَ ثِيَابَكُم مِّنَ ٱلظَّهِيرَةِ وَمِنۢ بَعۡدِ صَلَوٰةِ ٱلۡعِشَآءِۚ ثَلَٰثُ عَوۡرَٰتٖ
لَّكُمۡۚ لَيۡسَ عَلَيۡكُمۡ وَلَا عَلَيۡهِمۡ جُنَاحُۢ بَعۡدَهُنَّۚ طَوَّٰفُونَ عَلَيۡكُم بَعۡضُكُمۡ عَلَىٰ بَعۡضٖۚ كَذَٰلِكَ يُبَيِّنُ
ٱللَّهُ لَكُمُ ٱلۡأٓيَٰتِۗ وَٱللَّهُ عَلِيمٌ حَكِيمٞ ٥٨﴾

﴿Ô vous qui avez cru! que les esclaves que vous possédez vous demandent permission avant d'entrer, ainsi que ceux des vôtres qui n'ont pas encore atteint la puberté, à trois moments: avant la prière de l'aube, à midi quand vous enlevez vos vêtements, ainsi qu'après la prière de la nuit; trois occasions de vous dévêtir. En dehors de ces moments, nul reproche ni à vous ni à eux d'aller et venir les uns chez les autres. C'est ainsi qu'Allah vous expose clairement Ses versets, et Allah est Omniscient et Sage.﴾

[La Lumière, 58]

Toutefois, la femme ne doit pas exagérer en matière du soin de sa toilette, au point d'en faire sa préoccupation majeure, car la beauté réside dans la simplicité et la modération. Elle peut du moins soigner sa présentation, et ne se montrer à son mari que dans sa plus apparence, comme s'il s'agissait de sa nuit des noces.

Les deux mariés doivent savoir qu'il existe deux genres de beauté: l'une apparente et l'autre cachée. La beauté cachée est celle qu'on apprécie en soi. C'est la beauté du savoir et de la raison, de la générosité d'âme et de la chasteté, de la bravoure, etc. Et souvent, cette beauté intérieure se reflète dans l'apparence extérieure qu'elle illumine. Alors même si la personne n'est pas physiquement belle, elle sera revêtue de beauté, de majesté et de douceur autant que son esprit aura acquis de belles qualités, et elle sera riche en vertus.

L'idéal c'est que chacun des conjoints recèle une part de cette beauté intérieure et extérieure à la fois. Mais l'on doit toujours se garder de ne s'intéresser qu'à la beauté apparente, car ainsi l'on risque d'être de ceux que le poète a ainsi décrits:

Visage beau cachant une âme laide,
vaut une gerbe sur une tombe de mage.

Dieu ﷻ dit:

﴿يَٰبَنِيٓ ءَادَمَ قَدۡ أَنزَلۡنَا عَلَيۡكُمۡ لِبَاسٗا يُوَٰرِي سَوۡءَٰتِكُمۡ وَرِيشٗاۖ وَلِبَاسُ ٱلتَّقۡوَىٰ ذَٰلِكَ خَيۡرٞۚ ذَٰلِكَ مِنۡ ءَايَٰتِ ٱللَّهِ لَعَلَّهُمۡ يَذَّكَّرُونَ ٢٦﴾

﴿Ô enfants d'Adam! nous avons fait descendre sur vous un vêtement pour cacher vos nudités, ainsi que des parures. Mais le vêtement de la piété, voilà qui est meilleur. C'est un des signes [de la puissance] d'Allah, afin qu'ils se rappellent.﴾ [Les Limbes, 26]

Puis, le Messager de Dieu ﷺ dit: **"Dieu ne regarde pas vos apparences ni vos richesses, mais Il regarde plutôt vos cœurs et vos œuvres."** [Hadîth rapporté par al-Bukhârî et Muslim].

Le Messager de Dieu ﷺ dit encore: **"L'accès au paradis sera interdit à quiconque porte dans son cœur un atome d'orgueil."** Un homme dit alors: "Qu'en est-il de l'homme qui aime mettre un bel habit et de belles chaussures?" Il lui dit: **"Dieu est Beau et aime la beauté[1]. Mais l'orgueil c'est**

---

(1) Selon certains, cela veut dire que tout ce qui se rapporte à Dieu ﷻ est beau et sublime; à Dieu appartiennent les beaux noms et les attributs d'excellence et de perfection. D'autres disent que Dieu est beau, signifie que c'est Lui qui donne la beauté. L'Imam Abû al-Qâsim al-Quchayrî ﷺ dit que la beauté divine signifie Sa majesté. L'Imam Abû Sulaymân al-Attâbî dit que cela signifie que Dieu est celui qui détient la lumière et la béatitude. On dit aussi que cela veut dire que Dieu est bon envers vous, par Sa bienveillance, du fait qu'Il ne vous charge que de peu d'œuvres à accomplir, et qu'Il vous y aide et vous en récompense largement.
Il faut savoir que ce nom divin est mentionné dans ce hadîth authentique, qui est une tradition âhâd (Transmise par un nombre relativement faible de personnes et insuffisant pour la rendre mutawâtir), y sont également mentionnés d'autres beaux noms divins, et l'avis adopté est qu'il est loisible de l'attribuer à Dieu ﷻ, quoique certains Ulémas l'ont interdit. =

l'arrogance usurpatoire et le mépris des gens." [Hadîth rapporté par Muslim].

2. Le parfum favorise l'attachement

La femme qui soigne sa toilette, dit-on, et qui se parfume pour son mari

---

= L'Imam Abû al-Ma'âlî, Imam des deux lieux saints ﷺ, dit: "Nous attribuons à Dieu les noms et attributs établis en tant que tels, par les textes scripturaires, et nous interdisons ceux que les textes interdisent de Lui attribuer. Quant aux noms et attributs sur lesquels les textes ne se prononcent ni par l'interdiction ni par l'autorisation, nous ne les déclarons ni permis ni interdits, car les qualifications juridiques sont puisées des sources scripturaires. Aussi, si nous nous les déclarions permis ou interdits, nous établirions une décision juridique sans fondement légal... Il n'est pas nécessaire, ajoute-t-il, pour établir la légalité d'attribuer un nom ou un attribut à Dieu, qu'il y ait un texte explicite, mais il suffit que cette attribution découle d'une exigence pratique établie par les textes, même si ce nom ou attribut n'est pas établi comme devant être nécessairement connu. Cependant, le raisonnement juridique s'applique par analogie aux œuvres ou aux aspects pratiques du Droit, et l'on ne doit pas s'en servir dans l'appellation, ni la qualification de Dieu ﷻ". [Fin de citation d'Abû al-Ma'âlî, Imam d'al-Haramayn, dont l'érudition est notoire, notamment en matière de traditions.]

Par ailleurs, les partisans de la Sunna (ahl al-Sunna) divergent sur l'attribution à Dieu de noms et qualificatifs de perfection, de majesté et de louange que les textes ne mentionnent point, ni n'interdisent. Un groupe d'eux affirme que cela est loisible, alors que d'autres l'ont déclaré interdit, à moins que ces noms ou attributs ne soient établis par des textes clairs du saint Coran ou de la Sunna (Mutawâtir, celle-ci étant une tradition transmise par un nombre si grand de transmetteurs, qu'il ne peut y avoir de collusion, tous étant connus comme dignes de confiance et non-contraints à mentir), ou encore par le consensus (ijmâ') de la communauté représentée par ses Savants autorisés.

Quand il y a une seule tradition mentionnant tel nom ou attribut divin, il y a divergence d'avis sur sa validité. Un groupe d'Ulémas déclarent qu'il est loisible d'attribuer à Dieu ce nom ou attribut. Ils précisent, néanmoins, qu'il est loisible d'appeler Dieu par ce nom au cours des invocations et des louanges qu'on lui adresse. Cette licéité se justifie par le fait qu'elle s'intègre dans le cadre des pratiques cultuelles, sachant qu'en pareil cas pratique, il est loisible d'adopter une tradition rapportée par un seul transmetteur. D'autres Ulémas interdisent l'attribution à Dieu d'un attribut mentionné dans une tradition rapportée par un seul transmetteur car, expliquent-ils, cela se rapporte au dogme, et notamment à ce qui est possible ou impossible, concernant Dieu ﷻ.

﴿وَلِلَّهِ الْأَسْمَاءُ الْحُسْنَىٰ فَادْعُوهُ بِهَا﴾

﴿À Dieu appartiennent les plus beaux noms. Adressez-vous donc à Lui par eux.﴾.

[Al-A'râf, 180]

﴿نِسَاؤُكُمْ حَرْثٌ لَكُمْ فَأْتُوا حَرْثَكُمْ أَنَّىٰ شِئْتُمْ﴾

﴿Vos épouses sont pour vous un champ de labour; allez à votre champ comme [et quand] vous le voulez.﴾.

[La Vache, 223]

prépare ainsi les conditions de l'attachement et de l'affection mutuels, et s'éloigne des graves causes de la répugnance et de l'aversion qui pourraient résulter de la négligence de ces détails. Car l'œil ou le nez, ou autrement dit l'apparence et l'odeur, influencent et gouvernent le cœur. Une femme de l'Arabie confia, dans ce sens, ce précieux conseil à une autre: "Fais bien attention à ce que ton mari ne voit quelque chose en toi qu'il répugne, ni qu'il sente une odeur repoussante s'exhalant de toi."

Le Prophète ﷺ dit: "**De votre monde, l'amour de trois choses m'a été inspiré: les femmes, le parfum et la sérénité de mon âme se trouve dans la prière.**" Vu le terrible effet du parfum, le Prophète ﷺ avait interdit à la femme de sortir parfumée dans la rue, afin d'éviter qu'elle ne tente les hommes et ne les excite. Il dit qu'une telle femme serait telle..., pour dire: fornicatrice.

3. La consommation du mariage

La mariée doit dévoiler tous ses charmes à son époux et ne rien lui cacher. Il est préférable, lors de la nuit des noces, qu'elle ne se fasse pas preuve de réserve outre mesure des désirs de son mari. Il n'y a cependant pas de mal à se montrer réticente quelque peu, de sorte à exciter son envie d'elle et à enflammer son désir. De son côté, le marié est-il tenu de se comporter correctement avec sa femme pendant la nuit de la consommation du mariage. Il ne devra, donc, pas dépasser les limites de la la bienséance, ni enfreindre les règles de la délicatesse en hâtant le rapport sexuel sans prélude. Mais il doit veiller à mettre son épouse à l'aise, et faire dissiper sa timidité progressivement, sans brûler les étapes.

4. Le repentir et l'imploration de l'absolution

Lors de la nuit des noces, les deux conjoints doivent se purifier intérieurement et se parer du repentir de touts les péchés et les vices.

Ainsi, entameront-ils leur vie nuptiale en étant purs et propres, corps et esprits, afin que Dieu leur accorde la complétude et la perfection de leur piété, grâce à leur union. Le Messager de Dieu ﷺ dit: **"En se mariant, l'homme accomplit la moitié de sa piété. Il doit alors craindre Dieu quant à la moitié restante."**

5. Prière des mariés, ensemble, dans le foyer conjugal

Une fois les deux mariés dans leur maison, il leur est recommandé d'accomplir une prière de deux rak'ât ensemble, tel que la tradition le rapporte, d'après les pieux anciens ﵃.

Après l'accomplissement de la prière et l'invocation, le mari se tourne vers sa femme, s'assit à ses côtés, la salue et lui parle gentiment pour lui exprimer sa joie d'être avec elle et pour qu'ainsi l'aider à se familiariser avec lui et qu'elle se sente à l'aise. C'est une nouvelle vie pour elle, et c'est la première fois qu'elle se trouve en tête-à-tête avec lui, ce qui est propre à la troubler, voire à la choquer même. Il devra alors se montrer courtois et galant en lui servant quelque rafraîchissement ou un gâteau, etc. Il posera ensuite sa main sur son front et il invoquera la bénédiction et les faveurs de Dieu, tel qu'indiqué dans le hadîth du Messager de Dieu ﷺ disant: **"Lorsque l'un de vous épouse une femme, qu'il la saisisse par le front et qu'il invoque Dieu de la bénir puis qu'il dise: Ô Seigneur! accorde-moi son bienfait et les bienfaits de la nature que tu lui as donnée, et préserve-moi contre son mal et le mal de la nature que Tu lui as donnée."** [Hadîth rapporté par al-Bukhârî, Abû Dâwûd, Ibn Mâja et al-Hâkim].

6. Cajoleries et batifolages

Avant de se livrer à l'acte charnel, le mari doit badiner avec sa femme, lui faire des cajoleries et des caresses et l'attoucher, l'embrasser, lui donner des baisers, en évitant de la surprendre. Car la première nuit dans la vie du couple est déterminante de l'avenir de leurs relations d'amour ou d'aversion. La mariée doit savoir que sa conservation et sa voix ont un charme spécial qu'elle doit employer avec son mari, pour conquérir rapidement son cœur. Le poète dit:

Comme si dans ses paroles se cache
Hârût qui y insuffle ses charmes.
Et quant à sa voix, on dirait
des jardins semés de fleurs.

Hârûn al-Rachîd avait, raconte-t-on, une laide servante noire. Un jour, il éparpilla des pièces d'or sur le sol, parmi ses servantes, qui se mirent à en ramasser, tandis que la servante noire resta debout, immobile, à fixer le visage de Hârûn al-Rachîd. Il lui dit: "Ne vas-tu pas ramasser des pièces d'or?" "Elles, elles aspirent aux pièces d'or, lui répliqua-t-elle, quant à moi, je m'aspire à celui qui détient l'or." Et ces propos tournèrent la répugnance qu'al-Rachîd avait envers elle en admiration. Aussi, lui accorda-t-il sa faveur et la couvrit-il d'éloges. Ses propos bien placés ont bien tenu le lieu de la beauté qui lui faisait défaut.

Les prémices sexuelles:

L'art des prémices sexuelles veut, qu'avant de commencer l'acte sexuel proprement dit, l'homme doit caresser le clitoris de sa femme doucement, car ce membre est très sensible, voire c'est un point culminant de l'excitation sexuelle, qui fait parvenir la femme à la jouissance orgastique. Une fois la femme excitée suite aux caresses de son clitoris, l'homme procédera à l'intromission, afin de s'assurer qu'elle a joui simultanément avec lui ou avant lui.

Ces attouchements sexuels sont la dernière phase du prélude précédent le coït. Sachant que le prélude se réalise par les cajoleries et le batifolage, par l'acte et la parole, et vise à exciter le désir.

Le prélude consiste en certaines pratiques, qui sont:

1. Les baisers: L'échange de baisers entre les partenaires, surtout le baiser sur la bouche et il est permis de se sucer la langue l'un à l'autre.

2. Caresse de la poitrine de la femme: L'homme caresse et masse les seins de sa femme, ce qui l'excite intensément.

3. Caresses réciproques du sexe du partenaire: L'Imam Abû Hanîfa, ayant été interrogé si l'homme peut caresser le sexe de sa femme et vice-versa, il déclara: "Il n'y a pas de mal à le faire. Bien plus, je présume que cela

augmente leur rétribution."[1] Or, les caresses les plus importantes sont celles du clitoris, chez la femme.

En fait, le clitoris est un petit membre très sensible, situé dans la partie supérieure du vagin et qui équivaut à la verge chez l'homme. Et c'est un fait réel que la caresse du clitoris porte l'excitation de la femme au paroxysme et la laisse céder complètement à l'homme.

4. Le corps-à-corps: C'est la relation intime qui consiste au contact direct des deux partenaires, corps-à-corps, de sorte que leurs peaux se touchent par le biais de l'étreinte et du serrement réciproque. Quant à la sensualité verbale, elle s'exprime par des propos traduisant l'envie et l'amour l'un de l'autre.

Suite à ces prémices, les deux époux seront prêts au coït pour en tirer jouissance, et de là, garantir et préserver leur chasteté.

De telles câlineries et caresses entre les mariés représentent un art important duquel dépendent la jouissance et la durabilité d'une vie conjugale heureuse, et la femme désire ce que l'homme désire de cette relation charnelle. Ainsi, lorsqu'il la surprend en hâtant le coït, il est fort probable qu'il jouisse avant elle, ce qui lui occasionne une confusion et lui cause des troubles qui risquent de lui affecter beaucoup de choses, même sa vie spirituelle. Or, tout le bien réside dans l'observance de la Sunna, à savoir qu'il ne faut pas anticiper le rapport sexuel avec elle avant de lui parler et de la préparer, en l'excitant par les caresses susmentionnées.

7. L'acte charnel

L'acte charnel désigne l'intromission de la verge de l'homme dans le vagin de sa femme (l'endroit du labour), de quelque position que ce soit, par derrière ou par devant, sur la base du verset où Dieu ﷻ dit:

﴿نِسَآؤُكُمْ حَرْثٌ لَّكُمْ فَأْتُوا۟ حَرْثَكُمْ أَنَّىٰ شِئْتُمْ﴾

﴿Vos épouses sont pour vous un champ de labour; allez à votre champ comme [et quand] vous le voulez.﴾[2] [La Vache, 223]

---

(1) Al-Khaṯîb al-Chirbînî, Mughnî al-Muḫtâj, vol. III, p.134.

(2) Pour indiquer l'endroit du corps de la femme où l'on dépose la semence, à savoir son vagin, du fait qu'on y dépose le sperme en vue de la progéniture. Cela établit la licéité du =

Le Messager de Dieu ﷺ explique: "**[L'on peut coïter avec sa femme] qu'elle soit de face ou de dos, pourvu qu'il s'agit d'intromission dans le sexe.**" [Hadîth rapporté par al-Bukhârî et Muslim].

La Sunna indique qu'il ne doit y avoir personne d'autre dans la chambre en dehors des époux. On rapporte, pour confirmation, que lorsqu'il voulait se livrer au commerce charnel avec sa femme, 'Abdullah Ibn 'Umar ﷺ sortait son enfant pourtant nourrisson de la chambre.

8. L'hymen

Le Cheikh Mahfûz souligne dans son livre al-Ibdâ' fî Madâr al-Ibtidâ' que "l'une des innovations les plus abjectes et les coutumes les plus absurdes consiste à déflorer la femme avec le doigt. En fait, outre sa grande contradiction avec la Sunna de Muhammad ﷺ, cela occasionne une grave nuisance à la mariée, risque de la rendre stérile et lui causer l'asthénie. Sachant que toutes ses suites sont des nuisances sa prohibition est donc évidente."

Ce comportement ne saurait-il se justifier que par le souci de prouver la virginité de la fille; et de là, sa chasteté et sa pureté. Mais la femme ou la fille dont la religiosité et l'éducation sont défaillantes ne manquerait jamais de ruse pour tromper son mari la nuit des noces, beaucoup de ces ruses étant décidément connues par les médecins, les sages-femmes et les mauvaises fréquentations, et pouvant provoquer le même effet résultant de la défloration, y compris l'hémorragie.

D'un autre côté, la membrane de l'hymen diffère d'une femme à l'autre. Elle peut être extrêmement fine chez certaines femmes, et par conséquent elle peut se déchirer facilement à la suite d'un simple mouvement violent ou

= coït vaginal, quelle que soit la position de la femme: de face, du dos, ou couchée à plat ventre. Quant à l'anus, il ne constitue pas un champ sexuel, du fait qu'il n'est pas le lieu d'ensemencement. Dieu ﷻ dit:

﴿فَأْتُوا حَرْثَكُمْ أَنَّىٰ شِئْتُمْ﴾

﴿Allez à votre champ comme vous [et qand] le voulez.﴾

[La Vache, 223]

À ce propos, les Ulémas autorisés s'accordent sur la prohibition de pratiquer le coït anal avec la femme, qu'elle soit en menstruation ou propre ceci sur la base de nombreux hadîths connus, tels que le hadîth disant: "Maudit est celui qui pratique le coït anal avec une femme."

d'une chute brutale, sans même que la fille ne s'en rende compte sur-le-champ, de sorte qu'elle en sera choquée lors de ses noces. Elle devient alors couverte de honte et se trouve humiliée pour un crime dont elle est absolument innocente. Par contre, il y a des hymens qui juste se cicatrisent après que la fille se livre au péché de chair. Il y a encore un autre type d'hymens, tellement souples qu'ils ne se déflorent pas, aussi nombreuses y soient elles les intromissions. Un tel hymen n'est rompu qu'après l'accouchement. Une femme qui possède ce genre d'hymen peut se trouver enceinte alors que son hymen paraît encore comme intact.

Les mariés doivent donc se méfier de considérer l'hymen comme critère de pureté et de chasteté de la femme. Le seul critère de pureté est celui indiqué dans les propos du Messager de Dieu ﷺ, disant: **"Prends donc la femme pieuse, sinon tu risques l'infortune."**

9. Les moments du commerce charnel

Le commerce charnel devrait avoir lieu au début ou à la fin de la nuit, le début de la nuit étant plus approprié, puisqu'il donne une marge assez large de temps pour prendre le bain rituel, contrairement à la fin de la nuit, où l'on risquerait de rater la prière du fajr avec la collectivité, faute du temps dont on dispose après le coït. Cela peut également engendrer l'accomplissement de la prière après l'écoulement de son horaire canonique. Par ailleurs, en reportant l'acte sexuel à la fin de la nuit, après un sommeil profond, l'on risquerait d'avoir une mauvaise haleine, ce qui cause inévitablement du désagrément au partenaire et pourrait devenir une répugnance.

Le moment le plus adéquat pour l'acte sexuel est donc celui qui vient juste après la prière du fajr, puisque les époux auront le corps et l'esprit reposés. En plus, il n'y aura pas de mal à se rendormir une fois qu'ils auront terminé, ne serait-ce un petit sommeil qui leur procurerait un grand plaisir. Ajoutons aussi que le bain rituel (ghusl), ou l'ablution (wuḏû') avant l'acte sexuel, revigore le corps et le dynamise, surtout que " le lavage du membre viril le revigore et le stimule", selon le Cadi 'Iyâdh.

10. Dans le foyer nuptial

Sache, ô frère en islam, que la Sunna recommande d'invoquer Dieu ﷻ avant la consommation du mariage, lors de la nuit des noces, ainsi que rapporté dans le hadîth d'Ibn Mâja, d'après 'Amr Ibn Chu'ayb, d'après son père, d'après son grand-père, d'après le Prophète ﷺ qui dit: **"Lorsque l'un de vous épouse une femme, qu'il la saisisse par le front et qu'il invoque Dieu de la bénir, puis qu'il dise: Ô Seigneur! accorde-moi son bienfait et les bienfaits de la nature que tu lui as donnée, et préserve-moi contre son mal et le mal de la nature que Tu lui as donnée."** [Hadîth rapporté par al-Bukhârî, Abû Dâwûd, Ibn Mâja et al-Hâkim].

Sache aussi, mon frère, qu'il n'est absolument pas permis à l'homme de négliger l'accomplissement des prières prescrites dans la mosquée, lorsqu'il est au début de sa vie conjugale, ni à n'importe quel autre moment, quand il lui est possible de s'y rendre.

11. Manifestation de l'affection envers le mari

Ahmad rapporte, dans son Musnad, qu'Asmâ' Bint Yazîd Ibn al-Sakan dit: J'avais apprêté 'Â'icha et je lui avais soigné sa toilette pour la présenter au Messager de Dieu ﷺ. Ensuite, j'allai le trouver et l'inviter à venir la voir sans voile. Quand il arriva, il s'assit à côté d'elle. On lui emmena un vase de lait, il en but, puis le lui passa. Mais la voilà qui baissa la tête par pudeur, et moi de lui lancer: "Prends-le de la main du Prophète ﷺ", ajouta Asmâ' qui poursuivit: Elle le prit et but un peu, alors le Prophète ﷺ lui dit: **"Passe-le à ton amie."** Là, je dis: "Ô Messager de Dieu! reprends-le plutôt et bois, ensuite passe-le-moi de ta propre main." Le Prophète ﷺ prit effectivement le récipient, en but puis me le passa. Sur ce, je m'assis, je posai le récipient sur mes genoux, et je me mis à boire en le tournant pour m'assurer de toucher de mes lèvres l'endroit par lequel le Prophète ﷺ avait bu. Le Prophète ﷺ me demanda alors de servir des femmes qui se trouvaient chez moi, mais celles-ci dirent: "Nous n'en avons pas envie." "Ne réunissez donc pas la faim et le mensonge", leur répliqua-t-il. [Hadîth rapporté par Ahmad et Ibn Mâja].

Sache, enfin, ô cher frère en islam, qu'il est recommandé pour le mari de traiter sa femme avec gentillesse et bienveillance lors des la nuit des noces, et de lui offrir un rafraîchissement ou des douceurs, comme il leur est recommandé d'accomplir ensemble une prière de deux rak'ât.

12. Prononcer le nom de Dieu ﷻ et l'invoquer, avant l'acte

Il faut savoir, ô cher frère, que la sainte Sunna préconise l'invocation de Dieu ﷻ avant de se livrer au rapport sexuel. Al-Bukhârî rapporte, d'après Ibn 'Abbâs ﵄, que le Messager de Dieu ﷺ dit: **"Il est excellent lorsque l'un de vous, étant sur le point d'avoir un rapport sexuel avec sa femme, qu'il dise: Au nom de Dieu! Ô mon Dieu! éloigne de nous le démon et éloigne-le de ce que Tu nous as accordé", alors s'il leur est destiné d'avoir un enfant de ce rapport, le démon ne lui portera jamais nuisance."[(1)]** [Hadîth rapporté par al-Bukhârî, Muslim, Al-Tirmidhî et Abû Dâwûd].

Le hadîth indique que la tasmiya[(2)] est recommandée et souligne la bénédiction qu'elle attire, en toutes les situations. Il prône aussi de rester attaché à Dieu et trouver refuge auprès de Lui, et grâce à son évocation, contre le démon. Il montre les bienfaits qui découlent de l'évocation du nom de Dieu, et de là l'importance de chercher et de solliciter la grâce et la protection de Dieu, par l'invocation de Son nom. Le hadîth explique aussi que le démon ne se sépare jamais de l'être humain, dans toutes les situations de la vie, sauf lorsqu'il évoque Dieu. Cela dit, la Sunna recommande à l'homme de faire l'ablution (wudû') entre deux actes sexuels, le bain rituel étant préférable, et enfin il est loisible aux conjoints de prendre un bain ensemble.

---

(1) D'après le Cadi 'Iyâd, cela signifie que le démon ne le possédera jamais. Et selon un certain avis, le démon ne le touchera point, lors de sa naissance, contrairement aux autres enfants. Cela dit, personne n'a prétendu que le hadîth signifie la préservation absolue de l'enfant contre toute nuisance, telle que la mauvaise suggestion et la mauvaise tentation du démon.

(2) Ou basmala, qui consiste à dire: bismi-Llâh, c'est-à-dire: au nom de Dieu.

Chapitre VII

Les règles éthiques de l'acte sexuel

1. La rétribution divine pour l'accomplissement de l'acte par les époux

2. Droit des deux époux de regarder le corps, l'un de l'autre, et de prendre un bain ensemble

3. Comment le mari doit-il procéder avec sa femme, lors de l'acte?

4. Les poses pendant l'acte sexuel

Selon les règles éthiques relatives au rapport conjugal, une fois qu'il aura joui, l'homme devra attendre que sa femme jouisse à son tour, lorsqu'elle n'aura pas encore atteint l'orgasme. Ainsi, en cas du retard de la jouissance de la femme, celle-ci se trouve au paroxysme de l'excitation; si alors son partenaire se retire-t-il avant qu'elle n'ait joui, cela la prive du plaisir et lui cause un grand désagrément, voire une grave nuisance.

Ibn Qudâma ﷺ affirme dans ce sens qu'il est recommandé, pour l'homme, de choyer sa femme et de la cajoler pour stimuler son désir, avant de procéder au coït. Ce qui la dispose mieux à tirer plaisir de l'acte au même titre que lui. L'on rapporte aussi que 'Umar Ibn 'Abd-al-'Azîz adressa ce conseil à l'homme: "Ne procède pas au coït avec elle qu'une fois qu'elle sera autant excitée que toi, ceci afin de ne pas jouir avant elle."

L'homme devra donc, doit-on souligner, la couvrir de baisers et de caresses. Et c'est seulement lorsqu'il constate qu'elle a atteint le même degré d'excitation que lui, qu'il devra la pénétrer. Et s'il parvient à l'orgasme avant elle, il lui sera répréhensible de retirer son membre jusqu'à ce qu'elle jouisse, et ce partant du hadîth d'Anas Ibn Mâlik, qui rapporte que le Messager de Dieu ﷺ dit: **"L'homme doit préparer sa femme à l'acte charnel. Puis, une fois qu'il aura joui, il ne devra pas se hâter de retirer son membre, mais attendre qu'elle jouisse à son tour."** En fait, empêcher la femme de jouir, par interruption soudaine de l'acte, lui porte gravement nuisance.(1)

L'époux qui compte se livrer au commerce charnel avec sa femme doit se garder de certaines pratiques prohibées qui sont d'usage chez les gens du

(1) Ibn Qudâma, al-Mughnî fî al-Charh al-Kabîr, VIII/136.

commun, notamment le fait de s'y prendre avec brusquerie en la prenant à l'improviste sans préparation, ni prémices. Il doit plutôt la cajoler et montrer son affection pour elle, par des gestes sensuels licites, comme les caresses et les baisers, etc. Ensuite, ce n'est qu'une fois son excitation attisée, qu'il procèdera au coït. C'est que la femme désire jouir de l'homme au même titre qu'il désire jouir d'elle. Or, quand il la prend par surprise, il est fort probable qu'il jouisse sans qu'elle ne puisse jouir elle aussi, ce qui est propre à lui nuire.

1. La rétribution divine pour l'accomplissement de l'acte par les époux

Ô cher frère en islam, tu dois savoir que tu as une rétribution divine pour le commerce charnel avec ta femme, pour avoir des enfants, ou pour préserver ta chasteté et la sienne.

Muslim rapporte dans son Sahîh, d'après Abû Dharr ﷺ, que certains compagnons ﷺ vinrent se plaindre: "Ô Messager de Dieu! dirent-ils, les riches accaparent les récompenses divines. Certes, ils prient et jeûnent pareil à nous, mais ils font en plus aumône du surplus de leurs richesses." "**Ne savez-vous pas que Dieu vous a donné de quoi faire aumône?**", leur rétorqua-t-il, et de leur expliquer: "**En fait, à chaque fois que vous dites: "Gloire à Dieu"(1), cela vaut une aumône. À chaque fois que vous dites: "Dieu est Tout-Grand"(2), cela vaut une aumône. À chaque fois que vous dites: "Louange à Dieu"(3), cela vaut une aumône. À chaque fois que vous dites: "Il n'y a point de divinité en dehors de Dieu"(4), cela vaut une aumône. Chaque fois que vous commandez le bien, cela vaut une aumône. Chaque fois que vous réprimez le mal, cela vaut une aumône. Voire même, chaque acte charnel que vous faites vaut une aumône.**" "Ô Messager de Dieu! s'exclamèrent-ils, est-ce que l'un de nous a une récompense divine, quand il satisfait son désir charnel?" "Ne

(1) Subhân-Llâh.

(2) Allâhu Akbar.

(3) Al-hamdu li-Llâh.

(4) Lâ ilâha illâ-Llâh.

voyez-vous pas, répliqua-t-il, **qu'il sera grevé d'un péché s'il satisfait son désir illicitement? Aussi, s'il le satisfait licitement, il en sera récompensé"**. [Hadîth rapporté par Muslim].

L'Imam al-Nawawî ﷺ explique le hadîth dans son Commentaire du Sahîh de Muslim, que cela prouve que les actes licites deviennent des œuvres pieuses, lorsqu'ils sont accomplis avec des intentions pures et sincères. Ainsi, l'acte charnel devient-il un acte pieux, lorsqu'on le fait dans l'intention de remplir son devoir envers l'épouse et de la traiter convenablement, tel que Dieu ﷻ l'a prescrit, ou dans l'intention d'avoir un enfant pieux, ou de se préserver la chasteté, ainsi que celle de son épouse, et d'éviter, une fois le désir sexuel assouvi, de regarder ce qui est prohibé, ou d'y penser, etc. D'après Abû Hurayra ؓ, le Messager de Dieu ﷺ dit: **"Une fois l'homme mort, [la rétribution de] son œuvre est arrêtée, à l'exception de trois: une œuvre de bienfaisance durable, un savoir dont on continue de profiter et un enfant pieux[1] qui invoque Dieu en sa faveur."** [Hadîth rapporté par Muslim et Abû Dâwûd].

Autres règles éthiques du commerce charnel

L'homme doit réciter l'invocation traditionnelle rapportée d'après le Messager de Dieu ﷺ: **"Ô mon Dieu! éloigne de nous le démon et éloigne-le de ce que Tu nous as accordé"**. [Hadîth rapporté par al-Bukhârî et Muslim]. Ensuite, il doit veiller à observer les règles suivantes:

1. L'homme ne doit pas se livrer à l'acte avec son épouse qui porte ses vêtements. Elle doit se déshabiller complètement et entrer avec lui sous le même drap. L'homme doit également se déshabiller, de façon progressive, pour ne pas choquer la mariée.

Cela dit, les bienfaits de se dénuder sont nombreux, puisque cela soulage de la chaleur de la journée, permet de bouger et de se retourner de façon plus commode dans le lit, procure de l'allégresse à la femme et accentue le plaisir. Ibn Ma'mûn dit dans son poème édifiant:

(1) Car le mariage, et par conséquent le commerce charnel, procure les bénédictions de l'invocation de l'enfant pieux, pour ses parents, après leur mort; ainsi que l'intercession en leur faveur, au Jour de la Résurrection, de leur enfant mort en bas âge.

Garde-toi pendant l'acte de garder tes habits sur toi,
car c'est faire preuve de manque de finesse.
La femme doit également se dénuder complètement.
Et alors, cajole-la d'abord pour la mettre à l'aise.

2. Il convient, en outre, lorsque la mariée est une jeune fille, vierge, de ne pas interrompre l'acte en retirant le membre viril pour éjaculer à l'extérieur du vagin, ainsi que certains gens le font. L'homme ne doit retirer son membre qu'après éjaculation, afin que le sperme parvienne à l'utérus et qu'ainsi Dieu leur donne une descendance bénie.

3. Lorsque le mari éjacule avant sa femme, il ne doit pas interrompre l'acte en retirant son membre aussitôt, mais plutôt attendre qu'elle jouisse, elle aussi.

4. Il n'y a pas de limite indiquée pour le nombre d'actes sexuels, ni pour l'homme, ni pour la femme. La fréquence de l'acte dépend en général de l'humeur, de la capacité, de la nécessité et des conditions physiques, psychiques et sociales.

5. Il est répréhensible, pour le mari, de prendre sa femme, sans qu'elle n'y soit consentante, ou de la prendre à l'improviste, de sorte à la brusquer, car cela risquerait d'affecter sa religiosité et son mental.

6. Il est recommandé, pour les époux, de ne pas essuyer leurs sexes avec la même serviette. Il faut plutôt préparer une serviette pour chacun.

7. Il est prohibé, pour le mari, de prendre sa femme en pensant à une autre ou s'imaginant faire l'amour avec une autre, car cela constitue l'une des formes de la fornication. Un tel comportement est prohibé pour la femme aussi.

8. La pratique de l'acte sexuel est permise en tout mois, à tout moment, tous les jours, à toute heure de nuit ou du matin, excepté dans les périodes de menstruation, de lochies, de sacralisation du pèlerinage (ihrâm) et pendant le jeûne.

9. Il est recommandé pour les deux époux de se laver les dents et de se parfumer la bouche avec une senteur agréable, parce qu'une haleine agréable favorise le rapprochement et l'étreinte, ce qui renforce l'amour.

10. Lorsque l'homme vient de coucher avec sa femme et qu'il désire reprendre de nouveau, il lui est alors recommandé de faire l'ablution, car le Prophète ﷺ dit: **"Quand l'un de vous coïte avec sa femme et qu'il veut coïter de nouveau, il devra faire l'ablution comme pour la prière. Ceci donne de la vigueur pour reprendre."** [Hadîth rapporté par Muslim].

11. Lorsque les époux veulent dormir en étant en état d'impureté rituelle liée à la sexualité (janâba)(1), ils doivent d'abord faire l'ablution. On rapporte que 'Â'icha ﵂ dit: **"Quand il voulait dormir en étant en état d'impureté rituelle majeure, de la sexualité, le Messager de Dieu ﷺ faisait l'ablution(2), comme pour la prière avant de se coucher."** [Hadîth rapporté par al-Bukhârî et Muslim].

12. Il faut prendre un bain après l'acte sexuel, avant le moment de la

(1) La janâba est un terme qui désigne l'état d'impureté rituelle majeure, qui exige obligatoirement le bain suite à l'acte charnel ou l'éjaculation de sperme. Dans ces cas, le junub, celui qui est en état de janâba, s'écarte (yajtanib) de la prière, de la récitation du Coran et de la fréquentation de la mosquée.

(2) Dans le hadîth rapporté par 'Umar ﵁, celui-ci dit: "Ô Messager de Dieu! l'un d'entre nous, peut-il dormir en étant en état d'impureté majeure liée à la sexualité?" "Oui, lui répondit-il en précisant: S'il fait l'ablution." Dans une autre version: "Oui, lui répondit-il", et de lui préciser: "Qu'il fasse d'abord l'ablution, et qu'il dorme ensuite s'il le veut, en attendant de faire l'ablution majeure." Et dans une autre: "Fais l'ablution, puis lave ton membre viril, ensuite dors." Et dans une autre encore: "Quand il se trouvait en état d'impureté rituelle majeure, le Messager de Dieu ﷺ agissait selon l'une et l'autre formule, dit-elle, et d'expliquer: Parfois, il lui arrivait de prendre son bain rituel pour ensuite dormir, et par d'autres, il faisait juste l'ablution avant de dormir."
En somme, commente al-Nawawî, tous ces hadîths impliquent qu'il est loisible pour l'individu, en état d'impureté rituelle majeure (junub) de dormir, de manger, de boire et de coïter avant de prendre un bain rituel. Ceci fait l'objet du consensus des Ulémas qui s'accordent sur la pureté du corps et de la sueur de l'individu en état d'impureté majeure. Ces hadîths montrent aussi qu'il est loisible de faire l'ablution et de laver son sexe pour procéder à n'importe laquelle de ces activités, notamment quand on compte se livrer à l'acte sexuel avec l'épouse, avec laquelle on ne l'a pas encore fait. Dans ce cas, il devient vivement recommandé de laver sa verge.
Nos condisciples chaféites stipulent qu'il est répréhensible de dormir, de manger, de boire et de se livrer à l'acte sexuel, avant de faire l'ablution, comme ces hadîths le prouvent. Cependant, il n'y pas de divergence chez nous sur le fait que cette ablution n'est pas obligatoire. Tel est justement l'avis de Mâlik et de la quasi-totalité des Ulémas... Et l'ablution dont il est question ici est celle qu'on fait ordinairement pour la prière accomplie intégralement.

prière. Il est préférable de prendre ce bain avant de s'endormir, selon le hadîth de 'Abdullah Ibn Qays ﷺ, où il rapporte: 'Abdullah Ibn Qays dit: J'avais interrogé 'Â'icha sur la prière du witr du Messager de Dieu ﷺ... Il relata alors le hadîth jusqu'à dire: Je dis: "Que faisait-il quand il se trouvait en état d'impureté rituelle majeure liée à la sexualité? Procédait-il au bain rituel avant de dormir ou bien dormait-il avant de prendre son bain?" "Il agissait selon l'une et l'autre formules", dit-elle, et d'expliquer: "Parfois, il lui arrivait de prendre son bain rituel pour ensuite dormir et par d'autres, il faisait juste l'ablution avant de dormir." "Que Dieu soit Loué, dis-je, d'avoir accordé tant de facilité." [Hadîth rapporté par Muslim et Ahmad].

13. Il est loisible, aux époux, de prendre un bain ensemble, dans un même endroit, même s'ils voient la nudité l'un de l'autre. 'Â'icha ﷺ dit: "Je me lavais, moi et le Messager de Dieu ﷺ, à partir d'un seul récipient [placé] entre moi et lui. Il me devançait à y puiser l'eau, de sorte que je lui disais: Laisse-moi en prendre. Laisse-moi en prendre", elle[1] ajouta. Ils étaient alors en état de janâba. [Hadîth rapporté par al-Bukhârî et Muslim].

La modération du commerce charnel

Le Messager de Dieu ﷺ dit: **"Qui accomplit, le jour du vendredi, le bain de levée d'état d'impureté majeure de la sexualité, puis se rend à la mosquée de bonne heure, aura, comme fait, offrande d'un chameau. Qui s'y rend en second lieu, aura, comme fait, offrande d'une vache. Qui s'y rend en troisième lieu, aura, comme fait, offrande d'un bélier. Qui s'y rend en quatrième lieu, aura, comme fait, offrande d'une poule. Qui s'y rend en cinquième lieu, aura, comme fait, offrande d'un œuf. Ensuite, quand l'Imam se présente, les anges viennent écouter le prêche."** [Hadîth rapporté par Muslim, Al-Tabarânî et d'autres].

Nous déduisons, de ce hadîth, que le nombre minimum d'actes sexuels est d'une fois par semaine. La fréquence dépend, en fait, des personnes et de leurs âges, et devrait diminuer après la soixantaine. Par ailleurs, la fréquence exagérée pourrait engendrer une nuisance pour la santé. Mais aussi, la rareté

---

(1) Mu'âdha rapporte le hadîth d'après 'Â'icha.

des rapports sexuels pourrait inhiber l'instinct sexuel et abolir la vie conjugale, voire la menacer de rupture.

La femme sage peut, en usant de sa finesse [d'esprit] et de son charme, assurer l'équilibre de la vie sexuelle et préserver la vitalité du couple, en évitant, à la fois, la négligence et l'excès.

L'homme pieux et raisonnable devrait-il savoir que le plaisir réside dans la compagnie du bien-aimé, et que les relations intimes et l'affection profonde viennent suite aux baisers et aux étreintes qui renforcent et consolident l'amour, véritable garant du bonheur. Par contre, le rapport sexuel sans affection, ni tendresse, réduit l'amour, et fait disparaître le plaisir. Les anciens Arabes aimaient passionnément, sans penser, ni envisager le rapport charnel avec la bien-aimée. Ils disaient: "Le sexe pervertit l'amour." Pire encore, limiter le plaisir au seul acte sexuel relève de la bestialité. Du fond de son âme, l'amoureux, épris d'une femme, ne cherche qu'à être proche d'elle. Il désire d'abord la serrer dans ses bras et l'embrasser, parce que cela représente l'extrême proximité. Puis il désire baiser ses joues pour se rapprocher davantage d'elle, ensuite baiser la bouche, comme pour toucher son âme. Et enfin, c'est quand l'âme aspire à se rapprocher davantage [de celle] de la bien-aimée, qu' aura lieu le coït qui assure la jouissance physique par l'entrelacs des corps et l'interpénétration des membres. Voire, quand le plaisir atteint son paroxysme, le liquide séminal de l'homme se mélange à celui de la femme, donnant lieu, selon la volonté de Dieu, à un être humain qui réunit les caractères génétiques des deux époux. Le rapport sexuel est donc le moyen de s'élever au plus haut degré de l'amour.

L'Imam Ibn al-Qayyim écrivit dans Zâd al-Ma'âd: S'adonner au commerce charnel avec excès est propre à occasionner la faiblesse. Cela nuit aussi aux nerfs, engendre des convulsions, l'hémiplégie, les spasmes, affaiblit la vision et l'ensemble des fonctions vitales, inhibe la vigueur des instincts, dilate les voies naturelles d'évacuation et favorise la nuisance due aux excréments.

Les moments les plus favorables pour le commerce charnel sont ceux qui viennent après la digestion des aliments dans l'estomac, lorsque l'on est dans un état normal, non pas lorsqu'on a faim, car cela affaiblit la chaleur de l'instinct, ni lorsqu'on est [bien] rassasié, car cela engendre de graves maladies, ni en étant fatigué, ni directement suite à un bain chaud, ni à un vomissement, ni en étant en forte émotion, comme le chagrin, l'abattement ou la joie intense.

Le meilleur moment est aussi la nuit.

On devra, après avoir terminé le rapport sexuel, prendre un bain ou faire l'ablution, puis dormir tout de suite, cette façon de procéder étant la meilleure qui permet de récupérer ses forces. On doit, toutefois, se garder de faire un effort physique important consécutivement à l'acte sexuel, vu les suites fâcheuses qui risqueraient de s'ensuivre. L'autre moment idéal se situe après l'accomplissement de la prière du fajr. On devra, également, se rendormir un peu après l'accomplissement de l'acte, ayant fait l'ablution. Citons à ce propos ces vers:

Préserve ton sperme autant que possible,
car c'est le liquide de la vie qui arrose les matrices.

2. Droit des deux époux de regarder le corps, l'un de l'autre, et de prendre un bain ensemble

Il est permis aux époux de se baigner simultanément au même endroit, même s'ils se voient réciproquement. La preuve est le hadîth mentionné par al-Bukhârî dans son Sahîh, d'après 'Â'icha ﷺ, qui dit: "Je me lavais, moi et le Messager de Dieu ﷺ, à partir d'un seul récipient [placé] entre moi et lui. Il me devançait à y puiser l'eau, de sorte que je lui disais: Laisse-moi en prendre Laisse-moi en prendre", elle[1] ajouta. Ils étaient alors en état de janâba. [Hadîth rapporté par al-Bukhârî et Muslim].

Dans son Fath al-Bârî, al-Hâfidh Ibn Hajar rapporte que ce hadîth: "A été utilisé par al-Dawûdî, comme preuve établissant, qu'il est loisible pour l'homme de regarder les parties intimes de sa femme et inversement. Avis confonrté par le hadîth rapporté par Ibn Hibbân, d'après Sulaymân Ibn Mûsâ qui, ayant interrogé 'Atâ' s'il était loisible à l'homme de regarder le sexe de sa femme, ce dernier lui a dit: "J'avais interrogé 'Â'icha à ce propos, et elle a rapporté ce hadîth en des termes similaires, sachant qu'il constitue un texte scripturaire sur la question."[2]

L'éminent al-Albânî dit: Cela prouve l'infondé du hadîth qu'on attribue

(1) Mu'âdha rapporte le hadîth d'après 'Â'icha.
(2) Ibn Hajar al-'Asqalânî, Fath al-Bârî, Charh Sahîh al-Bukhârî, vol. I, p. 364.

à ‘Â’icha ﵂, disant: **"Je n’ai jamais vu les parties intimes du Messager de Dieu ﷺ."** En effet, la chaîne des transmetteurs (sanad) de ce hadîth comporte Baraka Ibn Muhammad al-Halabî, qui n’est certes pas béni, parce qu’il est menteur et forgeur de traditions. Al-Hâfidh Ibn Hajar mentionne, dans al-Lisân, ce hadîth parmi les forgeries de cet homme. Il en est de même pour le faux hadîth disant: **"En accomplissant le rapport sexuel avec sa femme ou son esclave-concubine, l’homme ne doit pas regarder son sexe, car cela engendre la cécité."** C’est un hadîth apocryphe, comme c’est également le cas de cet autre hadîth, disant: **"En se livrant au commerce charnel avec vos épouses, vous pouvez regarder, mais vous ne devrez pas vous déshabiller comme des chameaux."** L’inauthenticité de ce hadîth a été établie par al-Albânî.

Et enfin, voici un hadîth mentionné par Abû Dâwûd, d’après Mu‘âwiya Ibn Hayda ﵁, qui rapporte: Je dis: "Ô Messager de Dieu, à qui devons-nous cacher nos parties intimes?" **"Cache tes parties intimes à tous, sauf à ta femme ou à ton esclave-concubine"**, m’expliqua-t-il, et moi de reprendre: "Ô Messager de Dieu, qu’en est-il de la mêlée?" **"Tâche autant que possible de faire en sorte que personne ne voit tes parties intimes"**, enjoignit-il. "Ô Messager de Dieu, demandai-je encore, qu’en est-il lorsqu’on se trouve seul?". **"Dieu mérite plus que les gens qu’on fasse preuve de pudeur à son égard."** [Hadîth rapporté Al-Tirmidhî et Ibn Mâja].

Voici, d’ailleurs, un Savant autorisé qui déclare la licéité pour l’homme de regarder le sexe de sa femme et inversement. Il s’agit de ‘Urwa al-Hanbalî qui affirme qu’il est licite, pour chacun des époux, de regarder et de toucher l’ensemble du corps de son partenaire, y compris le sexe, partant de ce hadîth. En fait, étant permis de jouir du sexe du partenaire, ceci implique qu’il est licite de le regarder et de le toucher, au même titre que le reste du corps.(1) Cet avis est également soutenu par l’Imam Mâlik, souligne Ibn Hajar, dans Fath al-Bârî [Vol. I, p. 307].

3. Comment le mari doit-il procéder avec sa femme, lors de l’acte?

Dieu ﷻ dit:

---

(1) Al-Albânî, Âdâb al-Zifâf, p. 111.

﴿نِسَآؤُكُمْ حَرْثٌ لَّكُمْ فَأْتُوا۟ حَرْثَكُمْ أَنَّىٰ شِئْتُمْ ۖ وَقَدِّمُوا۟ لِأَنفُسِكُمْ ۚ وَٱتَّقُوا۟ ٱللَّهَ وَٱعْلَمُوٓا۟ أَنَّكُم مُّلَٰقُوهُ ۗ وَبَشِّرِ ٱلْمُؤْمِنِينَ ﴿٢٢٣﴾﴾

﴿Vos épouses sont pour vous un champ de labour; allez à votre champ comme [et quand] vous le voulez et œuvrez pour vous-mêmes à l' avance. Craignez Allah et sachez que vous Le rencontrerez. Et fais gracieuse annonce aux croyants!﴾ [La Vache, 223]

Le saint verset indique que les femmes représentent, pour les hommes, un champ de labour à ensemencer. Le musulman est donc tenu de se conformer strictement au commandement de Dieu ﷻ de coïter avec sa femme, à l'endroit prescrit, à savoir l'endroit qui doit recevoir la semence, soit le sexe.

Dans le Sahîh d'al-Bukhârî, Jâbir ﵁ rapporte: "Les juifs prétendaient que lorsque l'homme coïte avec sa femme, en son vagin par derrière, l'enfant qui naît de ce rapport sera strabique. Ainsi, ce verset fut-il révélé:

﴿نِسَآؤُكُمْ حَرْثٌ لَّكُمْ فَأْتُوا۟ حَرْثَكُمْ أَنَّىٰ شِئْتُمْ﴾

﴿Vos épouses sont pour vous un champ de labour; allez à votre champ comme [et quand] vous le voulez.﴾ [La Vache, 223]

[On peut coïter avec sa femme], qu'elle soit de face ou de dos, pourvu qu'il s'agit d'intromission dans le sexe." [Hadîth rapporté par al-Bukhârî et Muslim].

Ibn Qudâma ﵀ affirme qu'il n'y a pas de grief pour l'homme à jouir en frottant son membre viril entre les fesses de sa femme, sans intromission, car la Sunna a prohibé le coït anal, cette prohibition étant motivée par la souillure qu'implique cette pratique.[1] Aussi, l'Imam al-Châfi'î ﵀ déclare-t-il qu'il n'y a pas de mal, selon la volonté de Dieu ﷻ, à en jouir, sans intromission, en frottant le membre viril entre les fesses de sa femme, ou n'importe quelle partie de son corps."[2]

---

(1) Ibn Qudâma, al-Mughnî fî al-Charh al-Kabîr, vol. VIII, p.132.

(2) Al-Châfi'î, Kitâb al-Umm, vol. v, p. 137.

4. Les poses pendant l'acte sexuel

Dans son ouvrage Zâd al-Ma'âd, l'Imam Ibn al-Qayyim affirme que la meilleure pose pendant l'acte sexuel consiste à ce que l'homme se mette au-dessus de la femme, après les caresses et les baisers. C'est pour cela que la femme est qualifiée de "couche" dans le hadîth disant: **"L'enfant sera attribué à la couche"** [Hadîth rapporté par al-Bukhârî et Muslim]. Cette posture reflète la plénitude de l'autorité qu'à l'homme sur la femme, ainsi qu'établi dans le verset:

﴿ٱلرِّجَالُ قَوَّٰمُونَ عَلَى ٱلنِّسَآءِ﴾

﴾Les hommes ont autorité sur les femmes﴿ [Les Femmes, 34]

Et c'est dans sens que le poète dit:

Quand je la prends, elle est la couche au-dessous de moi.
Et quand je termine, elle est servante toute avenante.

Dieu ﷻ dit:

﴿هُنَّ لِبَاسٌ لَّكُمْ وَأَنتُمْ لِبَاسٌ لَّهُنَّ﴾

﴾Elles sont un vêtement pour vous et vous êtes un vêtement pour elles.﴿
[La Vache, 187]

En effet, dans cette posture, l'homme et la femme sont-ils couverture ou habillage l'un pour l'autre, puisque la couche leur recouvre le corps et leur colle à la peau. Ainsi, cette noble attitude est-elle déduite du verset susmentionné. Selon une autre interprétation du verset, l'on dit: En enlaçant son époux, la femme est comparable au vêtement, comme le dit si bien ce vers:

Quand elle se tortille de plaisir amoureux,
elle enlace son partenaire comme un vêtement.

La pire des postures est, par contre, celle où la femme prend le dessus sur l'homme, celui-ci étant allongé sur son dos, ce qui est contraire à la nature même de l'homme et de la femme, comme Dieu les a créés; voire, ceci est incompatible avec la nature des deux genres, mâle et femelle. En effet, cette posture comporte bien des méfaits: D'abord elle rend difficile l'évacuation du sperme, en totalité, lors de l'éjaculation. Puis la quantité de sperme retenue peut-elle s'altérer, s'infecter et devenir pernicieuse. Les sécrétions du vagin peuvent-elles couler dans le membre viril. Cette position ne permet pas à l'utérus de retenir le sperme, ni de le fixer, pour la conception de l'enfant. Enfin, la femme devrait, de par la nature et la loi, subir l'acte; or quand elle devient elle-même l'auteur de l'acte, elle agit contrairement aux implications de la nature et de la Loi.

Les scripturaires pratiquaient l'acte sexuel avec la femme allongée sur son flanc, en prétendant que cela était plus commode pour elle. Quant aux Quraych, ils accomplissaient l'acte avec les femmes couchées sur le dos. Puis lorsque les juifs les critiquèrent, Dieu ﷻ révéla:

﴿نِسَآؤُكُمْ حَرْثٌ لَّكُمْ فَأْتُوا۟ حَرْثَكُمْ أَنَّىٰ شِئْتُمْ﴾

﴿Vos épouses sont pour vous un champ de labour; allez à votre champ comme [et quand] vous le voulez﴾ [La Vache, 223]

Dans les deux Sahîhs d'al-Bukhârî et de Muslim, Jâbir ﷺ rapporte que les juifs disaient que lorsque l'homme coïte avec sa femme en son vagin, par-derrière, l'enfant qui naît de ce rapport sera strabique. Ainsi, ce verset fut-il révélé:

﴿نِسَآؤُكُمْ حَرْثٌ لَّكُمْ فَأْتُوا۟ حَرْثَكُمْ أَنَّىٰ شِئْتُمْ﴾

﴿Vos épouses sont pour vous un champ de labour; allez à votre champ comme [et quand] vous le voulez.﴾ [La Vache, 223]

La version de Muslim dit: **"Qu'elle soit couchée sur sa face ou non, mais toujours en pénétrant le même orifice (vagin)."** [Hadîth rapporté par al-Bukhârî et Muslim].

Faire l'amour avec la femme qu'on chérit n'affecte pas la force du corps et s'accompagne, par ailleurs, d'une intense sécrétion de sperme. Tandis que l'amour avec la femme détestable épuise considérablement le corps, l'affaiblit et s'accompagne, en général, d'une faible sécrétion de sperme seulement.

Le coït de la femme, en période menstruation, est un acte contre nature et contre la Loi. Il est très pernicieux pour la santé physique et fait l'objet d'une mise en garde rigoureuse par l'ensemble des médecins."[1]

(1) Ibn Al-Qayyim, Zâd al-Ma'âd, vol. IV, p. 255.

Chapitre VIII

1. **Prohibition du coït anal avec la femme**
2. **Prohibition, pour les époux, de divulguer les secrets de leur vie intime**
3. **Prohibition du coït avec la femme, en période de menstruation**
4. **Jouissance de l'épouse, en période de menstruation, [de tout son corps], à l'exception de son sexe**
5. **Expiation du coït avec la femme en menstruation**

1. Prohibition du coït anal avec la femme

Premier hadîth: D'après Abû Hurayra ﷺ, le Messager de Dieu ﷺ dit: **"Quiconque coïte avec une femme en menstruation, ou sodomise une femme, ou consulte un devin, aura renié ce qui a été révélé à Muhammad."** [Hadîth rapporté par al-Tirmidhî, Abû Dâwûd et Ibn Mâja].

Deuxième hadîth: Ibn 'Abbâs ﷺ rapporte que le Messager de Dieu ﷺ dit: **"Dieu n'accordera pas le moindre égard à tout homme qui aura sodomisé un autre homme ou une femme."** [Hadîth rapporté par Al-Tirmidhî, Ibn Hibbân et Ibn Mâja].

Troisième hadîth: Al-Châfi'î rapporte, d'après Khuzayma Ibn Thâbit, ﷺ qu'un homme interrogea le Prophète ﷺ sur la pratique de la sodomie avec les femmes, à savoir la pratique de la sodomie, par l'homme, de son épouse, et le Prophète ﷺ répondit: **"Elle est licite."** Puis lorsque l'homme s'en alla, il l'appela ou le fit appeler et lui dit: **"Qu'as-tu demandé au juste? Entends-tu dans lequel des deux orifices (le vagin ou l'anus)? S'il s'agit de la prendre par-derrière en pénétrant son sexe, cela est permis. Mais la prendre par-derrière en pénétration anale, cela n'est certes pas permis. Dieu n'a pas honte de la vérité. Ne pratiquez pas la pénétration anale avec les femmes."** [Hadîth rapporté par al-Châfi'î dans son ouvrage Al-Umm].

Voici quelques enseignements du Prophète ﷺ concernant le commerce charnel qu'Ibn al-Qayyim mentionne dans son livre Zâd al-Ma'âd: La sodomie n'a jamais été autorisée par aucun prophète. De même, fausse est toute attribution à certains pieux anciens de l'avis affirmant la licéité pour l'homme de sodomiser son épouse. Les versets prohibent le coït anal de la femme pour deux raisons:

Primo: Les saints versets établissement la licéité du coït à l'endroit du corps de la femme considéré comme champ de labour, où l'on dépose la semence, à savoir son vagin, du fait qu'on y dépose le sperme en vue de la progéniture, et non pas l'anus qui est un endroit sale, du fait de sa fonction d'évacuation des déchets du corps. C'est donc bien le champ de labour qui est entendu dans cette précision:

﴿مِنْ حَيْثُ أَمَرَكُمُ اللَّهُ﴾

﴿Suivant les prescriptions d'Allah.﴾ [La Vache, 222]

On déduit également du verset la licéité du coït vaginal, quelle que soit la position de la femme, notamment du dos, puisqu'il y est dit: comme [et quand] vous le voulez, c'est-à-dire quelque que soit la position de la femme, de face ou de dos. Ibn 'Abbâs ﷺ explique que l'expression: "Allez à votre champ "signifie précisément "le vagin". Or, étant donné que Dieu a prohibé le coït vaginal en raison de la souillure temporaire (menstrues), le coït anal est, à plus forte raison, prohibé du fait qu'il est l'endroit d'une souillure permanente et inhérente à sa fonction naturelle. La nuisance de la sodomie est encore plus grave, du fait qu'elle implique la possibilité d'empêchement de la procréation, mais aussi sachant que cette pratique risque de favoriser le penchant pour la pédophilie (avec les garçons).

L'homme a, par ailleurs, le devoir conjugal envers sa femme des rapports sexuels. Or, le coït anal la prive de ce droit et ne lui assure pas la plaisir qu'elle cherche. En outre, l'anus n'est naturellement pas destiné à remplir cette tâche, ni n'a été créé à cette fin. Ceci relève plutôt et exclusivement du sexe, en l'occurrence, le vagin. Ainsi, les hommes qui se détournent de la pratique naturelle à la pratique contre-nature de la sodomie, agissent contrairement aux objectifs fixés par Dieu et commettent une grave transgression de sa Loi. Cela sans compter la nuisance de la sodomie pour celui qui s'y adonne et que les médecins et les sages proscrivent rigoureusement. Car le vagin a la particularité naturelle de favoriser l'éjaculation complète du sperme et d'empêcher sa rétention, ce qui n'est pas le cas de l'anus.

La sodomie est également pernicieuse, du fait qu'elle exige des postures et des mouvements très fatigants, car il s'agit justement d'un acte contre-nature. L'anus étant l'endroit d'évacuation des excréments, cela cause du désagrément, dû à l'odeur dégoutante qui s'en dégage. Enfin, la sodomie nuit-elle à la femme, parce qu'il s'agit de lui faire subir un acte extrêmement répugnant et avilissant.

La pratique de la sodomie cause, par ailleurs, un état de malaise et de dégoût aussi bien chez l'auteur de l'acte que chez la personne qui le subit. Elle fait blêmir le visage et ternir la lumière du cœur. Elle entache la face d'une marque que perçoivent les gens doués du moindre degré de perspicacité. Elle suscite la répugnance et la perte totale d'estime entre l'auteur de l'acte et la personne qui le subit. Comme elle engendre inéluctablement la corruption morale des partenaires, à un point qu'il sera difficile d'espérer leur redressement, à moins qu'ils n'y ait repentir sincère, par la grâce de Dieu. C'est une abomination qui fait disparaître les nobles vertus de ceux qui s'y adonnent et les revêts de leurs contraires et elle substitue, à l'amour, des sentiments de haine et d'exécration.

Puis, sur un autre plan, la pratique de la sodomie constitue l'une des causes majeures de la privation des faveurs et des grâces divines qui laissent place aux malheurs et au courroux de Dieu. Car c'est un acte qui attire à son auteur la malédiction et le courroux de la part de Dieu, qui le frappe alors de mépris et de discrédit. Complète est ainsi la ruine de l'homme qui s'adonne à cette abjection, exposé désormais à tous les malheurs, puisqu'il est maudit et banni par Dieu.

2. Prohibition, pour les époux, de divulguer les secrets de leur vie intime

Il faut savoir, ô cher frère en islam, qu'il n'est pas permis de divulguer les secrets de la vie intime du couple. La preuve en est le hadîth mentionné par Muslim dans son Sahîh, d'après Abû Sa'îd al-Khudrî رضي الله عنه, qui rapporte que le Messager de Dieu ﷺ dit: **"Parmi les gens aux pires rangs au Jour de la Résurrection, auprès de Dieu, est l'homme qui se livre au commerce charnel avec sa femme et elle de même, et qui ensuite en divulgue les secrets."** [Hadîth rapporté par Muslim et Abû Dâwûd].

Dans son Commentaire du Sahîh de Muslim, l'Imam al-Nawawî explique que le hadîth comporte l'interdiction pour l'homme de divulguer les secrets des rapports intimes avec sa femme, soit ce qui se rapporte à la jouissance sexuelle et la description des détails relatifs, y compris le comportement de sa femme lors des ces rapports, comme ses propos et ses actes, etc.(1)

3. Prohibition du coït avec la femme, en période de menstruation

Dieu ﷻ dit:

﴿وَيَسْـَٔلُونَكَ عَنِ ٱلْمَحِيضِ قُلْ هُوَ أَذًى فَٱعْتَزِلُوا۟ ٱلنِّسَآءَ فِى ٱلْمَحِيضِ وَلَا تَقْرَبُوهُنَّ حَتَّىٰ يَطْهُرْنَ فَإِذَا تَطَهَّرْنَ فَأْتُوهُنَّ مِنْ حَيْثُ أَمَرَكُمُ ٱللَّهُ إِنَّ ٱللَّهَ يُحِبُّ ٱلتَّوَّٰبِينَ وَيُحِبُّ ٱلْمُتَطَهِّرِينَ ﴿٢٢٢﴾﴾

﴿Et ils t'interrogent sur la menstruation des femmes. Dis: "C'est un mal. Éloignez-vous donc des femmes pendant les menstrues, et ne les approchez que quand elles sont pures. Quand elles se sont purifiées, alors cohabitez avec elles suivant les prescriptions d'Allah, car Allah aime ceux qui se repentent, et Il aime ceux qui se purifient."﴾ [La Vache, 222]

D'après Abû Hurayra رضي الله عنه, le Messager de Dieu ﷺ dit: **"Quiconque coïte avec une femme en menstruation, ou sodomise une femme, ou consulte un devin, aura renié ce qui a été révélé à Muhammad."** [Hadîth rapporté par al-Tirmidhî, Abû Dâwûd et Ibn Mâja].

---

(1) Il ajoute que, quant à la simple mention de l'accomplissement de l'acte sexuel, elle est répréhensible quand elle n'est pas utile ni nécessaire, car il s'agit d'une conduite indigne. De plus, le Messager de Dieu ﷺ dit: "Que quiconque croit en Dieu et au Jour dernier dise du bien, sinon qu'il se taitse." Mais elle n'est guère répréhensible lorsqu'elle est dictée par une certaine nécessité, ni lorsqu'elle a une implication positive, tel qu'au cas où l'homme risque d'être accusé de se détourner de sa femme ou encore le cas où elle l'accuse d'impuissance, etc. C'est dans cet esprit que le Messager de Dieu ﷺ avait déclaré: "Certes, je le fais avec celle-ci." Le Messager de Dieu ﷺ dit aussi, à Abû Talha: "Vous êtes-vous livrés au commerce charnel cette nuit?" Il ﷺ dit également à Jâbir: "Tâche bien de pratiquer l'acte sexuel!"

Dans le Sahîh de Muslim, Anas ﷺ rapporte que chez les juifs, quand la femme avait ses menstrues(1), ceux-ci ne mangeaient pas avec elle, ni ne cohabitaient avec elle dans les maisons. Lorsque les compagnons ﷺ l'interrogèrent à ce propos, Dieu ﷻ révéla ce verset:

﴿وَيَسْـَٔلُونَكَ عَنِ ٱلْمَحِيضِ قُلْ هُوَ أَذًى فَٱعْتَزِلُوا۟ ٱلنِّسَآءَ فِى ٱلْمَحِيضِ وَلَا تَقْرَبُوهُنَّ حَتَّىٰ يَطْهُرْنَ فَإِذَا تَطَهَّرْنَ فَأْتُوهُنَّ مِنْ حَيْثُ أَمَرَكُمُ ٱللَّهُ إِنَّ ٱللَّهَ يُحِبُّ ٱلتَّوَّٰبِينَ وَيُحِبُّ ٱلْمُتَطَهِّرِينَ ﴿٢٢٢﴾﴾

﴿Et ils t'interrogent sur la menstruation des femmes, dis: "C'est un mal. Éloignez-vous donc des femmes pendant les menstrues, et ne les approchez que quand elles sont pures. Quand elles se sont purifiées, alors cohabitez avec elles suivant les prescriptions d'Allah, car Allah aime ceux qui se repentent, et Il aime ceux qui se purifient".﴾ [La Vache, 222]

Le Messager de Dieu ﷺ expliqua alors: **"Faites tout, sauf l'acte sexuel."** [Hadîth rapporté par Muslim, Tirmidhî, al-Nasâ'î et Abû Dâwûd].

4. Jouissance de l'épouse, en période de menstruation, [de tout son corps], à l'exception de son sexe

'Abdullah Ibn Chaddâd rapporte avoir entendu Maymûna ﷺ dire: "Lorsqu'il comptait se mettre en contact charnel avec l'une de ses épouses en menstruation, le Messager de Dieu ﷺ lui ordonnait d'abord de mettre un drap autour du ventre." C'est-à-dire qu'elle s'enveloppait le sexe avec une étoffe, puis le Prophète ﷺ se livrait au commerce charnel avec elle(2).

(1) Il faut distinguer les menstrues (hayd) de la métrorragie (istihâda). Les menstrues se définissent comme étant l'écoulement sanguin périodique de l'utérus, se produisant chez la femme, depuis la puberté, alors que la métrorragie est l'écoulement sanguin en dehors des périodes menstruelles.

(2) Pour ce qui est des règles juridiques relatives à cette question, il faut savoir qu'il y a plusieurs formes de contacts charnels avec la femme en menstruation, selon l'explication donnée par al-Nawawî, dans son Commentaire du Sahîh de Muslim:
1. Première forme du contact charnel: Le coït, à savoir l'acte sexuel proprement dit, qui consiste à pénétrer le vagin: Ce contact est prohibé par le consensus de la communauté (représentée par ses Savants autorisés de la Loi), et fondé sur le texte explicite du saint Coran et de la Sunna authentique. Nos condisciples chaféites, souligne al-Nawawî, disent que le musulman qui soutient, par conviction intime, la licéité du coït avec la femme en =

Dans son Exégèse du Coran, al-Marâghî explique que: "La médecine

= menstruation, en son sexe, devient impie et apostat.
Si un homme commet cet acte sans croire en sa licéité, il ne sera considéré fautif s'il le fait par oubli, par ignorance, ou sous contrainte, et il n'est pas tenu, dans ce cas, d'expiation. Mais s'il coïte avec elle volontairement, en connaissance de la menstruation et de la prohibition, et de son plein gré, il commet ainsi un grand péché. Al-Châfi'î stipule qu'il s'agit d'un grave péché qui exige obligatoirement le repentir.
2. Deuxième forme du contact charnel: Le contact charnel avec la femme au-dessus du nombril et au-dessous des genoux, aussi bien par la verge, le baiser, l'étreinte, les caresses, etc. Cette forme de contact charnel est licite, selon l'accord des Ulémas. Le Cheikh Abû Hâmid al-Isfarâyînî et une large masse ont cité qu'il y a consensus sur cela. Ainsi, dit, il n'y a pas de distinction entre le fait qu'il y ait ou non un peu du sang sur la partie du corps de la femme dont l'homme jouit. Tel est l'avis juste, communément admis et affirmé catégoriquement par la quasi-totalité de nos condisciples chaféites et des autres Ulémas, sur la base des hadîths formels sur la question.
3. Troisième forme du contact charnel: Le contact avec la partie du corps de la femme comprise entre le nombril et les genoux, en évitant juste son sexe et son anus. Nos condisciples ont trois avis divers sur cette question:
a) L'avis le plus authentique chez leur quasi-totalité et le plus communément admis, au sein de l'école, stipule que ce genre de contact est légalement prohibé.
b) Le deuxième avis de nos condisciples sur la question soutient qu'un tel contact n'est pas prohibé, mais répréhensible, par mesure de scrupule et d'intégrité. Cet avis est plus consistant que le premier, du point de vue de la preuve scripturaire et représente l'avis privilégié.
c) Le troisième avis, enfin, précise que si l'homme se contrôle parfaitement de sorte à éviter le sexe de la femme, et s'il a confiance en lui-même qu'il ne le touchera pas, soit en raison de son faible désir, soit en raison de son fort scrupule, cette forme de contact sera loisible; sinon, non.
L'avis soutenant la licéité d'un tel contact est doté de l'argument scripturaire le plus fort, à savoir le hadîth rapporté par Anas, d'après le Prophète ﷺ qui dit: "Faites tout sauf le coït." Sache, enfin, que la prohibition du coït [...] s'applique durant la période de l'écoulement menstruel et se prolonge après son arrêt, jusqu'à ce que la femme prenne le bain rituel (ghusl), ou jusqu'à ce qu'elle fasse la lustration sèche (tayammum), en cas d'indisponibilité d'eau, selon les conditions relatives. Telle est notre opinion ainsi que celle de Mâlik, d'Ahmad et de la quasi-totalité des anciens et des modernes. Abû Hanîfa dit: "Quand il y a arrêt d'écoulement sanguin après avoir dépassé largement le moment d'écoulement intense, il devient licite de coïter avec sa femme sur-le-champ. Mais la quasi-totalité des Ulémas le contestent sur la base du verset où Dieu ﷻ dit:

﴿وَلَا تَقْرَبُوهُنَّ حَتَّىٰ يَطْهُرْنَ فَإِذَا تَطَهَّرْنَ فَأْتُوهُنَّ مِنْ حَيْثُ أَمَرَكُمُ اللَّهُ﴾

﴿Et ne les approchez que quand elles sont pures. Quand elles se sont purifiées, alors cohabitez avec elles suivant les prescriptions d'Allah.﴾

[La Vache, 222]

moderne a établi que le coït en période de menstruation occasionne les méfaits suivants:

1. Douleurs des organes sexuels chez la femme et, probablement, l'infection de l'utérus et des ovaires, ou du bassin ce qui affecte gravement la santé et peut même altérer le fonctionnement des organes et aboutir à la stérilité.

2. L'infiltration du sang menstruel dans le membre viril risque de produire une infection purulente, semblable à la gonorrhée ou, à la chaude-pisse, ce qui peut s'étendre jusqu' aux testicules et les endommager, entraînant par là la stérilité de l'homme. Cela peut aussi causer la syphilis, lorsque le sang menstruel en porte les bactéries. Le rapprochement sexuel avec la femme pendant cette période est donc susceptible de causer la stérilité chez le mâle et la femelle et l'infection des organes génitaux, altérant ainsi profondément l'état de santé. Les médecins du monde entier s'accordent donc sur l'obligation de s'abstenir des rapports sexuels avec la femme pendant cette période, confirmant ainsi la prescription du saint Coran, révélé de la part de Dieu, l'Omniscient."

5. Expiation du coït avec la femme en menstruation

Les compilateurs des Sunan mentionnent ce hadîth, d'après 'Abdullah Ibn 'Abbâs ﵄, dans lequel le Prophète ﷺ dit, au sujet de l'homme qui venait de coïter avec sa femme pendant sa menstruation: **"Il doit donner en aumône un dinar ou un demi-dinar."** [Hadîth rapporté par Al-Tirmidhî, Ibn Mâja et Abû Dâwûd].

Abû Dâwûd rapporte pour sa part avoir entendu Ahmad répondre à la question sur l'homme qui coïte avec sa femme pendant sa menstruation, en disant: "L'avis de 'Abd-al-Hamîd s'applique parfaitement à ce cas." "Soutiens-tu cet avis?", lui demandai-je, et lui d'affirmer: "Certes, cela exige une expiation." "S'agit-il donc de donner une aumône d'un dinar ou d'un demi-dinar?", repris-je. "C'est comme on veut", déclara-t-il.[1]

---

(1) Al-Albânî, Âdâb al-Zifâf, p. 123. Le hadîth est rapporté par Abû Dâwûd dans al-Masâ'il, p. 26.

L'éminent Traditionniste, Cheikh Nâsir al-Dîn al-Albânî déclare: "L'homme qui, par manque de contrôle de son désir, coïte avec sa femme en menstruation, avant qu'elle n'ait recouvré sa propreté, sera tenu de verser [comme expiation] une aumône d'environ une demi-livre, ou le quart d'une livre d'or stirling."(1)

---

(1) Al-Albânî, Âdâb al-Zifâf, p.p. 125-126.

Chapitre IX

Des règles éthiques relatives au mariage
Extrait de l'épître sur les règles éthiques des noces,
du grand Traditionniste Muhammad Nâsir al-Dîn al-Albânî رحمه الله

Parmi les règles éthiques relatives au mariage:

1. Batifoler avec sa femme et la cajoler au moment de la consommation du mariage avec des propos et des gestes tendres.

2. Poser la main sur la partie antérieure de sa tête et dire: "Au nom d'Allah, Seigneur, accorde-moi son bienfait et les bienfaits de la nature que tu lui as donnée, et préserve-moi contre son mal et le mal de la nature que Tu lui as donnée", conformément au sens du hadîth rapporté par al-Bukhârî à ce sujet.

3. Il est recommandé, pour les deux mariés, d'accomplir une prière de deux rak'ât, tel qu'il est établi dans la tradition des anciens pieux.

4. L'on doit dire au moment même du rapport: "Au nom d'Allah. Ô mon Dieu! éloigne de nous le démon et éloigne-le de ce que Tu nous as accordé", sur la base du hadîth rapporté par al-Bukhârî, dans son Sahîh, d'après Ibn 'Abbâs, où le Prophète ﷺ dit: **"Alors s'il leur est destiné d'avoir un enfant de ce rapport, le démon ne lui portera jamais nuisance."** Cette invocation est donc extrêmement importante, et ne doit pas être négligée, parce qu'elle contribue à l'engendrement d'une descendance pieuse et préservée contre le démon.

5. L'homme doit coïter avec sa femme naturellement, en pénétrant son sexe et en évitant le coït anal, car ce dernier est prohibé et fait l'objet d'un avertissement sévère.

6. L'on doit faire l'ablution entre deux actes sexuels successifs, cela étant un moyen efficace de récupérer ses forces et de donner de l'entrain, le bain, étant toutefois préférable.

7. Les mariés doivent se livrer au commerce charnel avec l'intention de

préserver leur chasteté contre les actes prohibés par Dieu. Ainsi, leur commerce charnel leur sera-t-il compté comme une charité de leur part, tel qu'établi par le Prophète ﷺ qui dit: **"Voire même, chaque acte charnel que vous faites vaut une aumône."** [Hadîth rapporté par Muslim].

8. L'individu, ayant contracté l'état d'impureté rituelle majeure liée à la sexualité, doit faire l'ablution avant de s'endormir, le bain étant préférable pour pouvoir se coucher en état de pureté rituelle.

9. Il est prohibé pour les époux de divulguer les secrets de leurs relations intimes.

10. Il est recommandé au marié d'offrir un banquet modeste et d'y convier ses voisins et ses proches, ne serait-ce qu'un banquet constitué d'un mouton. Comme il est loisible d'offrir un repas des noces qui ne contient pas de viande. Cela dit, il est donc prohibé de faire preuve d'excès et de gaspillage, en offrant une quantité excessive de nourriture qui ne sera pas consommée et qui sera jetée.

11. Il est indiqué que le montant de la dot soit modéré et d'éviter d'exiger des montants extravagants, afin de se conformer à l'exemple du Prophète ﷺ, des califes bien-guidés, de ses nobles compagnons et leurs successeurs, dans la voie du bien. En fait, les mariages les plus bénis sont les moins onéreux.

12. Les mariés doivent se garder de voyager à l'étranger, après la consommation du mariage, pour la lune de miel. Car cela comporte de nombreux dangers pour eux, à savoir qu'on en fait une occasion de se défaire du voile et de la pudeur, du gaspillage d'argent (notamment à travers les frais qu'implique ce genre de voyage), de l'imitation aveugle des étrangers et une volonté de suivre leur mode de vie, sachant qu'il nous est prohibé de chercher à nous apparenter à eux. Voire, il nous a été commandé de nous démarquer d'eux, par notre conduite et notre mode de vie...

13. L'on doit éviter la mixité entre les hommes et les femmes et les prises de photos dans les cérémonies de mariage, car le Prophète ﷺ a maudit ceux qui le font.

14. Il est prohibé, pour le marié, comme pour le reste des hommes, de

raser la barbe, de laisser pendre ses habits, de porter des bagues d'or, ou bien une bague de fiançailles en or.

15. Il est répréhensible d'inviter exclusivement les riches au banquet, en excluant les pauvres, car le Prophète ﷺ dit: **"Le pire des repas est celui du festin auquel les riches sont conviés, en ignorant les pauvres."** [Hadîth rapporté par al-Bukhârî et Muslim].

Répondre favorablement à l'invitation constitue une obligation, même lorsqu'on est en jeûne. Dans ce cas, on peut à volonté rompre son jeûne ou invoquer Dieu en faveur des mariés et disposer. La réponse favorable à l'invitation est obligatoire sous condition d'absence de pratiques ou de manifestations légalement inadmissibles qu'on est incapable de désavouer et de faire cesser. Sinon, quand on est capable de le faire, on se présentera à la cérémonie et on réprimera ce mal.

16. La Loi indique d'annoncer publiquement le mariage, en jouant du tambour, spécialement pour les femmes, mais sans musique et sans haut-parleurs.

17. L'on doit féliciter le marié en lui disant: "Que Dieu bénisse ta femme, qu'Il te bénisse et qu'Il bénisse votre union." Et l'on doit éviter les formules de félicitations propres à la période du Paganisme, telles que: "Puisse votre union être durable et que vous ayez beaucoup d'enfants."

18. Le marié doit obligatoirement s'abstenir du coït avec sa femme, lors de sa période de menstruation et des lochies. Quiconque enfreint à cette règle sera maudit. Et si l'on se rend coupable de cet acte, l'on devra donc implorer le pardon de Dieu et s'en repentir.

19. Le mari doit traiter sa femme avec bienveillance et générosité, tel que prescrit par Dieu ﷻ:

﴿وَعَاشِرُوهُنَّ بِٱلْمَعْرُوفِ﴾

﴿Et comportez-vous convenablement envers elles.﴾ [Les Femmes, 19]

20. Les époux doivent se vouer loyauté et s'exhorter à se soumettre à Dieu et à Son Messager ﷺ. Chacun d'eux doit être engagé assidument à accomplir ses devoirs conjugaux envers l'autre, selon les prescriptions

divines. La femme en particulier doit obéir à son mari en tout ce qu'il lui commande comme bien, dans la mesure de sa capacité et de son possible.

21. L'homme doit choisir, comme épouse, une femme pieuse, attachée à la religion et dotée de caractères louables, qui sera sa partenaire dans la vie et l'éducatrice de ses enfants.

22. La femme doit choisir pareillement un époux pieux, attaché à la religion et doté de caractères louables, qui la traitera généreusement s'il l'aime, ni ne la lèsera s'il la déteste.

23. Le jeune homme pieux doit implorer Dieu de lui destiner une épouse pieuse. Et de son côté, toute jeune fille doit implorer Dieu de lui impartir un époux pieux.

﴿وَقَالَ رَبُّكُمُ ادْعُونِي أَسْتَجِبْ لَكُمْ﴾

﴿Votre Seigneur dit: "Invoquez-Moi, Je vous exaucerai"﴾

[Le Pardonneur, 60]

24. Les conjoints doivent, tous deux, implorer Dieu de leur destiner des enfants pieux:

﴿رَبِّ هَبْ لِي مِن لَّدُنكَ ذُرِّيَّةً طَيِّبَةً إِنَّكَ سَمِيعُ الدُّعَاءِ ﴿٣٨﴾﴾

﴿Ô mon Seigneur! donne-moi, venant de Toi, une excellente descendance. Car Tu es Celui qui entend bien la prière.﴾

[La Famille d'Imrân, 38]

﴿رَبِّ هَبْ لِي مِنَ الصَّالِحِينَ ﴿١٠٠﴾﴾

﴿Ô Seigneur! fais-moi don d'une progéniture de vertueux.﴾

[Les Rangées, 100]

﴿رَبَّنَا هَبْ لَنَا مِنْ أَزْوَاجِنَا وَذُرِّيَّاتِنَا قُرَّةَ أَعْيُنٍ وَاجْعَلْنَا لِلْمُتَّقِينَ إِمَامًا ﴿٧٤﴾﴾

﴿Ô Seigneur! donne-nous, en nos épouses et nos descendants, la joie des yeux, et fais de nous un guide pour les pieux.﴾ [Le Discernement, 74]

﴿رَبِّ لَا تَذَرْنِي فَرْدًا وَأَنتَ خَيْرُ الْوَارِثِينَ ﴿٨٩﴾﴾

﴾Ne me laisse pas seul, ô Seigneur, alors que Tu es le meilleur des héritiers!﴿ [Les Prophètes, 89]

Chapitre X

Devoirs de l'homme envers son épouse

1. **Devoirs de l'homme envers son épouse**
2. **Recommandation du Prophète ﷺ concernant les femmes:**

- Subvenir aux besoins de l'épouse, selon la situation financière
- Traitement convenable de l'épouse
- Devoir de l'époux de garder les secrets de sa vie intime avec son épouse
- Son devoir de lui enseigner le nécessaire, en matière de religion
- Son devoir de ne pas veiller jusqu'à une heure tardive de la nuit, hors de chez lui
- Son devoir de commander l'accomplissement de la prière, à elle femme et à ses enfants
- Droit de l'épouse de sortir du foyer conjugal, en cas de nécessité
- Son droit de ne pas obéir à son mari, quand il s'agit de commettre un péché
- Devoir de l'époux de ne pas permettre à sa femme de fréquenter celles de mauvaise réputation
- Son devoir de préserver, jalousement, la religiosité, la chasteté et la dignité de sa femme
- Son devoir de se montrer patient et d'endurer le tort de sa part

1. Devoirs du mari envers son épouse

Parmi les droits de la femme, en particulier, ses droits conjugaux que le mari est tenu de garantir. Ce sont des droits qui lui reviennent obligatoirement, en contrepartie de certains devoirs qui lui incombent envers son mari, tels que son devoir de lui obéir en dehors des transgressions des commandements de Dieu et de son Messager ﷺ, le devoir de lui préparer son boire et son manger, de faire le ménage, d'allaiter et d'éduqure les enfants, de préserver l'intégrité de ses biens et de de son honneur, ainsi que la fidélité conjugale, de soigner sa toilette par les moyens et les soins licites...

Voici, à présent, certains droits qui reviennent obligatoirement à l'épouse, et dont la garantie incombe au mari. Dieu ﷻ dit:

﴿وَلَهُنَّ مِثْلُ ٱلَّذِى عَلَيْهِنَّ بِٱلْمَعْرُوفِ﴾

﴿Quant à elles (les épouses), elles ont des droits équivalents à leurs obligations, conformément à la bienséance.﴾ [La Vache, 228]

Ces droits sont établis en vertu du saint Coran et confirmés par le Messager de Dieu ﷺ dans le hadîth rapporté et authentifié par Al-Tirmidhî, disant: **"Sachez que vos femmes ont des obligations à remplir envers vous et que vous avez des obligations, également, à remplir envers elles."**

- Le mari doit subvenir aux besoins de sa femme en rapport avec sa situation financière aisée ou difficile[1]. Ces besoins comprennent:

---

(1) Il faut observer la modération et l'économie dans les dépenses d'entretien et de subsistance, en évitant autant le gaspillage que l'avarice.

l'habillement, la nourriture, les traitements médicaux et l'habitat, conformément au commandement de Dieu ﷻ:

﴿لِيُنفِقْ ذُو سَعَةٍ مِّن سَعَتِهِۦ وَمَن قُدِرَ عَلَيْهِ رِزْقُهُۥ فَلْيُنفِقْ مِمَّآ ءَاتَىٰهُ ٱللَّهُ لَا يُكَلِّفُ ٱللَّهُ نَفْسًا إِلَّا مَآ ءَاتَىٰهَا﴾

﴿Que celui qui est aisé dépense de sa fortune; et que celui dont les biens sont restreints dépense selon ce qu' Allah lui a accordé. Allah n'impose à personne que selon ce qu'Il lui a donné.﴾ [La Répudiation, 7]

- Le devoir conjugal du mari concernant la satisfaction du besoin sexuel de son épouse.

- Le devoir du mari de protéger son épouse, y compris la protection de son honneur, de son corps et de ses biens. Ce devoir découle de l'autorité que l'homme a sur la femme. Car l'individu qui possède l'autorité sur quelque chose, est tenu naturellement de la protéger et d'en prendre soin. Dieu ﷻ dit:

﴿ٱلرِّجَالُ قَوَّٰمُونَ عَلَى ٱلنِّسَآءِ بِمَا فَضَّلَ ٱللَّهُ بَعْضَهُمْ عَلَىٰ بَعْضٍ وَبِمَآ أَنفَقُواْ مِنْ أَمْوَٰلِهِمْ﴾

﴿Les hommes ont autorité sur les femmes, en raison des faveurs que Dieu accorde à ceux-là sur celles-ci, et aussi à cause des dépenses qu'ils font de leurs biens.﴾ [Les Femmes, 34]

- Lui enseigner le nécessaire et l'essentiel des connaissances en matière de religion(1).

---

(1) L'homme qui compte se marier doit donc apprendre les règles juridiques concernant les menstrues et les rapports avec la femme pendant sa période menstruelle. Il doit apprendre à sa femme le dogme authentique, et effacer de son esprit toute éventuelle hétérodoxie. Il doit également lui apprendre les règles liturgiques de la prière, des menstrues et des métrorragies. Il lui apprendra que, par exemple, lorsque l'écoulement du sang menstruel s'arrête avant l'heure du maghrib d'un temps équivalent à l'accomplissement d'une rak'a, elle sera tenue d'accomplir les prières du dhuhr et du 'aṣr; et que si l'écoulement menstruel s'arrête avant le ṣubḥ d'un temps équivalent à l'accomplissement d'une rak'a, elle sera tenue d'accomplir, les prières du maghrib et du 'ichâ', sachant que les femmes n'observent généralement pas cette règle. [Najm-al-Dîn Ibn Qudâma, Abrégé du Guide des itinérants vers Dieu, traduit de l'arabe par H.L. Yahiaoui, Dar al-Kotob al-Ilmiyya, Beyrouth, p. 87].

- Le mari a le devoir de traiter sa femme convenablement.

Dieu ﷻ dit:

﴿وَعَاشِرُوهُنَّ بِٱلْمَعْرُوفِ ۚ فَإِن كَرِهْتُمُوهُنَّ فَعَسَىٰٓ أَن تَكْرَهُوا۟ شَيْـًٔا وَيَجْعَلَ ٱللَّهُ فِيهِ خَيْرًا كَثِيرًا ﴿١٩﴾﴾

﴾Et comportez-vous convenablement envers elles (vos épouses). Si vous avez de l'aversion envers elles durant la vie commune, il se peut que vous ayez de l'aversion pour une chose où Dieu a déposé un grand bien.﴿

[Les Femmes, 19]

Or, ce traitement convenable comprend, entre autres, l'abstention de la léser dans son droit au rapport sexuel, l'abstention de lui porter atteinte par l'insulte, l'injure ou l'humiliation, l'abstention de la frapper excepté en cas d'insoumission [au devoir conjugal], notamment le refus de céder à la couche, le mari aura alors le droit de lui imposer la discipline, en y procédant par des mesures progressives, à savoir en commençant par l'exhorter, puis en faisant lit à part, puis en lui infligeant une correction, mais sans réelle violence, alors il ne devra pas la faire saigner ni lui briser un membre.

Par ailleurs, le bon traitement implique qu'il ne doit pas l'empêcher de rendre visite à ses proches quand il n'y a pas risque de tentation pour elle. Comme il ne doit pas lui imposer des tâches pénibles, qui soient au-dessus de ses capacités, et il doit être bienveillant envers elle dans ses actes et ses propos, dans l'esprit de se conformer à l'enseignement du Prophète ﷺ, dans son hadîth disant: **"Le meilleur d'entre vous est celui qui traite le mieux son épouse. Or, je suis, d'entre vous, celui qui traite le mieux ses épouses."** [Hadîth authentique, rapporté par al-Tirmidhî, Ibn Mâja, Al-Tabarânî et al-Hâkim].

2. Recommandation du Prophète ﷺ concernant les femmes

Le Prophète ﷺ dit: **"Je vous recommande de bien traiter les femmes"** [Hadîth rapporté par al-Bukhârî et Muslim]. Puis dans le hadîth rapporté par al-Hâkim, d'après Samura ؓ, le Prophète ﷺ dit: **"La femme a été créée à partir d'une côte; tu la briseras si tu essayes de la redresser. Ainsi, si tu dois**

jouir d'elle, tu devras le faire en admettant son gauchissement."[1] [Hadîth rapporté par al-Hâkim et Ibn Hibbân.].

Commentant le hadîth dans son Fath al-Bârî, Ibn Hajar dit: "Ce hadîth recommande de ménager la femme, afin de gagner son cœur, et d'employer la douceur et le tact avec elle pour se la concilier. Il enseigne l'art de traiter la femme en usant du pardon, en endurant le tort de sa part et en faisant preuve de longanimité face à sa frivolité et ses emportements. Or, essayer de redresser une femme par la force, empêche toute possibilité de jouir d'elle, sachant que l'homme ne peut se passer d'une femme auprès de laquelle il trouve la paix, et qui le soutient dans sa vie quotidienne. Comme si le hadîth affirmait que l'homme ne pourra pas jouir de la femme que s'il se résigne à l'accepter telle qu'elle est."

Dans le Sahîh de Muslim, Abû Hurayra رضي الله عنه rapporte que le Messager de Dieu ﷺ dit: **"Un croyant ne doit pas haïr une croyante, car s'il en déteste un caractère, il en aime un autre."**[2] [Hadîth rapporté par Muslim et Ahmad].

D'après Abû Hurayra رضي الله عنه, le Messager de Dieu ﷺ dit aussi: **"Craignez donc Dieu au sujet des femmes car vous les avez prises en vous portant garants d'elles vis-à-vis de Dieu, et c'est en vertu de la parole de Dieu que vous avez eu droit à jouir d'elles. Elles ont le devoir envers vous de ne permettre à personne d'autre que vous, que vous détestez, de se mettre sur votre lit. Si elles le font, corrigez-les alors, sans excès de violence. Vous avez envers elles le devoir de subvenir à leur**

---

(1) Le hadîth préconise de traiter aimablement et généreusement les femmes, et d'endurer avec indulgence et longanimité leur caractère tordu et leur frivolité.

(2) L'avis juste c'est qu'il s'agit, effectivement, d'une interdiction; à savoir que le croyant ne doit pas haïr une croyante (son épouse), car si, d'une part, il constate en elle un caractère qu'il déteste, il trouve, certes, en elle, un caractère qu'il apprécie: telle qu'une femme au caractère agressif, mais qui, en contrepartie, est pieuse, belle, chaste ou bienveillante envers lui, etc. Cet avis que je viens de mentionner et qui stipule qu'il s'agit, dans le hadîth, de l'interdiction de haïr sa femme, se justifie de deux façons:
1) Les traditions rapportent communément qu'il ne doit pas haïr, à l'impératif, ce qui implique qu'il s'agit nécessairement d'une interdiction. Voire, même si c'était déclaratif, cela sous-entendrait, quand même, un certain ordre formulé suivant ce mode.
2) La réalité, elle-même, réfute qu'il s'agit d'une simple assertion, puisque bien des hommes détestent leurs femmes terriblement.Et s'il s'agissait d'une assertion seulement, la réalité ne l'aurait pas contredit. [Al-Nawawî, Sahîh Muslim bi Charh al-Nawawî, traduit de l'arabe par H.L. Yahiaoui, Dar al-Kotob al-Ilmiyya, Beyrouth].

besoin et les habiller convenablement."[1] [Hadîth rapporté par Muslim].

---

(1) Voici le commentaire de ce hadîth, d'après al-Nawawî: "Craignez donc Dieu au sujet des femmes, car vous les avez prises en vous portant garants d'elles vis-à-vis de Dieu" Il y a là, donc, la vive recommandation de veiller à leurs droits et de les traiter convenablement. Nombreux sont les hadîths authentiques qui le recommandent, qui expliquent leurs droits, et qui mettent en garde les époux contre la négligence de leurs devoirs envers elles. J'ai réuni la plupart de ces hadîths dans mon livre Riyâd al-Sâlihîn.

Et en vertu de la parole de Dieu que vous avez eu droit à jouir d'elles, diverses interprétations sont émises, quant au sens de de l'engagement dont il est question ici. Selon ces interprétations, cela est une allusion à Sa parole disant:

﴿فَإِمْسَاكٌ بِمَعْرُوفٍ أَوْ تَسْرِيحٌ بِإِحْسَٰنٍ﴾

﴾Alors, c'est soit la reprise conformément à la bienséance, ou la libération avec gentillesse.﴿

[La Vache, 229]

Ou bien, cela signifie la profession de foi, à savoir: Il n'y a point de divinité en dehors d'Allah, et Muhammad est le Messager d'Allah; car la femme musulmane n'est légalement pas mariable à un non-musulman. Cela signifierait encore l'autorisation de Dieu explicitée par la parole de Dieu ﷻ:

﴿فَانكِحُوا مَا طَابَ لَكُم مِّنَ النِّسَاءِ﴾

﴾Épousez les femmes qui vous plaisent﴿

[Les Femmes, 3]

Cette troisième interprétation est la correcte.

La première est émise par al-Khattâbî et al-Harawî, entre autres.

L'on dit aussi que la parole entendue dans le hadîth signifie la formule du consentement mutuel, qui est la parole commandée par Dieu ﷻ: "Elles ont le devoir envers vous de ne permettre à personne d'autre que vous que vous détestez de se mettre sur votre lit. Si elles le font, corrigez-les, sans excès de violence."

Al-Mâzirî rapporte que, selon un certain avis, cela signifie qu'elles ne doivent pas se trouver en retraite, seules, avec des hommes, et qu'il n'entend pas par là qu'elles commettent l'adultère, car cela engendre obligatoirement sa flagellation, et que la retraite de l'épouse avec un homme (étranger) est prohibée, que l'époux déteste cet homme ou non.

Le Cadi 'Iyâd dit que la conversation entre hommes et femmes était habituelle chez les arabes, et ne représentait pas quelque chose de vicieux, ni de suspect. Ensuite, lorsque le verset instaurant le voile fut-il révélé, cela leur fut prohibé. [Fin de citation du Cadi.]

Cela dit, selon l'avis favori, le hadîth signifie qu'il n'est permis à une personne que vous détestez d'entrer dans vos maisons, ni de s'y asseoir, que cette personne soit un homme étranger, une femme, ou un parent de l'épouse au degré prohibitif. Tout cela est interdit à l'épouse. Tel est le jugement des juristes sur cette question, et exception les personnes donc elle croit fortement que son époux ne déteste ni ne désapprouve.

En principe, il est interdit d'entrer dans la maison d'une personne que sur son autorisation, ou sur l'autorisation d'un tiers autorisé par elle-même à recevoir ou non tel ou tel individu, ou bien sur l'autorisation d'un tiers connaissant l'approbation du maître =

Al-Tirmidhî rapporte que le Prophète ﷺ dit: **"Je vous recommande vivement de bien traiter les femmes car elles sont comme des captives chez vous et vous n'avez pas d'autres droits sur elles, à moins qu'elles ne commettent un acte répréhensible évident. Dans ce cas-là, faites lit à part et frappez-les, sans réelle violence. Mais si elles vous obéissent, n'abusez pas de votre autorité sur elles. Vous êtes en droit d'exiger qu'elles refusent à quiconque qui vous déplaît de s'asseoir sur votre lit, et qu'elles n'autorisent à quiconque qui vous déplaît d'entrer chez vous. Sachez aussi que vous avez l'obligation envers elles de leur assurer la nourriture et l'habillement convenables."** [Hadîth rapporté par Al-Tirmidhî et Ibn Mâja].

Le Traditionniste al-Albânî explique que le hadîth compare les femmes à des captives chez leurs maris du fait de l'autorité qu'ils ont sur elles.

- Subvenir aux besoins de l'épouse, selon la situation financière:

Cet entretien comprend la nourriture, l'habillement et l'habitat qui doivent être provenus d'un gain licite, sans suspicion d'illicéité. Tout comme l'homme tient et trouve plaisir à s'habiller convenablement, à manger une bonne nourriture et à boire des boissons licites et délicieuses, il est également tenu d'assurer ce droit pour sa femme. Dieu ﷻ dit:

﴿لِيُنفِقْ ذُو سَعَةٍ مِّن سَعَتِهِۦ وَمَن قُدِرَ عَلَيْهِ رِزْقُهُۥ فَلْيُنفِقْ مِمَّآ ءَاتَىٰهُ ٱللَّهُ لَا يُكَلِّفُ ٱللَّهُ
نَفْسًا إِلَّا مَآ ءَاتَىٰهَا سَيَجْعَلُ ٱللَّهُ بَعْدَ عُسْرٍ يُسْرًا ﴿٧﴾﴾

﴿Que celui qui est aisé dépense de sa fortune; et que celui dont les biens sont restreints dépense selon ce que Dieu lui a accordé. Dieu n'impose à personne que selon ce qu'Il lui a donné, et Dieu fera succéder l'aisance à la gêne.﴾ [La Répudiation, 7]

= des lieux. Mais si l'on doute de son approbation, et si rien ne l'indique, il sera interdit d'autoriser à autrui d'y entrer.

La correction violente interdite dans le verset est celle qui consiste à lui infliger des coups durs et douloureux.

Ce hadîth permet à l'homme d'infliger une correction à sa femme pour la discipliner. Et si la femme meurt suite à une correction dans les limites autorisées, la famille de l'époux sera tenue de payer le prix du sang, et l'époux sera tenu de l'expiation à prélever sur ses biens. Car: "Vous avez envers elles le devoir de subvenir à leur besoin et les habiller convenablement.".

La subsistance de la femme et son habillement incombent obligatoirement à l'époux, comme établi par consensus.

Mu‘âwiya Ibn Hayda demanda: "Ô Messager de Dieu! quelles sont les obligations qui incombent à l'un de nous envers son épouse?" Le Messager de Dieu ﷺ lui expliqua alors: **"Tu dois lui assurer la nourriture et l'habillement au même titre que toi. Et tu dois éviter de la frapper au visage ou de la brutaliser et enfin, quand tu fais lit à part, tu dois le faire exclusivement au sein de la maison."** [Hadîth rapporté par Abû Dâwûd et Ibn Mâja].

Et voici une sévère mise en garde de la part du Prophète ﷺ contre l'inobservance de cette obligation conjugale, il dit: **"C'est un assez grand péché pour l'homme que de négliger l'entretien d'un individu sous sa charge."** [Hadîth rapporté par Muslim, Abû Dâwûd et al-Hâkim].

Jâbir Ibn Samura رضي الله عنه rapporte que le Messager de Dieu ﷺ dit: **"Quand l'un de vous veut accorder une charité, il doit l'accorder en priorité en faveur de sa propre personne et de sa famille**[1] [Hadîth rapporté par Muslim et al-Nasâ'î].

Abû Mas‘ûd al-Badrî rapporte que le Prophète ﷺ dit: **"Lorsque le musulman effectue une dépense pour sa famille, espérant obtenir la rétribution [de Dieu], elle lui sera comptée comme une aumône**[2]**"** [Hadîth rapporté par al-Bukhârî, Muslim et Al-Tirmidhî].

Sa‘d رضي الله عنه rapporte que le Messager de Dieu ﷺ lui dit: **"Tu seras récompensé par Dieu pour toute dépense que tu fais pour entretenir ta famille,**

---

(1) Ce hadîth comporte plusieurs enseignements précieux, entre autres, qu'il faut dépenser par l'ordre de priorité décrit. En cas de concurrence des obligations et des devoirs, l'on doit commencer, en priorité, par les plus importantes et les plus pertinentes. Puis il est préférable, en matière d'aumône volontaire, de la dépenser, selon le besoin et l'intérêt, sans se restreindre à une œuvre spécifique.

(2) Il s'agit de l'aumône, y compris les dépenses de bienfaisance en général, faite dans l'espoir d'en être rétribué auprès de Dieu ﷻ. Cela ne comprend absolument pas le cas où l'on fait des dépenses dans le bien à contre cœur. L'espérance en la rétribution de Dieu se confirme justement par la conscience, qu'il s'agit d'une obligation envers l'épouse, les enfants et les personnes dont on est légalement responsable de la subsistance, ceci selon leur situation matérielle et d'après les opinions des Ulémas à leur sujet. En dehors de ces personnes, l'entretien est simplement recommandé. Ainsi, fera-t-on des dépenses d'entretien, avec l'intention d'acquitter une prescription divine, sachant qu'il est prescrit d'être charitable et généreux.

(3) Ce texte comporte des enseignements, et selon l'explication d'al-Nawawî: Il est =

jusqu' à la bouchée que tu mets dans la bouche de ta femme."[1] [Hadîth rapporté par al-Bukhârî, Muslim, Al-Tirmidhî, Abû Dâwûd et Ahmad].

D'après Abû Hurayra ﷺ, le Messager de Dieu ﷺ dit: **"Entre un dinar dépensé [dans la lutte] pour la cause de Dieu, un dinar dépensé pour libérer un esclave, un dinar donné en aumône à un pauvre et un dinar dépensé pour ta famille, le plus rétribué est celui que tu auras dépensé pour la famille."**[2] [Hadîth rapporté par Muslim et Ahmad].

Ka'b Ibn 'Ujra ﷺ rapporte, qu'en voyant un homme passer devant le Prophète ﷺ, ses compagnons, qui avaient admiré ses efforts soutenus et son entrain, dirent: "Ô Messager de Dieu, qu'en serait-il alors si ces efforts étaient déployés pour la cause de Dieu?", et le Prophète ﷺ de leur faire remarquer: **"Si cet homme est sorti pour entretenir ses petits enfants, il le fait pour la cause de Dieu. S'il s'applique ainsi pour préserver sa dignité [contre le besoin], ceci est également pour la cause de Dieu. Mais s'il est sorti travailler par ostentation et présomption, c'est alors pour le démon qu'il le fait."** Al-Albânî a établi l'authenticité de ce hadîth dans Sahîh al-Jâmi' avec cet ajout: **"Et s'il est sorti pour pouvoir entretenir ses père et mère âgés, ses efforts sont également voués à la cause de Dieu."**

= recommandé de dépenser dans le bien. Les actions ne valent que selon les intentions qui les motivent, et la rétribution des actes est tributaire de l'intention qui les sous-entend. Ainsi, les dépenses faites pour l'entretien de la famille, valent une récompense divine si elles sont faites pour plaire à Dieu ﷻ; les actes licites (ordinaires) sont donc comptés comme œuvre pie s'ils sont accomplis pour plaire à Dieu ﷻ et procurent à leur auteur Sa récompense . Le Prophète ﷺ a indiqué cela, en disant: "Même la bouchée que tu mets dans la bouche de ta femme." C'est justement dans ce même sens aussi que le Prophète ﷺ dit dans un autre hadîth: "Lorsque l'un de vous se livre au commerce charnel avec sa femme, cela lui est compté comme étant une aumône."

(1) Vise à inciter de dépenser pour la subsistance et l'entretien de sa famille et des gens qui sont à sa charge, et montre l'importance de la récompense divine que cela procure. Car il y a, parmi eux, ceux dont la subsistance incombe obligatoirement à l'homme, en vertu des liens de parenté, et ceux dont l'entretien est juste recommandé, et dans ce cas là il s'agit plutôt d'aumône, d'acte de bienfaisance et de charité. Il y a également, parmi eux, ceux dont l'entretien incombe à l'homme en vertu du lien conjugal... Toutes les dépenses dans ce sens sont recommandées et sont plus méritoires que l'aumône volontaire. C'est pourquoi le Prophète ﷺ dit dans la version d'Ibn Abû Chayba [Muslim, nº 39]: "Le mieux rétribué [par Dieu] est le dinar que tu auras dépensé pour ta famille" tout en mentionnant, avant cela, les dépenses faites pour Sa cause, pour l'affranchissement des esclaves, et en aumône.

Tâche, ô cher frère en islam, en faire attention et de veiller à gagner ta vie licitement, par des moyens exempts de la moindre suspicion d'illicéité. Ka'b Ibn 'Ujra رضي الله عنه rapporte, à ce sujet, que le Messager de Dieu ﷺ lui dit [une fois]: "Ô Ka'b Ibn 'Ujra! jamais un corps nourri d'un gain illicite ne sera admis au Paradis, il est digne de l'enfer." [Hadîth rapporté par Ahmad et Ibn Hibbân].

- Traitement convenable de l'épouse:

Dieu ﷻ dit:

﴿وَعَاشِرُوهُنَّ بِٱلْمَعْرُوفِ﴾

﴿Et comportez-vous convenablement envers elles.﴾ [Les Femmes, 19]

Il dit aussi:

﴿وَلَهُنَّ مِثْلُ ٱلَّذِى عَلَيْهِنَّ بِٱلْمَعْرُوفِ﴾

﴿Quant à elles (les épouses), elles ont des droits équivalents à leurs obligations, conformément à la bienséance.﴾ [La Vache, 228]

Le traitement de l'épouse conformément à la bienséance, consiste à se montrer généreux et aimable envers elle, à l'honorer et faire preuve de prévenance envers elle et l'appeler par le nom qu'elle préfère le plus.

La bienséance exige aussi de se montrer respectueux avec ses beaux-parents, en faisant leur éloge devant l'épouse, en échangeant les visites avec eux et en les invitant dans les occasions de fêtes ou autres.

Le mari se doit être longanime et compréhensif lorsque sa femme s'emporte, et doit supporter ses bêtises et ses gaucheries, parce que la femme est naturellement plus émotive que l'homme. Étant très susceptible, tout ce qu'elle entend ou voit l'influence plus facilement qu'il n'influence l'homme, et elle est par la suite moins capable de supporter ce qu'elle désapprouve, ou bien de s'y accommoder, qu'il ne l'est.

Le mari doit, en outre, écouter et respecter les opinions de la femme, et lorsqu'elle lui fait un conseil utile et avantageux, il doit le suivre. En effet, le Messager de Dieu ﷺ avait suivi l'avis d'Umm Salama, lors de l'expédition d'al-Hudaybiya, ce qui a permis aux musulmans d'éviter de commettre une transgression et leur en a épargné les suites fâcheuses.

Il incombe aussi à l'époux, dans le cadre du bon traitement de son épouse, de badiner avec elle et de la cajoler, en lui laissant, par occasion, le loisir de faire ce qui lui plaît comme divertissement, batifolage ou plaisanterie dans les limites permises par la religion. Comme il lui convient de lui faire des présents convenables, lors des fêtes, pour la rendre joyeuse et gagner son cœur. En somme, tout comportement considéré louable aux yeux de la religion ou de la coutume, entre dans le cadre du bon traitement et de la cohabitation bienveillante prescrits par Dieu.

Il convient toujours que le mari soigne sa toilette pour sa femme, au même titre qu'elle le fait pour lui. Voilà Ibn 'Abbâs ﷺ qui déclare à ce sujet: "J'aime soigner ma toilette pour ma femme autant que j'aime qu'elle se fasse belle pour moi."(1) Et dans le même sens, le Prophète ﷺ dit de façon générale: **"Le meilleur d'entre vous est celui qui traite le mieux son épouse. Or, je suis d'entre vous celui qui traite le mieux ses épouses."** [Hadîth authentique, rapporté par al-Tirmidhî, Ibn Mâja, Al-Tabarânî et al-Hâkim].

- Devoir de l'époux de garder les secrets de sa vie intime avec son épouse:

Le musulman est tenu de ne pas divulguer les secrets de sa femme, ni de mentionner ses éventuels vices, du fait qu'il est cencé en être le gardien, en vertu de son devoir de fidélité envers elle, partant du hadîth rapporté par Muslim où le Messager de Dieu ﷺ dit: **"Parmi les gens aux pires rangs, au Jour de la Résurrection, auprès de Dieu, est l'homme qui se livre au commerce charnel avec sa femme et elle de même, et qui ensuite en divulgue les secrets."** [Hadîth rapporté par Muslim et Abû Dâwûd].

Dans son Commentaire du Sahîh de Muslim, l'Imam al-Nawawî explique que le hadîth comporte l'interdiction pour l'homme de divulguer les secrets des rapports intimes avec sa femme, soit ce qui se rapporte à la jouissance sexuelle et la description des détails relatifs, y compris le comportement de sa femme lors des ces rapports, comme ses propos et ses actes, etc. C'est justement dans ce sens que le Prophète ﷺ dit aussi: **"Que**

---

(1) Al-Jâmi' li Ahkâm al-Qur'ân, vol. III, p.p. 123-124.

quiconque croit en Dieu et au Jour dernier, dise du bien, sinon qu'il se taise." [Hadîth rapporté par al-Bukhârî, Muslim, Al-Tirmidhî et Abû Dâwûd].(1)

- Son devoir de lui enseigner le nécessaire, en matière de religion:

L'époux à l'obligation d'apprendre à sa femme l'essentiel de la religion, lorsqu'elle n'y est pas instruite, sinon il devra l'autoriser à assister aux cours d'étude de la religion, afin qu'elle acquière ses connaissances par elle-même. Auquel cas, il lui prohibé de l'en empêcher.

Il doit ainsi lui apprendre les connaissances concernant les croyances correctes en Dieu ﷻ, Ses noms et Ses attributs, la croyance aux enseignements révélés par Dieu portant sur les éléments fondamentaux de la Foi et de l'islam, ainsi que le reste des lois et des principes définissant le licite et l'illicite.

Il doit aussi lui apprendre les règles liturgiques du culte, l'inciter à observer les pratiques cultuelles comme la prière, notamment son accomplissement au début de son horaire canonique, de même que pour le reste des pratiques.

Il lui incombe, par ailleurs, de lui inculquer les bons caractères tels que les mesures préventives contre les maladies du cœur, comme l'envie et la haine, le devoir de préserver sa langue contre les paroles coupables de la médisance, du colportage de propos malveillants visant à semer la discorde entre les gens, de l'insulte et du mensonge. Dieu ﷻ dit:

﴿يَٰٓأَيُّهَا ٱلَّذِينَ ءَامَنُواْ قُوٓاْ أَنفُسَكُمۡ وَأَهۡلِيكُمۡ نَارٗا وَقُودُهَا ٱلنَّاسُ وَٱلۡحِجَارَةُ عَلَيۡهَا مَلَٰٓئِكَةٌ غِلَاظٞ شِدَادٞ لَّا يَعۡصُونَ ٱللَّهَ مَآ أَمَرَهُمۡ وَيَفۡعَلُونَ مَا يُؤۡمَرُونَ ٦﴾

﴿Ô vous qui avez cru! préservez vos personnes et vos familles d'un feu dont le combustible sera les gens et les pierres, surveillé par des Anges rudes, durs, ne désobéissant jamais à Dieu en ce qu'Il leur commande, et faisant strictement ce qu'on leur ordonne.﴾ [L'Interdiction, 6]

Commentant le passage:

---

(1) Sahîh Muslim bi Charh al-Nawawî, vol. V, p. 262.

﴿قُوٓاْ أَنفُسَكُمۡ وَأَهۡلِيكُمۡ نَارٗا﴾

﴿*Préservez vos personnes et vos familles d'un feu*﴾ [L'Interdiction, 6]

'Alî ﵁ explique qu'il faut entendre: les éduquer et les édifier.

On rapporte aussi, qu'après la révélation de ce verset, 'Umar ﵁ demanda: "Ô Messager de Dieu, nous pouvons nous prémunir nous-mêmes, mais comment pourrions-nous prémunir nos familles?" Le Prophète ﷺ lui expliqua: **"Vous devez leur interdire ce que Dieu vous interdit et leur commander de faire ce que Dieu vous a commandé. Cela sera une protection pour eux contre le feu [de l'enfer]"**. Selon Qatâda, enfin: **"Il s'agit de leur commander la soumission à Dieu ﷻ et de les dissuader de Lui désobéir."**

- Son devoir de ne pas veiller jusqu'à une heure tardive de la nuit, hors de chez lui:

Cette obligation est établie sur la base du hadîth authentique du Prophète ﷺ qui, ayant appris qu'Abû al-Dardâ' veillait la nuit en prière et jeûnait pendant la journée, négligeant ainsi les droits conjugaux de sa femme, lui dit: **"Ta famille a des droits qu'il t'incombe d'assurer."** [Hadîth rapporté en partie par al-Bukhârî].

- Son devoir de commander l'accomplissement de la prière, à elle et ses à enfants:

Cette obligation est prescrite par Dieu ﷻ dans ce saint verset:

﴿وَأۡمُرۡ أَهۡلَكَ بِٱلصَّلَوٰةِ وَٱصۡطَبِرۡ عَلَيۡهَا﴾

﴿*Commande à ta famille la prière, et fais-la avec persévérance.*﴾

[Tâ-Hâ, 132]

Et citons le hadîth du Prophète ﷺ disant: **"Ordonnez à vos enfants de faire la prière à l'âge de sept ans, corrigez-les s'ils la négligent à l'âge de dix ans et séparez les filles des garçons au lit."**(1) [Hadîth rapporté par Abû Dâwûd].

---

(1) La correction à leur infliger doit être légère, et non pas violente. Puis, elle doit être appliquée à des intervalles de temps assez espacées, et immédiatement suivie par des orientations et des exhortations, voire des encouragements à faire la prière. L'enfant doit =

- Droit de l'épouse de sortir du foyer conjugal, en cas de nécessité:

Le mari doit imposer à sa femme, lors de ses sorties du foyer, d'observer les enseignements et les règles éthiques de l'islam. Il lui interdira d'exhiber sa beauté et de se mêler à des hommes, en dehors des parents proches au degré prohibitif (maharim). Il lui commandera, en outre, de porter des vêtements longs et d'éviter les habits courts. Comme il lui exigera de les élargir s'ils sont étroits et serrés, moulant les formes du corps et les mettant en évidence, ou laissant paraître sa physionomie. Il devra lui indiquer, à cette fin, les orientations du Prophète ﷺ, qui dit dans sa description des réprouvés de l'enfer: **"Il est deux catégories de réprouvés de l'enfer que je n'ai pas encore vus: des gens dotés de flagelles comme des queues de vaches dont ils fouettent d'autres; et des femmes portant des habits dévoilant leur nudité(1), enclines à la débauche et racoleuses(2), ayant des têtes telles des bosses de chameaux penchées. Elles n'entreront pas au paradis, ni n'en sentiront même l'odeur, laquelle sera perceptible à une très grande distance."** [Hadîth rapporté par Muslim et Ahmad].

= sentir et comprendre qu'on ne cherche nullement à le frapper, ni à le contraindre, mais plutôt à lui indiquer ce qui est dans son intérêt, aussi bien dans cette vie que dans l'autre. Il faudra, en outre, lui apprendre la pratique de la prière, ainsi que quelques préceptes de la religion. Comme il faudra l'emmener avec soi à la mosquée, pour qu'il s'y habitue dès lors, et pour que cette habitude devienne bien enracinée chez lui, une fois devenu grand. On peut aussi faire, des mosquées, des lieux d'éducation, ou des sortes de garderies pour les enfants musulmans, afin de leur inculquer, dès leur jeune âge, les règles morales et la discipline, dans le but de les disposer favorablement à l'adoration du Seigneur des univers, l'Unique. Priver les enfants d'aller à la mosquée est contraire aux enseignements de l'islam; voire, cela risquerait fort de les éloigner de leur religion et de les jeter dans les bras des démons humains et djinns. [Recommandations authentiques du Prophète ﷺ, traduit de l'arabe par: Hamza Lamine Yahiaoui, Dar al-Kotob al-Ilmiyya, Beyrouth]

(1) Littéralement: Nues bien que vêtues.

(2) Ce hadîth est l'un des miracles du Prophète ﷺ, puisque ces deux genres de femmes ont effectivement apparus et existent désormais. Le hadîth condamne ces deux genres de femmes qui sont, selon divers avis: Les femmes couvertes des faveurs de Dieu mais sans lui en rendre grâce, et celles qui couvrent une partie de leur nudité en en exhibant une autre, ou qui s'habillent de vêtements très légers qui laissent transparaître la couleur de leur peau, ou encore celles enclines à tout ce qui écarte de la piété et de la dévotion à Dieu et qui apprennent, à leurs semblables, la mauvaise conduite, ou bien celles qui marchent en se pavanant, avec déhanchement, ou encore celles qui adoptent la coiffure inclinée des cheveux, à savoir comme les prostituées, et arrangent la chevelure de leurs semblables pareillement. [Commentaire du Sahîh de Muslim.]

- Son droit de ne pas obéir à son mari, quand il s'agit de commettre un péché:

Ce droit est établi en vertu du hadîth rapporté par al-Bukhârî, d'après 'Â'icha ﷺ, qui dit qu'une femme des Ansâr venait de marier sa fille qui avait une perte de cheveux. Elle vint trouver le Prophète ﷺ et lui relata les faits et ajouta: "Son mari m'a demandé de lui allonger sa chevelure par des cheveux d'emprunt." Sur ce, le Prophète ﷺ lui répliqua catégoriquement: **"Non, les femmes qui allongent leur chevelure par des cheveux d'emprunt sont maudites."** Ibn Hajar commente: "Quand le mari demande à sa femme de commettre une transgression de la Loi, celle-ci doit s'abstenir de lui obéir. S'il lui inflige une correction pour son refus, il sera coupable d'un péché." Car on ne doit obéissance à nulle créature quand cela implique une désobéissance au Créateur.

- Devoir de l'époux de ne pas permettre à sa femme de fréquenter celles de mauvaise réputation:

Le mari ne doit pas permettre à son épouse d'acheter des revues licencieuses, qui choquent la décence et la morale, ni de lire des romans pervers. Il ne doit pas, non plus, lui permettre de se mêler à des femmes de mauvaise réputation en vertu de sa responsabilité envers elle et de son devoir de la protéger et de la préserver matériellement et moralement, ainsi qu'il est établi dans le saint verset:

﴿ٱلرِّجَالُ قَوَّٰمُونَ عَلَى ٱلنِّسَآءِ﴾

﴾***Les hommes ont autorité sur les femmes***﴿ [Les Femmes, 34]

Citons le hadîth du Prophète ﷺ disant: **"Chacun de vous est pasteur, et chaque pasteur est responsable de son troupeau. Le gouverneur est pasteur et responsable de ses sujets; l'homme est pasteur dans sa famille et est responsable d'eux..."** [Hadîth rapporté par al-Bukhârî, Muslim, Al-Tirmidhî, Abû Dâwûd et Ahmad].

- Son devoir de préserver, jalousement, la religiosité, la chasteté et la dignité de sa femme:

Il faut savoir, ô cher musulman, que l'un des signes de l'amour d'un homme pour sa femme réside dans la jalousie qu'il éprouve à son sujet et qui le pousse à la protéger contre toute forme d'atteinte qu'elle pourrait subir à travers les regards ou les propos d'autrui.

La femme musulmane ne doit permettre à personne d'entrer dans la maison de son mari, sans son autorisation, que ce soit un homme, une femme de la parentèle, ou bien une femme étrangère. Son mari connaît mieux ce qui est dans l'intérêt de sa famille, puisqu'il en est le responsable.

Quant à l'homme étranger (qui ne fait pas partie de sa parentèle), elle ne doit absolument pas lui autoriser d'entrer chez elle, même si son mari le permet, car il s'agit d'une transgression de la Loi. Or, on ne doit obéissance à aucune créature quand il s'agit de désobéir au Créateur.

Le mari ne doit pas laisser entrer chez lui, en présence de sa femme, des individus qui ne craignent pas Dieu ﷻ, car ils sont susceptibles de lancer un coup d'œil ou des propos sournois et jeter ainsi l'étincelle qui fera éclater le feu de la tentation. Le Messager de Dieu ﷺ dit: **"Gardez-vous d'entrer chez les femmes."** Un homme des auxiliaires dit alors: "Ô Messager de Dieu, qu'en est-il d'un proche parent du mari (Hamw)?" .**"Le proche parent du mari c'est le danger mortel**[1] [Hadîth rapporté par al-Bukhârî et Muslim].

---

(1) Al-Layth Ibn Sa'd explique que le proche parent du mari, hamw, désigne, ici, le frère du mari, et les parents similaires du mari, tels que ses cousins paternels etc. Les lexicographes s'accordent que hamw désigne les parents du mari, tel que son père, son oncle paternel, son frère, son neveu, son cousin, etc., soit les beaux-parents mâles de l'épouse.

Le Prophète ﷺ dit: "Le proche parent du mari c'est le danger mortel." C'est-à-dire que c'est justement lui qui représente le plus grand danger à craindre, plus que les autres parents, car il est le plus disposé à la tentation du fait qu'il peut accéder facilement à la femme (de son frère ou parent) et de se trouver en tête-à-tête avec elle, contrairement à l'étranger (non-parent).

Hamw, cependant, désigne t-il- ici les parents du mari en dehors de ses pères et fils, car ce sont des mahram pour sa femme, et peuvent ainsi se trouver en tête-à-tête avec elle. Ils ne peuvent donc être qualifiés par l'expression du danger mortel, car ils n'en sont pas concernés, et il s'agit uniquement du frère du mari, du fils de son frère, de son oncle paternel et les autres parents non-mahram. En fait, les gens ont l'habitude de négliger ce point et de faire preuve de laxisme avec le hamw qui peut facilement se trouver en retraite avec la femme de son frère. C'est donc cela qui représente un danger mortel, et à partir de là, il doit être interdit, en priorité, de se trouver en retraite avec la femme, plus encore que l'homme étranger (qui n'est pas parent d'elle).

À propos de la même expression aussi: "Le proche parent du mari c'est le danger mortel" =

Par proche parent, il faut entendre les parents du mari ou de la femme, en dehors du mahram, à savoir le beau-frère de l'épouse ou l'oncle du mari, etc.

Elle a aussi l'obligation de ne pas sortir du foyer conjugal pour aller au marché, vu qu'elle doit inévitablement se mêler aux hommes dans les allées des marchés, dans les moyens de transports publiques et dans les boutiques. 'Alî ﷺ dit: "N'avez-vous pas de pudeur? N'êtes-vous pas jaloux? L'un de vous laisse sa femme sortir et se mêler aux hommes de sorte qu'elle les regarde et qu'ils la regardent à leur tour."

Elle ne doit pas se mêler aux proches ni aux amis de son époux, [même] en sa présence, car il se pourrait qu'ils conçoivent de mauvais desseins à son égard, voire il est possible qu'ils parviennent à leurs desseins malsains et s'en rendent coupables, du simple fait qu'elle se trouve parmi eux. Il faut savoir, au fait, que la femme éprouve les mêmes désirs que l'homme. Or, il arrive que l'illicite soit désiré plus ardemment que le licite.

L'homme ne doit pas prolonger son absence loin de sa femme pour ne pas l'exposer aux tentations et la pousser à la turpitude. C'est pourquoi 'Umar ﷺ veillait à ne pas retenir le soldat loin de son épouse plus de quatre mois, lorsqu'il avait appris de sa fille Hafsa que c'est le délai maximum pendant lequel la femme peut endurer l'absence de son époux. Ceci dit, il est préférable pour la femme de ne pas voir les hommes, et qu'ils ne la voient pas non plus.

Sache, ô frère en islam, que la jalousie ne consiste pas, pour l'époux, à penser du mal de sa femme et la suspecter gratuitement, en guettant l'occasion de la surprendre. Une telle jalousie est méprisable. **"Le Messager**

= [littéralement: Le proche parent (hamw) c'est la mort], Ibn al-A'râbî explique qu'il s'agit d'une locution d'usage courant chez les arabes, tel que: "Le lion c'est le danger mortel", c'est-à-dire que la rencontre d'un lion est pareille à la mort.

Le Cadi 'Iyâd dit, quant à lui, que cela signifie que le tête-à-tête de l'épouse avec les proches parents du mari est susceptible de conduire à la tentation, et par conséquent à la ruine en matière de religion. C'est pourquoi le Prophète ﷺ l'a considéré pareil au danger de la mort. Ses propos visent ainsi à mettre en garde sévèrement contre ce danger. [Al-Nawawî, Commentaire du Sahîh de Muslim.]

de Dieu ﷺ avait interdit à l'homme de rentrer chez lui de nuit à l'improviste, [après une absence], par suspicion, ou pour surprendre sa femme." [Hadîth rapporté par Muslim].

L'on constate, de nos jours, des hommes qui envoient leurs femmes passer des veillées chez d'autres familles, ou encore ouvrir leurs portes à leurs amis en leur absence; et qui, pire encore, se moquent de la jalousie. Le célèbre poète Ibn al-Rûmî dit:

Pour ton épouse, n'aie nulle confiance, même en un frère.
Car tous les hommes inspirent méfiance quant aux épouses.
Tout homme, même s'il s'efforce d'être chaste,
se trahira inévitablement, serait-ce par un regard.

- Son devoir de se montrer patient et d'endurer le tort de sa part:

Il incombe à l'époux de se montrer patient avec sa femme, en supportant ses humeurs, et d'ignorer, par pitié et tendresse, bien des bêtises et des maladresses de sa part, en vertu du commandement de Dieu ﷻ indiquant:

﴿وَعَاشِرُوهُنَّ بِٱلْمَعْرُوفِ﴾

﴾*Et comportez-vous convenablement envers elles.*﴿ [Les Femmes, 19]

Anas ؓ rapporte: "Je n'ai jamais vu quelqu'un plus tendre envers les enfants que le Messager de Dieu. Il arrivait aussi que ses épouses lui répliquaient, et que certaines d'entre elles ne lui adressaient la parole durant toute la journéeai, jusqu'à la nuit." [Hadîth rapporté par Muslim].

Le mari doit écouter sa femme par amabilité pour lui témoigner de son amour pour elle, sans dépasser les limites qui touchent à la dignité et à la religion. Les règles de la bienséance et de l'éthique islamiques indiquent - préconisent aussi - au mari de manifester sa satisfaction et son appréciation des tâches ménagères que sa femme accomplit, telle que la préparation des repas, par exemple. L'islam permet au mari jusqu'à recourir au mensonge pour se la concilier en lui manifestant plus de tendresse qu'il n'a effectivement pour elle, ce qui est propre à renforcer l'attachement de l'épouse à lui. Il pourrait parfois l'aider aux tâches ménagères, surtout lorsqu'elle se trouve fatiguée ou lorsqu'il s'agit de tâches pénibles, telles que veiller sur un malade. Soulignons à ce propos que le Prophète ﷺ lui-même accomplissait parfois certaines de ces tâches qui incombent de coutume à ses épouses. Ayant été interrogée sur ce que le Prophète ﷺ accomplissait chez lui, 'Â'icha رضي الله عنها dit: "Il aidait ses épouses aux tâches ménagères, ainsi il nettoyait la maison, raccommodait ses habits et ses souliers et trayait la brebis" [Hadîth rapporté par Ahmad et al-Bukhârî dans al-Adab al-Mufrad].

Chapitre XI

Devoirs de l'épouse envers l'époux

1. Son devoir d'obéissance à l'époux, conformément à la bienséance.
2. Son devoir d'obéissance à lui, en dehors de ce qui constitue une transgression.
3. Son devoir de céder à lui, chaque fois qu'il désire jouir d'elle.
4. Son devoir de demander son autorisation, avant d'accomplir un jeûne surérogatoire.
5. Son devoir de s'appliquer à lui satisfaire.
6. Son devoir de ne pas divulguer ses secrets.
7. Son devoir de bien éduquer ses enfants.
8. Son devoir de préserver sa piété et son honneur.
9. Son devoir de bien traiter sa belle-famille et de la respecter.
10. Son devoir de veiller à ses biens.
11. Son devoir de prendre soin de sa maison, et d'être à son service.

De son côté, l'épouse est tenue, envers son époux, de certaines obligations établies par Dieu ﷻ, dans le saint Coran:

﴿وَلَهُنَّ مِثْلُ ٱلَّذِى عَلَيْهِنَّ بِٱلْمَعْرُوفِ﴾

﴿Quant à elles (les épouses), elles ont des droits équivalents à leurs obligations, conformément à la bienséance.﴾ [La Vache, 228]

Le Messager de Dieu ﷺ dit, dans le hadîth: **"Sachez que vos femmes ont des obligations à remplir envers vous."** [Hadîth rapporté par Al-Tirmidhî]. Voici donc ces obligations:

1. Son devoir d'obéissance à l'époux, conformément à la bienséance

Il t'incombe, ô chère sœur musulmane, d'obéir à ton époux, conformément à la bienséance. Abû Hurayra رضي الله عنه rapporte que le Messager de Dieu ﷺ dit: **"La femme qui accomplit ses cinq prières prescrites, préserve sa chasteté et obéit à son époux, entrera au paradis par la porte qu'elle voudra."** [Hadîth rapporté par Ahmad et Ibn Hibbân].

2. Son devoir d'obéissance à lui, en dehors de ce qui constitue une transgression

La femme a le devoir d'obéir à son époux, mais pas en dehors de ce qui constitue une transgression, car l'on ne doit obéissance à aucune personne qui nous commande de désobéir au Créateur. Ainsi, lorsque l'époux ordonne-t-il à sa femme quelque chose qui constitue une transgression, comme lui demander de se dévoiler en présence d'individus en dehors des parents au degré prohibitif (non-mahram), ou d'écouter quelque chose de prohibé, etc., elle ne devra pas lui obéir. Parce qu'en lui désobéissant, dans ce genre de situations, elle obéit à Dieu ﷻ.

Cheikh al-Islâm Ibn Taymiya ﷺ dit: "Rien n'incombe plus à la femme, après ses obligations envers Dieu et Son Messager, que son obligation envers son mari."(1)

Le Messager de Dieu ﷺ dit: **"Si je devais ordonner à quelqu'un de se prosterner devant un autre, c'est à la femme, certes, que j'aurais ordonné de se prosterner devant son mari, tellement importante est son obligation de lui obéir."** [Hadîth rapporté par Abû Dâwûd, al-Dârimî et rendu bon par al-Albânî].

3. Son devoir de céder à lui, chaque fois qu'il désire jouir d'elle

La femme ne doit pas refuser l'invitation de son mari au lit, partant du hadîth rapporté par Abû Hurayra, d'après le Prophète ﷺ qui dit: **"Lorsqu'une femme passe la nuit en se refusant au rapport sexuel avec son mari, les anges la maudissent jusqu'au matin."** [Hadîth rapporté par al-Bukhârî, Muslim, Abû Dâwûd et Ahmad].

L'Imam Ahmad rapporte aussi, d'après 'Abdullah Ibn Awfâ ﷺ que le Messager de Dieu ﷺ dit: **"Par Celui qui dispose de mon âme, la femme ne saurait remplir son obligation envers Dieu, sans avoir rempli son obligation envers son mari. Aussi, ne doit-elle pas se refuser à lui lorsqu'il le lui demande, même si elle serait en selle".** [Hadîth rapporté par Ibn Mâja et déclaré authentique Sahîh par al-Albânî].

D'après Abû Hurayra ﷺ, le Messager de Dieu ﷺ dit: **"Par Celui qui dispose de mon âme, nul homme n'invite sa femme à son lit conjugal et qu'elle s'y refuse, sans qu'elle ne s'attire le courroux de Celui qui est au ciel, jusqu'à ce**

(1) Ibn Taymiya, Majmû' al-Fatâwâ, vol. 32, p. 260.

que son mari soit satisfait d'elle." [H̲adîth rapporté par Muslim].

L'Imam al-Nawawî dit: "Ce h̲adîth prouve l'interdiction, pour la femme, de refuser le commerce charnel avec son mari, sans excuse légale. La menstruation n'étant pas une excuse qui justifie son refus, car le mari a le droit de jouir de sa femme par-dessus un voile (un habit). Le h̲adîth signifie que la malédiction continue jusqu'à cessation de sa transgression, au lever du matin, soit au moment où le mari se passe d'elle, ou encore jusqu'à ce qu'elle s'en repente et qu'elle retourne au lit conjugal."(1)

4. Son devoir de demander son autorisation, avant d'accomplir un jeûne surérogatoire

Il incombe à la femme de ne pas entreprendre un jeûne surérogatoire sans l'autorisation de son mari, lorsqu'il est présent, autrement dit lorsqu'il n'est pas en voyage, ceci sur la base du h̲adîth disant: **"Il est interdit à la femme de jeûner lorsque son époux est présent, sauf avec sa permission."** [H̲adîth rapporté par al-Bukhârî et Muslim].

L'Imam al-Nawawî ﷺ explique, dans son Commentaire du S̲ah̲îh̲ de Muslim, que la raison de cette prohibition revient au fait que le mari a le droit de jouir de sa femme tous les jours. Ce droit du mari est une obligation de la femme, devant être remplie dans l'immédiat, et ne devant pas être négligée à cause d'un jeûne volontaire, ni d'un jeûne obligatoire que l'on peut reporter. Il n'est donc pas loisible, pour elle de jeûner sans son autorisation; et lorsque celui-ci veut jouir d'elle, il pourra le faire, quitte à lui annuler son jeûne.

5. Son devoir de s'appliquer à lui satisfaire

La femme doit veiller à satisfaire son époux, à lui apporter la joie une fois qu'il rentre à la maison. Elle doit se faire belle et propre pour l'accueillir, et ne pas se montrer fatiguée des tâches ménagères, ni montrer une humeur

---

(1) Al-Nawawî, Char̲h̲ S̲ah̲îh̲ Muslim, vol. V, p. 261.

désagréable. Elle devrait, plutôt, le soulager des effets qu'il porte, et l'aider à se changer, car cela lui fait grandement plaisir.

Tâche donc, ô sœur musulmane, de ne pas négliger les soins d'hygiène ni de toilette, car la propreté du corps se reflète sur le visage, te rend plus désirable pour ton époux, te prémunit contre les maladies et te donne plus de force et d'entrain au travail. Mais la femme qui manque de propreté est naturellement répugnante et inspire le dégoût, de sorte que l'on déteste la voir ou l'écouter. Ainsi, lorsque tu dois accueillir ton époux, fais-le en étant rayonnante de propreté et de gaieté.

6. Son devoir de ne pas divulguer ses secrets

C'est une grave atteinte à l'époux de la part de son épouse que de divulguer ses secrets. Voire, cela est prohibé. Par conséquent, la femme est tenue obligatoirement de ne jamais l'évoquer en mal, parmi les gens, et de ne rien divulguer de ses secrets. Il lui incombe aussi de ne pas révéler ses vices cachés qu'elle connaît. Dieu ﷻ dit:

﴿فَٱلصَّٰلِحَٰتُ قَٰنِتَٰتٌ حَٰفِظَٰتٌ لِّلۡغَيۡبِ بِمَا حَفِظَ ٱللَّهُۚ﴾

﴿Les femmes vertueuses sont obéissantes [à leurs maris] et protègent [ce qui doit être protégé], pendant leur absence, avec la protection d'Allah.﴾

[Les Femmes, 34]

Les hadîths, aussi, prohibent la diffusion des secrets relatifs à la vie intime du couple (la sexualité): D'après Abû Sa'îd al-Khudrî ﷺ, le Prophète ﷺ dit: **"Parmi les gens aux pires rangs au Jour de la Résurrection, auprès de Dieu, est l'homme qui se livre au commerce charnel avec sa femme et elle de même, et qui ensuite en divulgue les secrets."** [Hadîth rapporté par Muslim].

Asmâ' Bint Yazîd ﷺ rapporte qu'elle se trouvait chez le Prophète ﷺ, en présence d'hommes et de femmes parmi l'assistance, lorsqu'il dit: **"Y-aurait-il un homme qui parlerait de son rapport charnel avec sa femme, ou bien une femme qui parlerait de son rapport charnel avec son mari?"** Les présents gardèrent le silence, et moi de dire: "Oui, par Dieu, ô Messager de Dieu, les femmes le font, et les hommes aussi!" **"Ne le faites plus**, enjoignit alors le

Prophète ﷺ, et d'ajouter: **Car cela est pareil à un démon qui rencontre une diablesse en plein rue et se livrent au commerce charnel sous le regard des gens."** [Hadîth rapporté par Ahmad].

7. Son devoir de bien éduquer ses enfants

L'épouse a également l'obligation, envers son époux, d'élever et de bien éduquer les enfants qu'elle a de lui, et de remplir cette tâche avec patience, indulgence et tendresse. Elle ne doit, donc, pas manifester son irritation, ni sa colère contre eux en sa présence, ni lancer des imprécations contre eux, ni les insulter, ni les frapper, car tous ces comportements risquent de l'offenser et de le froisser. Et, pire encore, si l'invocation du malheur contre eux vient à être exaucée, cela se retournera contre elle, puisqu'elle en sera profondément affligée. Le Prophète ﷺ dit: **"Ne lancez pas d'imprécations contre vos propres personnes, ni contre vos enfants, ni contre vos biens. Car il se peut que cela coïncide avec un moment où Dieu exauce les invocations, et alors vos imprécations seront exaucées."** [Hadîth rapporté par Muslim]. La femme doit-elle, donc, inculquer à ses enfants l'amour et l'attachement à la pureté, l'hygiène, la chasteté, la bravoure et la modération, afin qu'ils soient, dès leur jeune âge, des musulmans qui incarnent l'islam et vivent pour sa gloire, des individus qui profitent à leur communauté grâce à Dieu ﷻ et que le Messager de Dieu ﷺ vantera au, Jour de la Résurrection.

8. Son devoir de préserver sa piété et son honneur

Ce devoir lui impose d'éviter de se dévoiler et de se présenter devant des étrangers, à l'intérieur et à l'extérieur de la maison, au balcon, devant la porte, au marché ou dans la rue.

La femme ne doit pas regarder les gens à travers les portes entrouvertes, ni les rideaux. Elle ne doit pas ouvrir la porte aux amis de son mari, ni leur répondre d'une voix empreinte de douceur, ni de sensualité, ni allonger la conversation avec eux. Telle est l'épouse vertueuse, soumise à Dieu et obéissante à son mari. Dieu ﷻ dit:

﴿فَٱلصَّٰلِحَٰتُ قَٰنِتَٰتٌ حَٰفِظَٰتٌ لِّلۡغَيۡبِ بِمَا حَفِظَ ٱللَّهُۚ﴾

﴿Les femmes vertueuses sont obéissantes [à leurs maris] et protègent [ce qui doit être protégé], pendant leur absence, avec la protection d'Allah.﴾

[Les Femmes, 34]

En effet, pour être réellement vertueuse et pieuse, l'épouse est tenue d'aider son mari à appliquer l'islam dans sa vie personnelle et dans la famille, et à incarner l'islam et le servir, en le prêchant à travers ses comportements. Cette femme reste fidèle à son époux lors de son absence, et préserve sa chasteté de toute forme d'adultère. Elle se préserve de trahir ses secrets et ceux de leur vie de couple. Umm Salama ﵂ rapporte que le Prophète ﷺ dit: "À toute femme qui se déshabille hors de son foyer conjugal, Dieu ﷻ rompt le voile [de la pudeur ou de la protection] dont Il la couvrait." [Hadîth rapporté par Al-Tirmidhî, Abû Dâwûd et Ibn Mâja]. Dans une autre version du hadîth,'Â'icha ﵂ rapporte que le Prophète ﷺ dit: **"Toute femme qui se déshabille hors de son foyer conjugal, rompt le voile [de la pudeur ou de la protection] avec le Seigneur ﷻ."** [Hadîth rapporté par Al-Tirmidhî, Abû Dâwûd, Ibn Mâja, al-Hâkim et Ahmad].

9. Son devoir de bien traiter sa belle-famille et de la respecter

L'épouse est tenue de bien traiter sa belle-famille, y compris les père et mère de son époux et ses frères et sœurs. Car elle a l'obligation de satisfaire Dieu ﷻ, en priorité, sur sa propre satisfaction, et à gagner la satisfaction de son mari en priorité sur sa satisfaction personnelle. Et si elle habite avec ses beaux-parents, elle doit se comporter convenablement envers eux et les respecter pour leur âge, et par gratitude, envers Dieu, pour lui avoir donné, comme époux, leurs fils. Elle doit aussi écouter leurs ordres et leurs interdictions tant que cela n'implique pas une transgression des commandements de Dieu.

L'on exagère souvent en affirmant que les querelles sont inévitables entre la femme et sa belle-mère. Cela dit, il est tout à fait naturel qu'il y ait quelques différends avec la belle-famille, que ce soit au sujet de choses importantes ou futiles, entre une personne âgée et une jeune personne, ou entre une personne qui s'emporte et une autre qui est sage et pondérée. Mais si les membres de la famille observent l'éthique islamique, si chacun connaît ses droits et ses devoirs, la vie sera, en général, heureuse et paisible. Enfin, Dieu Seul détient la vérité absolue.

10. Son devoir de veiller à ses biens

Ce devoir implique l'interdiction, pour l'épouse, de donner à quelqu'un de sa famille, ou à un pauvre, de l'argent ou un bien qui lui appartient, sauf s'il lui en a donné l'autorisation, ou si elle a la certitude qu'il approuverait ce don, s'il en prenait connaissance.

'Amr Ibn Chu'ayb rapporte, d'après son père, lui-même d'après son père 'Abdullah Ibn 'Amr qui dit dans une tradition qu'il fait remonter au Prophète ﷺ: **"Il n'est pas loisible à la femme de faire don qu'avec l'autorisation de son mari."**

Wâthila ﵁ rapporte que le Messager de Dieu ﷺ dit: **"La femme ne doit pas faire don de quelque bien lui appartenant, sans l'autorisation de son mari."[1]** [Hadîth rapporté par al-Nasâ'î, Abû Dâwûd, Ibn Mâja et Ahmad, et déclaré authentique par Ahmad Châkir].

---

(1) Voici des hadîths dans le même sens, mentionnés dans le Sahîh de Muslim: Abû Mûsâ rapporte que le Prophète ﷺ dit: "Le trésorier musulman intègre, qui exécute (donne) ce qui lui a été commandé du bon cœur et le remet au donateur, à qui il est destiné, est considéré l'un des deux auteurs de cette aumône." Autre hadîth: "Lorsque la femme effectue une aumône d'une partie des denrées de sa maison, de façon non-préjudiciable, elle aura une rétribution pour cette dépense, son mari aura une rétribution pour les avoir gagnés par son travail, et le trésorier en aura une rétribution équivalente, sans que la rétribution d'aucun d'entre eux ne se fasse au détriment des autres." Dans une autre version, il est dit: "Lorsque la femme effectue une dépense de charité, puisée des biens de la maison de son époux..." Dans une autre encore: "Tout ce que la femme dépense en charité de ce que son époux a lui-même gagné, sans son autorisation, vaudra à ce dernier la moitié de la rétribution".

Selon le commentaire d'al-Nawawî, ces hadîths impliquent que celui qui participe à une œuvre pieuse, sera associé dans la rétribution. L'association signifie qu'il obtiendra une rétribution avec le co-auteur, et non pas qu'il concurrencera la avec lui, ni ne lui dispute sa rétribution.

Chacun aura ainsi une rétribution, même si la rétribution de l'un sera plus grande que celle de l'autre, car il n'est pas nécessaire que leurs rétributions seront égales. Ainsi, =

Dans son commentaire du hadîth mentionné dans Silsilat al-Ahâdîth al-Sahîha, l'éminent Traditionniste, Muhammad Nâsir al-Dîn al-Albânî, dit que si l'époux est un musulman sincère, il ne devra pas profiter de cette règle pour commettre des abus à l'encontre de sa femme, en l'empêchant de disposer de ses biens qui lui appartiennent en propre, à moins qu'elle ne compte en disposer de façon contraire à son propre intérêt. Mais si l'époux s'en abuse, en empêchant sa femme de disposer de ses biens d'une manière légale, il incombera par là, au juge, de lui rendre justice.

11. Son devoir de prendre soin de sa maison, et d'être à son service

La femme a le devoir de prendre soin de son foyer conjugal. Le Prophète ﷺ dit: **"La femme est pasteur dans son foyer conjugal, et devra rendre compte de sa responsabilité."** [Hadîth rapporté par al-Bukhârî et Muslim].

Elle a aussi le devoir conjugal de remplir les tâches ménagères pour épargner, à son époux, d'employer une femme de ménage, qui lui causerait de l'embarras, et qui risquerait d'être un danger (une tentation) pour lui et pour ses enfants.

= lorsqu'un propriétaire donne-t-il à son trésorier, ou à sa femme, ou à tout autre individu cent dirhams pour les remettre à un bénéficiaire légitime de l'aumône, qui se trouve à l'entrée de sa maison, la rétribution du donneur sera alors plus grande, et il sera de même s'il s'agit de donner une grenade, un pain, ou quelque bien de peu de valeur. Mais pour le fait de remettre le bien à un indigent qui se trouve à une grande distance, de sorte que le salaire payé pour envoyer ce bien, à travers toute cette distance, sera supérieur à la valeur du ledit bien même à payer au trésorier ou autre, dans ce cas-là, la rétribution de la personne mandatée, pour cette mission, sera supérieure à celle du donneur. Et finalement, au cas où le salaire d'une mission est équivalent à la valeur de l'aumône (d'un pain, par exemple), les deux rétributions seront ainsi égales; car le Prophète ﷺ dit, en effet : "Oui, la rétribution sera alors partagée en deux moitiés entre vous".

Aussi, le bienfaiteur, le trésorier, l'épouse, ou autres, doivent-ils agir sur autorisation du propriétaire du bien, en donnant l'aumône; sinon, aucun de ces trois ne sera rétribué. Bien au contraire, ils seront chargés d'un péché pour avoir disposer du bien d'autrui, sans son autorisation. Et cette autorisation est de deux genres:

1) Autorisation formelle de dépenser et de faire l'aumône.

2) Autorisation tacite, sous-entendue, selon l'usage et la coutume, tel que donner au mendiant un morceau de pain, en connaissant implicitement le consentement du mari ou du propriétaire.

Dans ce contexte, Cheikh al-Islâm Ibn Taymiya رحمه الله écrivit dans son Majmû‘ al-Fatâwâ:

﴿فَالصَّٰلِحَٰتُ قَٰنِتَٰتٌ حَٰفِظَٰتٌ لِّلْغَيْبِ بِمَا حَفِظَ ٱللَّهُ﴾

﴿Les femmes vertueuses sont obéissantes [à leurs maris] et protègent [ce qui doit être protégé], pendant leur absence, avec la protection d'Allah﴾*.*

[les Femmes, 34]

Ce verset implique l'obligation d'obéissance générale de la femme à son époux, qui comporte le devoir de s'occuper du ménage, de l'accompagner en voyage, et de lui céder pour satisfaire ses besoins sexuels, etc, ainsi qu'établi dans la Sunna du Messager de Dieu ﷺ." [Fin de citation].

L'éminent Savant Ibn al-Qayyim écrivit dans Zâd al-Ma‘âd: "Les juristes qui soutiennent l'obligation, pour la femme, de remplir les tâches ménagères, expliquent que cela est indiqué par le terme "bienséance" qui incombe aux personnes concernées dans le verset (les épouses). Mais quand la femme ne s'occupe que de sa toilette, de sorte que son époux se mette à son service, en prenant en charge de nettoyer, cuisiner, faire la lessive, arranger la maison et entretenir le ménage, cela est "malséant", car Dieu عز وجل dit:

﴿وَلَهُنَّ مِثْلُ ٱلَّذِى عَلَيْهِنَّ بِٱلْمَعْرُوفِ﴾

﴿Quant à elles (les épouses), elles ont des droits équivalents à leurs obligations, conformément à la bienséance.﴾ [La Vache, 228]

Il dit aussi:

﴿ٱلرِّجَالُ قَوَّٰمُونَ عَلَى ٱلنِّسَآءِ﴾

﴿Les hommes ont autorité sur les femmes﴾ [Les Femmes, 34]

Or, quand la femme n'est pas au service de son époux, et que c'est lui, au contraire, qui s'occupe du ménage à sa place, c'est alors elle qui a autorité sur lui... En fait, Dieu عز وجل a prescrit à l'homme le devoir de subvenir aux besoins de son épouse, de lui assurer l'habillement et l'habitat en contrepartie du droit qui lui revient de jouir d'elle et de bénéficier de ses services consistant dans le ménage et le reste des tâches connues de coutume entre conjoint.

Ce qui est indéterminé dans les contrats, faut-il ajouter, doit être soumis aux coutumes établies, sachant que la coutume indique que les tâches ménagères et domestiques incombent à la femme.

Il n'y a pas de distinction en cela, ajoute l'auteur, entre une femme de condition noble et une femme de bas rang, ni entre une femme riche et une femme pauvre. Car la plus noble des femmes du monde (Fâtima ﵂, la fille du Prophète ﷺ) servait son mari, voire elle se plaignit à son père de tâches pénibles pour l'en soulager[1], mais il ne donna pas satisfaction à sa demande". [Fin de citation].

(1) Elle lui demanda, en fait, de lui donner une servante pour l'aider aux tâches domestiques, mais le Prophète ﷺ ne lui donna pas une.

Chapitre XII

Recommandations des parents des mariés à leur intention

1. **Recommandation d'exhorter la mariée**
2. **Exhortation d'un père, à l'adresse de sa fille, avant son mariage**
3. **Exhortation d'une mère, à l'adresse de sa fille, avant son mariage**
4. **Recommandations de Umâma Bint al-Hârith, à sa fille, lors de ses noces**
5. **Conseils pour la mariée**
6. **Conseils pour le marié**

1. Recommandation d'exhorter la mariée

Anas رضي الله عنه dit: "Au départ de la mariée pour son foyer conjugal, lors des noces, les compagnons du ﷺ lui recommandait d'être au service de son époux, et d'observer soigneusement ses obligations envers lui."

2. Exhortation d'un père, à l'adresse de sa fille, avant son mariage

'Abdullah Ibn Ja'far Ibn Abû T̲âlib exhorta sa fille en lui disant: "Méfie-toi de la jalousie, car c'est la clé du divorce, et méfie-toi des plaintes excessives, car elles suscitent la haine. Tâche d'utiliser le kohol, car c'est le meilleur soin de beauté, et sache que l'eau (le bain) est le meilleur moyen de se garantir une belle odeur."

3. Exhortation d'une mère, à l'adresse de sa fille, avant son mariage

L'on rapporte qu'Asmâ' Bint Khârija al-Fazârî dit à sa fille, avant ses noces: "Tu vas quitter le nid dans lequel tu as grandi, pour rejoindre un foyer que tu ignores et aller vivre avec un compagnon qui t'est étranger. Alors sois une terre facile pour lui, et il sera ciel généreux pour toi. Sois accommodante pour lui, et il sera ton soutien. Sois sa servante, il sera ton serviteur. Ne jure pas par son nom afin qu'il ne t'abandonne pas. Et ne sois si distante-toi de lui pour qu'il ne se distraie pas de toi. S'il se rapproche de toi, approche de lui. Et s'il se retire, laisse-le en paix. Prends garde à son nez, son ouïe et ses yeux. Ainsi, ne le laisse jamais sentir de toi que l'odeur agréable, ni entendre de toi que les belles paroles, ni voir en toi que la beauté".

4. Recommandations de Umâma Bint al-Hârith, à sa fille, lors de ses noces:

Umâma Bint al-Hârith exhorta sa fille qu'elle venait de marier, en lui disant: "Ô ma fille! si l'on devait s'abstenir d'exhorter quelqu'un en raison de ses qualités morales élevées et de son haut lignage, je me serais certes abstenu de t'en faire. Mais l'exhortation est un rappel qui profitent aux vertueux et aident les sages. Sache donc, ô chère fille, que si une femme pouvait se passer d'époux, en raison de la richesse de ses parents et de leur attachement à elle, tu pourrais alors t'en passer plus que quiconque. Seulement, les hommes ont-ils été créés pour les femmes, et les femmes, pour les hommes. Aussi, dois-tu veiller, ô chère fille, à observer dix vertus:

Première et deuxième vertus: Sois satisfaite de ta vie conjugale et tâche de cohabiter avec ton époux, en lui vouant soumission et obéissance. Car la satisfaction de ce qu'on possède procure la paix du cœur, et la soumission à ton époux te vaudra l'agrément du Seigneur.

Troisième et quatrième vertus: Fais attention à ce qu'il voit et sent de toi. Tâche donc qu'il ne trouve jamais en toi quelque chose de désagréable à voir, ni à sentir.

Cinquième et sixième vertus: Respecte le moment de ses repas et garde le calme pendant son sommeil, car le désagrément de la faim est irritant, et le dérangement du sommeil excite la colère.

Septième et huitième vertus: Veille rigoureusement à protéger ses biens, et sois bienveillante envers ses servants et ses enfants. La règle consiste à bien gérer ses biens et bien traiter sa maisonnée.

Neuvième et dixième vertus: Ne divulgue pas ses secrets, ni ne refuse ses ordres, car tu ne seras pas à l'abri de sa revanche, lorsque tu divulgues son secret et tu rempliras son cœur de rancune lorsque tu lui désobéis.

Autant tu le respecteras et autant il te traitera généreusement. Plus tu lui seras conciliante, plus il sera bienveillant envers toi. Sache aussi que tu ne parviendras à cela qu'une fois que tu donneras la primauté à ses désirs sur les tiens, à sa satisfaction sur la tienne, dans le meilleur et dans le pire. Évite de montrer ta joie devant lui quand il est tourmenté, ou de te montrer triste lorsqu'il se trouve joyeux."

Lorsqu'Ibn al-Ahwas donna sa fille Nâ'ila en mariage au Commandeur des croyants 'Uthmân Ibn 'Affân رضي الله عنه, il lui fit cette exhortation: "Ô chère fille, tu vas vivre parmi des femmes des Quraych qui ont plus de possibilités que toi de se parfumer. Aussi, te confie-je deux règles: Maquille-toi au kohol et, pour avoir une belle odeur, purifie ton corps à l'eau. Cela est propre à rendre ton odeur aussi fraîche que celle d'une outre lavée par l'eau de pluie."

Une femme contemporaine donna à sa fille cette exhortation mêlée de sourire et de larmes: "Ô chère petite, lui dit-elle, tu commences une nouvelle vie, sans la compagnie de ton père et ta mère, ni de tes frères. Mais tu y seras la compagne de ton époux qui n'acceptera de te partager avec personne d'autre, serait-ce quelqu'un de ta famille.

Sois donc, ô chère fille, son épouse, et sois une mère pour lui. Puis laisse-le sentir que tu es tout dans sa vie, dans son univers. Rappelle-toi toujours que tout homme est un grand enfant qu'un simple mot gentil rend joyeux. Ne le laisse pas sentir que votre mariage t'a privé de ta famille et de tes parents, car il a connu ce même sentiment puisqu'il a, lui aussi, quitté la maison de ses parents et sa famille pour toi. La différence entre lui et toi c'est ce qui distingue l'homme et la femme, à savoir que la femme demeure toujours nostalgique de sa famille et du bercail où elle a vu le jour, grandi et a été élevée... Or, elle doit s'habituer à sa nouvelle vie et se familiariser avec cet homme qui est devenu son époux, son protecteur et le père de ses enfants. C'est ton nouveau monde.

Ô chère fille, c'est cela ton présent et ton avenir. Ta nouvelle famille est celle que tu viens de fonder avec ton mari. Ton père fait, désormais, partie de ton passé. Je ne te demande pas d'oublier ton père, ta mère ni tes frères, car ils ne t'oublieront jamais, ô mon amour. Nulle mère ne saurait oublier le fruit de ses entrailles. Je te demande simplement d'aimer ton mari, de vivre avec lui et d'être heureuse de ta vie avec lui."

Une autre mère fit ses recommandations à sa fille, en disant: "Ô chère fille, ne néglige surtout pas les soins de propreté de ton corps, car ta propreté favorise l'attachement de ton mari à toi. De plus, la propreté de ta maison te procurera gaieté, bonne humeur et te donne de l'éclat. Tu deviendra belle, aimée et respectée auprès de ton mari. Tu en seras félicitée par ta famille, tes proches et tes visiteurs. Quiconque verra ta propreté et la propreté de ta maison, n'en sera que ravi."

5. Conseils pour la mariée

Voici, à présent, de précieux conseils pour toi, chère sœur croyante:

1. Tu dois rendre le culte exclusivement à Dieu, par les pratiques cultuelles qu'Il a prescrites dans le saint Coran et dans la Sunna du Prophète Mu<u>h</u>ammad ﷺ.

2. Garde-toi du polythéisme, dans le dogme et dans le culte, car le polythéisme annule les bonnes œuvres et mène à la perdition.

3. Méfie-toi de toute innovation (bid'a) ou hétérodoxie, aussi bien dans le dogme que dans le culte, car toute innovation est égarement et tout égaré finira en enfer.

4. Sois parfaitement assidue à la prière, car y persévérer assure la persévérance au reste des obligations, et sa négligence implique la négligence des autres obligations. Accomplis soigneusement la purification rituelle pour la prière, et tâche d'y observer la sérénité, de marquer les moments d'équilibre et de stabilité des membres, lors de l'inclinaison, de la prosternation, etc., de l'accomplir avec recueillement et de ne pas négliger de le faire au début de son horaire canonique. En fait, la validité des œuvres pies de l'homme dépend de la validité de sa prière et inversement, la nullité de sa prière engendre la nullité de toutes ses œuvres.

5. L'obéissance que tu dois à ton mari, implique que tu ne dois pas lui refuser ses demandes ni ses ordres, tant qu'il ne t'ordonne pas un acte de désobéissance à Dieu ni à Son Messager ﷺ.

6. Aussi, tu dois la fidélité à ton mari, qu'il soit absent ou présent, en préservant ta chasteté et en veillant sur ses biens.

7. Tu dois te comporter convenablement envers ta voisine (coépouse), par l'acte et la parole, en faisant preuve de bonté envers elle et en évitant toute méchanceté.

8. Tu dois garder ton foyer et n'en sortir qu'en cas de nécessité et en étant voilée.

9. Ta piété filiale doit se traduire par la bienfaisance envers tes parents, notamment en évitant de leur faire le moindre tort, que ce soit par la parole ou par les actes. Tu leur dois, en fait, obéissance, tant qu'ils te commandent le bien. Mais s'ils viennent à te demander de faire du mal, tu ne devras pas leur obéir en cela, puisque l'on ne doit obéissance à personne quand on nous commande de faire le mal.

10. Il t'incombe de prendre parfaitement soin de l'éducation de tes enfants, en les habituant à la sincérité et la propreté, ainsi qu'aux paroles et aux actes sains. Tu dois aussi leur inculquer les règles de bienséance et les vertus morales, leur ordonner de faire la prière lorsqu'ils atteignent l'âge de sept ans, les corriger s'ils la négligent à l'âge de dix ans et séparer leurs lits.

6. Conseils pour le marié

Dieu ﷻ dit:

﴿وَمِنْ ءَايَٰتِهِۦٓ أَنْ خَلَقَ لَكُم مِّنْ أَنفُسِكُمْ أَزْوَٰجًا لِّتَسْكُنُوٓا۟ إِلَيْهَا وَجَعَلَ بَيْنَكُم مَّوَدَّةً وَرَحْمَةً ۚ إِنَّ فِى ذَٰلِكَ لَءَايَٰتٍ لِّقَوْمٍ يَتَفَكَّرُونَ ﴿٢١﴾﴾

﴿Et parmi Ses signes, Il a créé de vous, pour vous, des épouses pour que vous viviez en tranquillité avec elles et Il a mis entre vous de l'affection et de la bonté. Il y a en cela des preuves pour des gens qui réfléchissent.﴾

[Les Romains, 21]

D'après Abû Hurayra ﷺ, le Prophète ﷺ dit: "**Quiconque croit en Dieu et au Jour dernier, doit éviter de faire du tort à son voisin. Je vous recommande, aussi, de bien traiter les femmes. Car, en fait, la femme a été créée à partir d'une côte. Or, la partie supérieure d'une côte en est la plus**

gauche, on la brise si l'on essaye de la redresser, et elle reste gauche si on la laisse telle quelle[1]. Aussi, vous recommandai-je de veiller à être indulgents envers les femmes." [Hadîth rapporté par al-Bukhârî et Muslim]. Le Prophète ﷺ dit aussi: **"Je vous recommande de veiller aux droits des deux faibles: l'orphelin et la femme."** [Hadîth rapporté par Ibn Mâja et Ahmad]. Il dit encore: **"Les femmes sont les sœurs des hommes."** [Hadîth rapporté par Al-Tirmidhî et Ahmad].

Il faut savoir, ô cher frère en islam, que tu as des obligations envers ton épouse. Dans son livre "Le Retour du Voile" ('Awdat al-Hijâb), le vénérable Cheikh Muhammad Ismâ'îl dit:

"À tout marié:

Ne laisse pas tes occupations t'éloigner trop de ton épouse. Sache, ô mon frère, que les moments que tu passes avec elle et les conversations que vous tenez ne sont pas du temps perdu, surtout lorsque la conversation tourne autour d'un sujet utile et qu'elle vise un but bien déterminé. Cela te permet de comprendre ta femme, et lui permet de te comprendre à son tour. Or, cette compréhension mutuelle est le premier pas d'une vie commune harmonieuse. Nous constatons cela dans la réalité des conjoints qui passent une dizaine, ou même une vingtaine d'années ensemble, sans que l'un ne comprenne l'autre. Et c'est justement là l'une des cause de la discorde et de la séparation. Car le temps que tu lui consacre et les conversations avec elle sont une occasion de lui faire admettre tes opinions qui, au départ, lui peuvent paraître inadmissibles. Une première discussion peut ne pas parvenir au résultat espéré. Mais en insistant maintes fois, et en prenant soin de choisir le bon moment et la manière convenable d'exposer l'idée, en l'appuyant par une multitude d'exemples, cela sera propre à rencontrer les échos escomptés."

---

(1) Gauche: Signifie ici déviation, irrégularité dans le comportement et la conduite. Ce hadîth appuie l'avis des juristes, ou du moins certains d'entre eux, soutenant qu'Ève fut créée à partir d'une côte d'Adam. Dieu ﷻ dit:

﴿ٱلَّذِى خَلَقَكُم مِّن نَّفْسٍ وَٰحِدَةٍ وَخَلَقَ مِنْهَا زَوْجَهَا﴾

﴾Qui vous a créés d'un seul être, et a créé de celui-ci son épouse﴿

[Les Femmes, 1]

Le Prophète ﷺ a ainsi expliqué que le genre féminin a été créé à partir d'une côte. Le hadîth préconise de traiter aimablement et généreusement les femmes, et d'endurer avec indulgence et longanimité leur caractère tordu et leur frivolité.

'Attâ' Ibn Rabâh rapporte: J'ai vu les deux Ansâr, Jâbir Ibn 'Abdullah et Jâbir Ibn 'Umar, étaient en train de s'exercer au tir, puis l'un d'eux, s'étant lassé, s'assit. L'autre lui dit alors: "Serais-tu lassé? Eh bien j'ai entendu le Messager de Dieu ﷺ dire: **"Tout ce qui ne relève pas de l'évocation de Dieu ﷻ est futile et vain** (ou **distraction), excepté quatre choses: l'entraînement de l'homme au tir, le dressage de son cheval, son badinage avec sa femme et l'exercice à la natation."**[1]

(1) Voir: Al-Silsila al-Sahîha d'al-Albânî, nº 315.

Chapitre XIII

Devoir de l'époux de bien traiter ses parents

1. Devoir de l'époux de bien traiter ses parents

Nombreux sont les versets du saint Coran qui commandent de bien traiter les parents, qui rappellent leurs bienfaits pour leurs enfants, et qui les incitent à rendre leur bienfait par la piété filiale.

Dieu ﷻ dit:

﴿ وَقَضَىٰ رَبُّكَ أَلَّا تَعْبُدُوٓا۟ إِلَّآ إِيَّاهُ وَبِٱلْوَٰلِدَيْنِ إِحْسَـٰنًا ۚ إِمَّا يَبْلُغَنَّ عِندَكَ ٱلْكِبَرَ
أَحَدُهُمَآ أَوْ كِلَاهُمَا فَلَا تَقُل لَّهُمَآ أُفٍّ وَلَا تَنْهَرْهُمَا وَقُل لَّهُمَا قَوْلًا كَرِيمًا ﴿٢٣﴾ وَٱخْفِضْ
لَهُمَا جَنَاحَ ٱلذُّلِّ مِنَ ٱلرَّحْمَةِ وَقُل رَّبِّ ٱرْحَمْهُمَا كَمَا رَبَّيَانِى صَغِيرًا ﴿٢٤﴾ ﴾

﴾Et ton Seigneur a décrété: "N'adorez que Lui; et [marquez] de la bonté envers les père et mère: Si l'un d'eux ou tous deux doivent atteindre la vieillesse auprès de toi, alors ne leur dis point: Fi! et ne les brusque pas, mais adresse-leur des paroles respectueuses. Et par miséricorde, abaisse pour eux l'aile de l'humilité, et dis: Ô mon Seigneur! fais-leur, à tous deux, miséricorde, comme ils m'ont élevé tout petit".﴿ [Le Voyage nocturne, 23-24]

Le commandement divin, pour les enfants, de bien traiter leurs pères et mères est cité dans le verset, conjointement au commandement de vouer le culte exclusivement à Dieu ﷻ. Ce verset indique, de façon explicite, les soins extrêmes avec lesquels il incombe aux enfants d'entourer leurs parents, notamment le devoir de leur réserver un traitement d'une grande bienveillance, lorsqu'ils deviennent âgés, de s'adresser à eux poliment, d'invoquer Dieu en leur faveur et de subvenir à leur besoins.

Abû Hurayra ﷺ rapporte qu'un homme vint trouver le Messager de Dieu ﷺ, et lui dit: "Ô Messager de Dieu, qui d'entre les gens mérite plus un traitement de faveur de ma part?" ."**C'est ta mère**", lui indiqua le Prophète ﷺ, et l'homme de réitérer: "Qui ensuite?" ."**C'est encore ta mère**", insista-t-il. "Qui ensuite?", poursuivit l'homme, et le Prophète ﷺ de confirmer: "**C'est encore ta mère**". "Qui ensuite?", demanda l'homme une dernière fois, et le Prophète ﷺ d'indiquer: "**C'est ton père.**"(1) [Hadîth rapporté par al-Bukhârî].

Sache, ô frère en islam, que le père et la mère doivent être traités également, quant à la piété filiale à leur témoigner et la bienfaisance envers eux, ainsi qu'il est indiqué dans les saints versets du Coran:

﴿أَنِ ٱشْكُرْ لِي وَلِوَٰلِدَيْكَ﴾

﴿Sois reconnaissant envers Moi ainsi qu'envers tes parents.﴾

[Luqmân, 14]

﴿وَوَصَّيْنَا ٱلْإِنسَٰنَ بِوَٰلِدَيْهِ﴾

﴿Et Nous avons enjoint à l'homme de bien traiter ses père et mère﴾

[L'Araignée, 8; Luqmân, 14; Al-AHqâf, 15]

﴿وَصَاحِبْهُمَا فِي ٱلدُّنْيَا مَعْرُوفًا﴾

﴿Veille à observer avec eux ici-bas des rapports convenables.﴾

[Luqmân, 15]

2. Le péché capital du mauvais traitement des parents

Le Messager de Dieu ﷺ dit: "**Ne voudriez-vous pas que je vous informe quels sont les plus grands péchés?**". "Certes oui, ô Messager de Dieu!",

---

(1) Le hadîth incite au bon traitement entre parents, notamment à la piété filiale, avec la priorité marquée envers la mère, ensuite le père, ensuite le reste des parents, respectivement du plus proche au plus éloigné. Ainsi, la mère a-t-elle à la priorité absolue sur les autres, expliquent les Ulémas, vu la fatigue qu'elle se donne pour son enfant, sa tendresse envers lui, les soins avec lesquels elle l'entoure et les peines qu'elle endure pour lui, comme: la grossesse, l'accouchement, l'allaitement, l'éducation, les soins avec lesquels elle l'entoure son enfant y compris le fait de veiller sur lui pendant sa maladie, etc. [Al-Nawawî, Commentaire du Sahîh de Muslim].

répondîmes-nous. Alors il dit: **"Ce sont l'association d'une autre divinité à Dieu, le mauvais traitement de ses père et mère[1].** "Le Messager de Dieu ﷺ était accoudé, et alors il s'assit et poursuivit: **"Et surtout les propos faux et le faux témoignage. Et surtout les propos faux et le faux témoignage..."** et [il] ne cessa de le répéter jusqu'à ce que je me dis: "Si seulement il se taisait." [Hadîth rapporté par al-Bukhârî et Muslim].

Le mauvais traitement signifie, ici, la rupture des liens que l'enfant commet à l'égard de ses père et mère et qui constitue ingratitude et reniement de leur bienfait de l'avoir élevé. Il englobe aussi le manque de politesse en s'adressant à eux et le manquement au devoir de subvenir à leurs besoins, lorsque cela s'avère nécessaire, en raison de leur maladie ou de leur âge avancé ou quelque autre motif que ce soit. Cela dit, nombreux sont les hadîths qui commandent la bienfaisance envers ses père et mère et qui interdisent de les traiter mal.

3. Prise en charge de l'entretien des parents

Les docteurs de la Loi s'accordent unanimement que l'entretien de ses père et mère, pauvres et sans ressources, constitue une obligation pécuniaire

(1) Le mauvais traitement des parents ('uqûq) signifie, d'après al-Azharî: La rupture des liens parentaux et le manquement au devoir d'entretien de ses père et mère. L'auteur du Muhkam dit que le mauvais traitement des parents, consiste à leur désobéir et à se rebeller contre eux. Ce sont là les définitions données par les linguistes, à savoir que le sens courant du mot 'uqûq rest le mauvais traitement. Quant à la définition canonique du terme, en tant qu'acte légalement prohibé, rares sont les Savants qui l'ont défini de façon précise. Le Cheikh et Imam Abû Muhammad Ibn 'Abd-al-Salâm ﷺ dit: "Je n'ai point trouvé de définition légale du mauvais traitement des parents, ni de détermination précise des obligations que leurs enfants sont tenus de remplir envers eux, que je puisse adopter. Car, d'après l'accord unanime des Ulémas, il est obligatoire de leur obéir en tout ce qu'ils commandent ou interdisent. Dans ses Fatâwâ, Cheikh Abû 'Amr Ibn al-Salâh ﷺ dit: «Le mauvais traitement des parents est tout acte leur causant un tort, en dehors des actes prescrits par la Loi. Selon un certain avis, l'obéissance aux parents est obligatoire en tout ce qui ne constitue pas une transgression. Leur désobéir en dehors de cela serait 'uqûq, leur mauvais traitement étant légalement prohibé. Voire, beaucoup de Savants de la Loi soutiennent l'obligation de leur obéir, même quand il s'agit de choses dont la qualification juridique est ambiguë, et dont la licéité est suspecte. [Al-Nawawî, Commentaire du Sahîh de Muslim].

que l'enfant est tenu d'acquitter en prélevant ces frais de ses biens[1].

Aussi, si tu aspires au succès ici-bas et dans l'Au-Delà, tu devras observer les recommandations suivantes:

1. Veille toujours à t'adresser à tes père et mère poliment, à ne jamais leur dire: "Fi!", ni les brusquer, mais adresse-leur des paroles respectueuses.

2. Tâche d'obéir toujours à tes parents en dehors de ce qui constitue une transgression, car l'on ne doit obéissance à aucune créature quand cela implique de désobéir au Créateur.

3. Sois bienveillant et aimable envers tes père et mère, ne fronce pas le visage devant eux, ni ne leur adresse jamais un regard de colère.

4. Préserve la réputation et l'honneur de tes père et mère, et ne leur prends rien sans leur autorisation.

5. Fais ce qui les réjouis, même s'ils ne te le demandent pas, comme accomplir certaines tâches domestiques, les servir, faire les courses et étudier sérieusement.

6. Réponds promptement à leur appel avec un visage souriant, en disant: "Oui mère (Ummî)! Oui père (Abî)!" et ne dis pas: "Maman (Mâmâ) ni Papa (Bâbâ)" qui sont des mots étrangers.

7. Traite généreusement et respectueusement leurs amis et leurs proches, aussi bien de leur vivant qu'après leur disparition[2].

8. Ne discute pas avec eux, ni n'essaye de leur montrer qu'ils sont dans l'erreur, mais essaye plutôt de leur montrer poliment ce qui est vrai et juste.

9. Ne les contrarie pas, ni ne crie jamais sur eux. Écoute leurs propos et sois poli et bienséant avec eux. N'inportune pas tes frères non plus, par respect à tes parents.

---

(1) Ibn Qudâma, Al-Mughnî, 7/583.

(2) Le Messager de Dieu ﷺ dit: "La plus grande piété consiste, pour un fils, à être prévenant envers les amis de son père." [Hadîth rapporté par Muslim].

10. Lève-toi pour tes parents quand ils entrent chez toi et embrasse-les sur la tête.

11. Aide ta mère dans les tâches domestiques et ne néglige pas le fait d'aider ton père aussi dans ses tâches.

12. Ne voyage pas sans leur autorisation, même pour un motif important. Et si tu te trouves obligé à le faire, tu devras t'excuser auprès d'eux et maintenir le contact avec eux.

13. N'entre pas chez eux sans leur autorisation, surtout au moment de leur sommeil et de leur repos.

14. Si tu es touché par le malheur de fumer, ne fume jamais en leur présence.

15. Ne mange pas avant eux, et sers-leur généreusement à boire et à manger.

16. Évite de leur mentir et de leur adresser des reproches lorsqu'ils font quelque chose qui te déplaît.

17. Ne donne jamais la priorité ni la primauté à ta femme, ni à tes enfants sur tes père et mère. Tu dois aspirer à les satisfaire en priorité, en toute situation. Car leur satisfaction de toi te garantit la satisfaction de Dieu, et leur courroux t'attire le courroux de Dieu.

18. Ne laisse pas ton orgueil te pousser à dissimuler ta filiation à ton père, de sorte à le léser. Ce sera honteux, de ta part, que de te comporter ainsi, et tu recevras le même traitement de tes enfants plus tard, car tout un chacun sera traité de la même manière qu'il aurait traité autrui.

19. Rends visite à tes parents régulièrement, offre-leur des cadeaux et exprime-leur fréquemment ta gratitude pour t'avoir élevé et avoir peiné pour toi. Pour cela, tu n'as qu'à considérer ce que tout endure pour le bien de tes propres enfants.

20. Ta mère est l'être qui est le plus droit à ton traitement de faveur d'entre les gens, ensuite ton père. Garde donc toujours présent à l'esprit que l'accès au paradis passe par la satisfaction des mères.

21. Garde-toi de l'ingratitude envers tes père et mère ou de susciter leur courroux, car cela impliquera ton malheur et ta misère ici-bas et dans l'Au-Delà; en plus, tes enfants te traiteront, inévitablement, pareillement de la manière dont tu traitait tes parents.

22. Si tu dois demander quelque chose de tes parents, fais-le poliment. Tu devras ensuite les en remercier s'ils te l'accordent, et les excuser s'ils ne te l'accordent pas, et ne les importune pas par trop de demandes.

23. Quand tu deviens capable de travailler, travaille et aide-les.

24. Tu as des obligations envers tes parents et envers ton épouse. Remplis donc tes obligations envers chacun, et efforce-toi de les réconcilier en cas de malentendu, en faisant des présents à chacun secrètement, et à l'insu l'une de l'autre.

25. En cas de discorde de tes parents avec ta femme, agis avec sagesse en faisant comprendre à ta femme que tu es de son côté si c'est elle qui a raison, et que tu es obligé de satisfaire tes parents.

26. Si tu diverge avec tes parents sur le mariage et la répudiation, recourrez à la Loi qui vous facilitera les choses et vous aidera à trouver la solution.

27. Sachant que l'invocation des parents, à leur enfant, est exaucée, qu'elle soit favorable ou défavorable, tu dois te méfier de susciter leurs imprécations contre toi.

28. Sois bienséant avec les gens, car lorsque l'on insulte les gens, ils nous répliquent pareillement. Le Prophète ﷺ dit: **"L'un des grands péchés est qu'un homme injurie ses père et mère. En effet, quand l'homme insulte, à quelqu'un, son père, celui-ci lui insulte son propre père, ou quand il lui insulte sa mère, celui-ci répliquera en lui insultant sa propre mère."** [Hadîth rapporté par al-Bukhârî et Muslim].

29. Rends visite à tes père et mère, durant leur vie et après leur mort. Fais l'aumône en leurs noms, et invoque Dieu régulièrement en leur faveur, en disant: "Ô Seigneur! pardonne-moi ainsi qu'à mes père et mère", "Ô Seigneur! fais-leur, à tous deux, miséricorde, comme ils m'ont élevé tout petit."

Chapitre XIV

Le voile de la femme musulmane

1. Le voile: Signe du respect et de la préservation pour la femme
2. Les conditions requises dans le voile
3. Sortie de la femme de son foyer
4. Règles de bienséance concernant la sortie de la femme
5. Prohibition des habits moulants, transparents et courts
6. La femme croyante ne s'apparente, ni aux hommes, ni aux étrangers

Dieu ﷻ dit:

﴿يَٰٓأَيُّهَا ٱلنَّبِيُّ قُل لِّأَزْوَٰجِكَ وَبَنَاتِكَ وَنِسَآءِ ٱلْمُؤْمِنِينَ يُدْنِينَ عَلَيْهِنَّ مِن جَلَٰبِيبِهِنَّ ۚ ذَٰلِكَ أَدْنَىٰٓ أَن يُعْرَفْنَ فَلَا يُؤْذَيْنَ ۗ وَكَانَ ٱللَّهُ غَفُورًا رَّحِيمًا ﴿٥٩﴾﴾

﴾Ô Prophète ! dis à tes épouses, à tes filles et aux femmes des croyants, de ramener sur elles leurs grands voiles : elles en seront plus vite reconnues et éviteront d'être offensées. Allah est Pardonneur et Miséricordieux.﴿

[Les Coalisés, 59]

Ensuite, le saint Coran indique, à l'impératif, aux femmes de se couvrir la tête :

﴿وَلْيَضْرِبْنَ بِخُمُرِهِنَّ عَلَىٰ جُيُوبِهِنَّ ۖ وَلَا يُبْدِينَ زِينَتَهُنَّ﴾

﴾Et qu'elles rabattent leur voile sur leurs poitrines; et qu'elles ne montrent leurs atours﴿ [La Lumière, 31]

Dieu ﷻ interdit aussi l'exhibitionnisme sous toutes ses formes:

﴿وَلَا تَبَرَّجْنَ تَبَرُّجَ ٱلْجَٰهِلِيَّةِ ٱلْأُولَىٰ﴾

﴾Et ne vous exhibez pas à la manière des femmes d'avant l'islam.﴿

[Les Coalisés, 33]

En effet, les femmes à l'époque du Paganisme se couvraient la tête avec un foulard qu'elles rabattaient sur leurs dos en laissant ainsi apparaître leurs cous, le haut des poitrines et leurs oreilles, ornés de bijoux et de boucles. Mais Dieu prohiba ceci et commanda aux croyantes de couvrir ses parties du corps.

1. Le voile: Signe du respect et de la préservation pour la femme

1. Par respect à la femme, l'islam lui prescrit le port du voile pour la préserver contre les regards malveillants et protéger la société contre les suites de l'exhibition de son corps.

2. Le port du voile favorise le maintient de l'attachement des conjoints l'un à l'autre. Car, quand l'homme voit une femme plus belle que son épouse, la relation du couple s'en affecte et dégénère, pour aboutir à la séparation et au divorce, à cause de cette femme dénudée, qui a tellement séduit le mari que sa femme a cessé de lui plaire.

3. La femme musulmane est, aux yeux de l'islam, pareille à un joyau précieux dont le propriétaire s'efforce de cacher et de dissimuler pour que les gens ne la découvrent pas.

4. L'écrivain Françoise Sagan dit: "Ô femme orientale! ceux qui, en ton nom, appellent à t'enlever ton voile et revendiquent ton égalité avec l'homme, ne font, en vérité, qu'abuser de toi, comme ils ont abusé de nous auparavant."

5. Von Hermann dit: "Le voile est un moyen de préserver le respect et l'honneur dus à la femme. Elle devrait s'en féliciter."

2. Les conditions requises dans le voile

1. Le jilbâb(1) doit couvrir tout le corps de la femme y compris le visage.

2. Le voile ne doit pas être moulant de sorte à laisser paraître l'embonpoint, la forme des seins ni toute autre partie du corps.

3. Le voile ne doit pas être fin au point de laisser transparaître le corps en dessous.

4. Il ne doit pas ressembler aux tenues des impies, puisque le Messager de Dieu ﷺ dit: **"Quiconque s'apparente à un peuple, en fait partie."** [Hadîth

(1) Ou bien le hijâb, dit communément voile, et c'est un vêtement féminin ample et non transparent, qui couvre le corps, de la tête aux pieds.

rapporté par Abû Dâwûd et authentifié par al-Albânî].

5. Le voile de la femme musulmane ne doit pas ressembler aux vêtements masculins, vu l'interdiction de cette apparentement dans les hadîths du Prophète ﷺ disant: **"Dieu maudit l'homme qui porte des vêtements féminins, et la femme qui portent des vêtements masculins."** [Hadîth authentique rapporté entre autres par Abû Dâwûd]. Et aussi: **"Dieu maudit les femmes qui s'apparentent aux hommes et les hommes qui s'apparentent aux femmes."** [Hadîth rapporté par Ahmad].

6. Le voile ne doit pas être attirant en soi.

7. Il ne doit pas être encensé, ni parfumé.

8. Il ne doit pas être un habit de prestige.

3. Sortie de la femme de son foyer

En principe, la femme doit garder le foyer, car Dieu ﷻ dit:

﴿وَقَرْنَ فِي بُيُوتِكُنَّ وَلَا تَبَرَّجْنَ تَبَرُّجَ الْجَاهِلِيَّةِ الْأُولَىٰ وَأَقِمْنَ الصَّلَاةَ وَآتِينَ الزَّكَاةَ وَأَطِعْنَ اللَّهَ وَرَسُولَهُ﴾

﴿Restez dans vos foyers; et ne vous exhibez pas à la manière des femmes d'avant l'islam. Accomplissez la prière, acquittez la Zakâ et obéissez à Allah et à Son Messager.﴾ [Les Coalisés, 33]

Le saint verset prescrit formellement l'obligation pour les femmes de se voiler et de rester à l'abri des regards, le voile étant un moyen efficace de préserver la chasteté des hommes et des femmes, de prévenir le péché infâme de la chair et ses causes. Dieu ﷻ indique que l'exhibitionnisme et l'inobservance du port du voile constituent une souillure(1), tandis que le voile garantit la pureté et le salut.

---

(1) L'auteur fait allusion à la suite du verset:

= ﴿إِنَّمَا يُرِيدُ اللَّهُ لِيُذْهِبَ عَنكُمُ الرِّجْسَ أَهْلَ الْبَيْتِ وَيُطَهِّرَكُمْ تَطْهِيرًا﴾

4. Règles de bienséance concernant la sortie de la femme

1. La femme doit sortir dans un but utile et nécessaire, et non pour la simple distraction et la perte du temps. Le Prophète ﷺ dit: **"Il vous est autorisé de sortir pour vos besoins."** [Fragment d'un hadîth rapporté par al-Bukhârî].

2. Elle doit sortir avec l'autorisation de son époux ou de son tuteur, tel que son père, sa mère, son frère ou son oncle.

3. La femme musulmane doit porter un vêtement long, qui lui couvre les pieds, et doit laisser pendre son foulard (khimâr) sur la tête, de sorte à couvrir son cou, la poitrine et le visage aussi, car le visage recèle le plus grand charme. Son voile ne doit pas être fin, ni moulant, ni court, mais d'une étoffe épaisse, exempt de couleurs criardes et d'ornements ostensibles. Elle doit éviter de se parfumer pour sortir, et ne pas porter de vêtements masculins, ni des accessoires propres aux hommes, nombreux étant les hadîths authentiques qui maudissent les hommes efféminés et les femmes hommasses.

4. En marchant, la femme musulmane doit baisser le regard et ne pas regarder ça et là, sans nécessité. Et lorsqu'elle doit nécessairement s'adresser à des hommes, elle devra parler de façon normale, en évitant d'attendrir sa voix et d'être complaisante dans son langage, afin de barrer le chemin aux desseins malveillants des gens aux cœurs corrompus. Dieu ﷻ dit:

﴿فَلَا تَخْضَعْنَ بِٱلْقَوْلِ فَيَطْمَعَ ٱلَّذِى فِى قَلْبِهِۦ مَرَضٌ وَقُلْنَ قَوْلًا مَّعْرُوفًا ﴿٣٢﴾﴾

﴾Si vous êtes pieuses, ne soyez pas trop complaisantes dans votre langage, afin que celui dont le cœur est malade (l'hypocrite) ne vous convoite pas et tenez un langage décent.﴿ [les Coalisés, 32].

5. S'abstenir de se parfumer et de se maquiller afin d'éviter, qu'une fois à l'extérieur, les gens ne sentent son parfum. En effet, le Prophète ﷺ dit: **"Toute femme qui se parfume, puis passe dans la rue devant des hommes qui**

= ***﴾Allah ne veut que vous débarrasser de toute souillure, ô gens de la maison [du prophète], et veut vous purifier pleinement!﴿***

[Les Coalisés, 33]

sentent son parfum, est une femme adultère[1]. [Hadîth rapporté par Abû Dâwûd et al-Tirmidhî].

6. Elle doit marcher humblement, de façon décente et pudique. Elle ne doit pas porter de jambelets (khalâkhil), ni des souliers qui font raisonner ses pas, ce qui peut être provocateur. Dieu ﷻ dit:

﴿وَلَا يَضْرِبْنَ بِأَرْجُلِهِنَّ لِيُعْلَمَ مَا يُخْفِينَ مِن زِينَتِهِنَّ﴾

﴾Et qu'elles ne frappent pas avec leurs pieds de façon que l'on sache ce qu'elles cachent de leurs parures.﴿ [La Lumière, 31]

7. La femme musulmane qui sort de chez elle ne doit pas lever le niqâb (voile couvrant le visage) dans la rue, au marché, ni dans les endroits fréquentés par les hommes.

8. Lorsqu'elle se rend chez une amie, elle ne doit pas se déshabiller chez celle-ci, car il se pourrait qu'un homme y soit présent, ou qu'il y ait une mauvaise femme qui la décrirait à un homme qui la désire. Sachez donc qu'il est prohibé pour une femme de décrire à son mari le corps d'une autre femme étrangère, vu que cela incite au péché, ainsi qu'il est signalé dans le hadîth authentique du Prophète ﷺ disant: **"Une femme ne doit pas regarder la nudité d'une autre femme, ni la toucher, pour aller ensuite la décrire à son époux comme s'il la voyait."** [Hadîth rapporté par al-Bukhârî, Ahmad, Al-Tirmidhî et Abû Dâwûd d'après Ibn Mas'ûd ﷺ]. C'est-à-dire qu'il est interdit à la femme de décrire la beauté ou les charmes d'une autre femme qu'elle a vue.

9. La femme musulmane ne doit entreprendre un voyage d'une journée et d'une nuit sauf accompagnée d'un parent mahram. Le Prophète ﷺ dit: **"Il est interdit à toute femme d'effectuer un voyage d'une journée et d'une nuit de marche, sauf accompagnée d'un parent mahram"**. [Hadîth rapporté par al-Bukhârî et Muslim]. Et le parent mahram est son époux ou tout autre parent qui lui est non-mariable.

---

(1) Du fait qu'elle leur procure ce plaisir illicite, qu'ils jouissent d'elle en la voyant, ou bien, pire encore, qu'elle stimule, en eux, le désir du péché.

5. Prohibition des habits moulants, transparents et courts

Parmi les prodigues du Prophète ﷺ, la prédiction de certains phénomènes dont il nous a mis en garde, comme le port de vêtements courts, transparents et moulants. Ainsi, Muslim rapporte-t il d'après Abû Hurayra ﵁ que le Messager de Dieu ﷺ dit: **"Il est deux catégories de réprouvés de l'enfer que je n'ai pas vus: des gens dotés de flagelles comme des queues de vaches dont ils fouettent d'autres; et des femmes portant des habits dévoilant leur nudité, enclines à la débauche et racoleuses, ayant des têtes telles des bosses de chameaux penchées. Elles n'entreront pas au paradis et n'en sentiront même pas l'odeur, laquelle sera perceptible à une très grande distance."**(1)

Ce hadîth prohibe de porter des vêtements moulants ou transparents qui mettent en évidence le corps et les charmes de la femme, tels que la poitrine, la courbure des hanches ou la couleur blanche, rousse ou brune de la peau.

6. La femme croyante ne s'apparente, ni aux hommes, ni aux étrangers

'Abdullah Ibn 'Amr ﵁ rapporte avoir entendu le Messager de Dieu ﷺ dire: **"N'est pas des nôtres tout homme qui cherche à s'apparenter aux femmes, ni toute femme qui cherche à s'apparenter aux hommes."** [Hadîth rapporté par Ahmad].

---

(1) Ce hadîth est, effectivement, l'un des miracles du Prophète ﷺ, puisque ces genres de femmes sont apparus et existent désormais. Le hadîth les condamne car, selon divers avis, tout en étant comblées des faveurs de Dieu, celles-ci ne Lui rendent pas grâce pour cela, elles couvrent une partie de leur nudité en en exhibant une autre, elles s'habillent de vêtements très fins laissant transparaître leur peau, elles sont enclines à tout ce qui écarte de la piété et de la dévotion à Lui et communiquent cette mauvaises conduites à leurs semblable, elles marchent en se pavanant, avec déhanchement, ou encore elles adoptent la coiffure inclinée des cheveux, à savoir celle des prostituées et de leurs semblables. [Al-Nawawî, Charh Sahîh Muslim.]

Abû Hurayra ؓ dit: **"Le Messager de Dieu a maudit l'homme qui porte des vêtements féminins, et la femme qui portent des vêtements masculins."** [Hadîth authentique rapporté, entre autres, par Abû Dâwûd].

Ibn 'Abbâs ؓ dit: "Le Prophète ﷺ a maudit les hommes efféminés et les femmes hommasses, et il a enjoint: "Chassez-les de vos maisons." Le Prophète ﷺ, ajoute-t-il, a en effet chassé untel, et 'Umar ؓ a également chassé tel autre". [Hadîth rapporté par al-Bukhârî et Abû Dâwûd].

Al-Dhahabî explique que lorsque la femme porte des habits masculins, tels que l'habit moulant une partie du corps, l'habit fait d'une seule pièce qui ne couvre pas parfaitement le corps de la femme, et l'habit aux manches collantes, cette femme est considérée s'apparentant aux hommes par la tenue et encourt, par conséquent, la malédiction de Dieu et de Son Messager ﷺ. Et il est de même pour son mari s'il lui permet de le faire ou l'accepte, car il est tenu de la rappeler à se soumettre à Dieu et de lui défendre de commettre des transgressions.

Quant à l'apparentement aux femmes impies et aux femmes étrangères, le Cheikh al-Albânî affirme que la Loi établit qu'il est interdit aux musulmans, hommes et femmes, de s'apparenter aux impies, que ce soit en matière de leur culte, de leur fêtes ou de leur tenues[1].

(1) Al-Albânî, Hijâb al-Mar'a al-Muslima min al-Kitâb wa al-Sunna, p. 78.

Chapitre XV

Obéissance de la femme musulmane aux enseignements du Messager de Dieu ﷺ

1. Le tatouage (wachm)

2. L’épilation du visage (nams)

3. La pratique des interstices entre les dents, par coquetterie

4. La femme qui allonge les cheveux d’une autre avec des cheveux d’emprunt, et celle qui se le fait faire

5. Qualification juridique de la coiffure: Fatwâ de son éminence, Cheikh Muhammad Ibn Sâlih al-‘Uthaymîn

D'après Ibn Mas'ûd: "Le Messager de Dieu ﷺ a maudit les tatoueurs et les femmes qui se font tatouer, les épileuses et les femmes qui se font épiler, et celles qui pourfendent leurs dents pour les espacer, pour s'embellir, car elles dénaturent la création divine". Une femme a voulu discuter ce sujet, alors il lui a dit: "Pourquoi ne maudirais-je pas celles que le Messager de Dieu ﷺ a maudites, surtout que Dieu ﷻ dit dans le saint Coran:

﴿وَمَآ ءَاتَىٰكُمُ ٱلرَّسُولُ فَخُذُوهُ وَمَا نَهَىٰكُمۡ عَنۡهُ فَٱنتَهُواْ﴾

﴿Acceptez ce que vous a accordé le Prophète et abstenez-vous de ce qu'il vous a interdit.﴾ [L'Exode, 7]

[Hadîth rapporté par al-Bukhârî, Muslim et Ahmad]."

'Awf Ibn Abû Juhayfa rapporte que son père, ayant acheté un esclave qui pratiquait la saignée, a dit: "Le Prophète ﷺ a déclaré illicite le gain tiré de la pratique de la saignée, de la vente d'un chien et le gain de la prostituée, comme il a maudit celui qui prête ou emprunte à usure, la femme qui tatoue et celle qui se fait tatouer, et la personne qui fait des représentations de figures". [Hadîth rapporté par al-Bukhârî].

Le tatouage: Consiste à piquer la peau avec une aiguille, sur une partie du corps, jusqu'à faire saigner la peau. Ensuite, l'on enfonce dans ces piqûres des colorants tels que le kohol ou la noura, de sorte que la peau acquiert une coloration bleuâtre ou verdâtre.

L'épilation: Il s'agit de l'épilation des sourcils, au moyen d'un fil par exemple.

Pratiquer des interstices dans la denture: Ceci consiste à limer entre les deux incisives, de sorte à créer une fente entre elles.

Les soins de la peau: Par l'emploi de pommades, pour donner de l'éclat au teint du visage.

'Abdullah Ibn 'Umar ﷺ rapporte que le Messager de Dieu ﷺ dit: **"Dieu maudit la femme qui met des cheveux d'emprunt à une autre et celle qui les porte, ainsi que la femme qui pratique le tatouage et celle qui se fait tatouer."** [Hadîth rapporté par al-Bukhârî et Muslim].

1. Le tatouage

Il est prohibé, pour la femme, de se faire un tatou sur le corps, car le Prophète ﷺ a maudit et celle qui l'exécute, et celle qui se fait tatouer.

La tatoueuse est la femme qui se pique la peau avec une aiguille, sur le dos de la main, le visage ou toute autre partie du corps, jusqu'à se faire saigner la peau, et qui ensuite enfonce, dans ces piqûres, des colorants, tels que le kohol ou l'encre... Cet acte est un grave péché, car le Prophète ﷺ a maudit celle qui le pratique et celle qui en est sujet, sachant que la malédiction n'est due qu'en cas de péché grave.

2. L'épilation du visage

Il est également prohibé, à la femme, d'épiler partiellement ou totalement les sourcils, par n'importe quel moyen, que ce soit en les rasant, en les coupant aux ciseaux, ou en employant des produits épilatoires. Car tout cela entre dans le cadre de l'épilation dont les pratiquantes ont été maudites par le Prophète ﷺ.

La femme épileuse: C'est celle qui élimine les poils des sourcils d'une autre, en partie ou en totalité, pour soigenr sa beauté, selon sa prétention.

La femme épilée: C'est celle qui se fait faire une épilation. Or, cela relève de la perversion de la création divine que le démon s'est juré de commander aux humains, tel qu'il est rapporté dans le saint Coran:

﴿وَلَآمُرَنَّهُمْ فَلَيُغَيِّرُنَّ خَلْقَ ٱللَّهِ﴾

﴿Je leur commanderai, et ils altèreront la création d'Allah.﴾

[Les Femmes, 119]

Dans un hadîth authentique, Ibn Mas'ûd ﷺ dit: "**Dieu maudit les femmes qui tatouent et celles qui se font tatouer, les femmes qui épilent et celles qui se font épiler [le visage], et les femmes qui se font limer les dents par coquetterie, qui changent la création de Dieu.**" Puis il ajouta: "Pourquoi ne maudirai-je pas ce que le Messager de Dieu ﷺ a maudit, sachant qu'en plus cela est mentionné dans le Livre de Dieu?":

﴿وَمَآ ءَاتَىٰكُمُ ٱلرَّسُولُ فَخُذُوهُ وَمَا نَهَىٰكُمْ عَنْهُ فَٱنتَهُوا۟﴾

﴿Ce que le Messager d'Allah vous a donné, prenez-le, et abstenez-vous de ce qu'il vous a interdit.﴾ [L'Exode, 7]

Dans son Exégèse du Coran (2/359), Ibn Kathîr commente ce verset en disant: "Beaucoup de femmes commettent aujourd'hui cette pratique pernicieuse qui constitue l'un des graves péchés, et elle est devenue presque une nécessité pour elles." Or, il est même interdit à la femme d'obéir à son mari s'il lui demande de le faire, car il s'agit d'un péché.

3. La pratique des interstices entre les dents, par coquetterie

Il est prohibé pour la femme de pratiquer des interstices entre ses dents, par coquetterie, en les limant. Ce limage est pratiqué, entre autres, par les vieilles femmes, ou celles d'un certain âge, afin de paraître plus jeunes. Mais il n'y a pas d'inconvénients si la femme le fait par nécessité médicale, ou bien pour corriger un défaut dans une dent, ou bien pour éliminer une carie, etc.

4. La femme qui allonge les cheveux d'une autre avec des cheveux d'emprunt, et celle qui se le fait faire

Il est défendu à la femme musulmane de se raser les cheveux, sans nécessité. Comme il lui est défendu d'allonger sa chevelure par des cheveux d'emprunts (postiches, perruques, ...), partant du hadîth mentionné dans les deux Sahîhs d'al-Bukhârî et de Muslim, où Ibn 'Umar dit: "Le Messager de Dieu ﷺ a maudit la femme qui allonge les cheveux d'une autre avec des cheveux d'emprunt, et celle qui se le fait faire"

Cette pratique est prohibée, en raison de la fausseté qu'elle implique. L'emploi prohibé de cheveux d'emprunt englobe aussi la perruque ou le postiche que l'on connaît à notre époque.

Al-Bukhârî et Muslim, entre autres, rapportent que Mu'âwiya ﷺ, l'année de sa visite à Médine, tenait une pelote de cheveux et a dit: "Qu'ont-elles, vos femmes, à mettre de telles choses sur leurs têtes? J'avais, en fait, entendu le Messager de Dieu ﷺ dire: **"Toute femme qui met sur sa tête des cheveux d'emprunt, commet un acte de fausseté."**

Et la perruque est une fausse chevelure fabriquée avec des cheveux artificiels, ayant l'apparence de cheveux naturels, et dont le port constitue une fausseté.

5. Qualification juridique de la coiffure en islam: Fatwâ de son éminence, Cheikh Muhammad Ibn Sâlih al-'Uthaymîn

Le consultant dit:

Votre éminence, Cheikh Muhammad Ibn Sâlih al-'Uthaymîn, salut sur vous ainsi que miséricorde et bénédictions d'Allah.

La fréquentation des salons de coiffure est une pratique qui s'est largement propagée les derniers temps, parmi les jeunes filles. Ainsi, les coiffeuses leur arrangent-elles les cheveux selon diverses modes, comme la coupe carrée connue dans ces milieux, et qui est une coupe copiée d'une revue de mode thaïlandaise à large diffusion sur le marché. Une autre manière d'arranger la chevelure consiste à crépir les cheveux, suivant la mode américaine. Or, vous vous rendez compte que cela comporte un apparentement aux impies.

La coiffeuse leur applique aussi des produits cosmétiques sur le visage, leur épile les sourcils et les poils du corps, ce qui nécessite de longues heures et de grands frais versés dans le gaspillage et la dilapidation.

Aussi, nous vous prions de nous donner l'opinion juridique détaillée sur la question, de par la propagation de cette pratique parmi la plupart des filles, espérant que Dieu ﷻ sauve, grâce à votre fatwâ-ci, certaines de nos filles qui se dupent, en courant derrière la mode occidentale, en oubliant volontairement - ou involontairement - qu'elles sont des musulmanes qui doivent aspirer au paradis et redouter l'enfer. Dieu, enfin, vous en rétribue en bien.

Et voici la réponse de son éminence:

Louange à Dieu, Seigneur des univers. Que Dieu accorde bénédictions et salut à notre Prophète Mu<u>h</u>ammad, ainsi qu'à l'ensemble de sa famille et ses compagnons.

L'on doit savoir, avant de répondre à cette question, que les ennemis ourdissent des complots contre l'islam et les musulmans, sur tous les plans et à toutes les époques. C'est un fait aussi que les impies ont colonisé la plupart des pays musulmans, par la force des armes. Et lorsque Dieu ﷻ les en a chassés, ils ont voulu mener un autre genre d'invasion qui vise à corrompre la pensée et la morale. Aussi, le Livre de Dieu ﷻ et la Sunna de Son Messager ﷺ nous mettent-ils en garde d'imiter les œuvres spécifiques à ces impies. Dieu ﷻ dit:

﴿وَلَا تَتَّبِعُوٓاْ أَهۡوَآءَ قَوۡمٖ قَدۡ ضَلُّواْ مِن قَبۡلُ وَأَضَلُّواْ كَثِيرٗا وَضَلُّواْ عَن سَوَآءِ ٱلسَّبِيلِ ٧٧﴾

﴿Ne suivez pas les passions des gens qui se sont égarés avant cela, qui ont égaré beaucoup de monde et qui se sont égarés du chemin droit.﴾

[La Table servie, 77]

﴿يَٰٓأَيُّهَا ٱلَّذِينَ ءَامَنُواْ لَا تَتَّخِذُواْ عَدُوِّي وَعَدُوَّكُمۡ أَوۡلِيَآءَ تُلۡقُونَ إِلَيۡهِم بِٱلۡمَوَدَّةِ وَقَدۡ كَفَرُواْ بِمَا جَآءَكُم مِّنَ ٱلۡحَقِّ﴾

﴿Ô vous qui avez cru! ne prenez pas pour alliés Mon ennemi et le vôtre, leur offrant l'amitié, alors qu'ils ont nié ce qui vous est parvenu de la vérité.﴾

[L'Épreuve, 1]

﴿يَـٰٓأَيُّهَا ٱلَّذِينَ ءَامَنُوا۟ لَا تَتَّخِذُوا۟ ٱلْيَهُودَ وَٱلنَّصَـٰرَىٰٓ أَوْلِيَآءَ ۘ بَعْضُهُمْ أَوْلِيَآءُ بَعْضٍ ۚ وَمَن يَتَوَلَّهُم مِّنكُمْ
فَإِنَّهُۥ مِنْهُمْ ۗ إِنَّ ٱللَّهَ لَا يَهْدِى ٱلْقَوْمَ ٱلظَّـٰلِمِينَ ﴿٥١﴾﴾

﴾Ô croyants! ne prenez pas pour alliés les juifs ni les chrétiens; ils sont alliés les uns des autres. Et celui d'entre vous qui les prend pour alliés, devient un des leurs. Allah ne guide, certes, pas les gens injustes.﴿

[La Table servie, 51]

Si je cite ces deux versets, ce n'est pas parce que ces filles prennent les juifs et les chrétiens pour alliés, ni parce qu'elles prennent pour alliés les ennemis de Dieu, en leur témoignant amitié et vénération et en suivant leur exemple, mais parce que le Prophète ﷺ nous a mis en garde contre cela, en disant: **"Quiconque s'apparente à des gens, devient l'un des leurs."**

Les musulmans, et plus particulièrement les hommes doués de sagesse et de raison, sont alors tenus de craindre Dieu ﷻ au sujet des femmes que le Prophète ﷺ a ainsi décrites: **"Je ne connais pas d'être plus défaillant, en raison et en religion, ni plus apte à faire perdre la raison à l'homme sage, que l'une de vous."**, et ceci en parlant des femmes.

Il incombe donc aux hommes d'empêcher les femmes de suivre ces modes innovées, car les gens qui les inventent et qui nous les exportent veulent nous faire oublier Dieu ﷻ, nous faire oublier le but pour lequel nous avons été créés, afin de nous laisser se préoccuper uniquement de suivre ces futilités et nous passionner pour ces modes qui ne procurent que le malheur et le désordre, de sorte que l'homme ne se soucie plus, ici-bas, que d'assouvir ses désirs du ventre et du bas-ventre.

Cela dit, j'estime que la fréquentation de ces salons de coiffure comporte plusieurs aspects dangereux, entre autres :

Premier danger: L'adoption, par les coiffeuses, de pratiques propres aux impies, donnant à leurs clientes leurs apparences, par la coupe et la manière d'arranger les cheveux, par exemple . Or, il est établi que cela est prohibé, du fait qu'il relève de l'imitation des impies, sachant que quiconque s'apparente à des gens devient un des leurs, ainsi qu'énoncé dans le hadîth authentique du Messager de Dieu ﷺ.

Deuxième danger: Les soins que dispensent les coiffeuses comprennent l'épilation des sourcils, sachant que le Prophète ﷺ a maudit et la personne qui épile l'autre, et celle qui se fait épiler. La malédiction, faut-il rappeler, signifie que la personne qui en est frappée est bannie et chassée de la miséricorde de Dieu. Or, je ne crois pas qu'un croyant, ni une croyante, n'accepte de commettre un acte qui engendre son bannissement, ni sa privation de la grâce de Dieu ﷻ.

Troisième danger: La fréquentation des salons de coiffure implique la dépense de grandes sommes d'argent inutilement; pire encore, c'est une dépense pour quelque chose de dommageable. La coiffeuse qui coiffe les croyantes à la manière des impies ou des dépravées nous soutirent des sommes d'argent considérables, sans qu'on n'en tire aucun profit, sinon l'adoption de modes qui peuvent causer notre ruine.

Quatrième danger: Ces nouvelles habitudes affectent la pensée des femmes qui adoptent de telles apparences, propres aux femmes impies, et risquent d'engendrer des suites plus graves pour la femme qui finit par pencher vers la dépravation et la corruption morales.

Cinquième danger: Ainsi que le consultant le souligne-t-il, ces coiffeuses commettent beaucoup de transgressions en regardant la nudité des femmes, pour des raisons ne constituant pas une nécessité. En effet, la coiffeuse (ou l'esthéticienne) applique les produits, tels que la cire chaude [par exemple], sur les cuisses et autour du sexe des clientes qu'elle regarde forcément en dehors des cas d'absolue nécessité fixés par la Loi. Or, l'on sait que le Prophète ﷺ a défendu aux femmes de se regarder la nudité les unes des autres, sauf s'il y a une nécessité absolue qui exige de regarder, ce qui n'est pas le cas ici.

Par ailleurs, pourquoi la femme tiendrait-elle à rendre sa peau aussi lisse qu'une membrane en plastique, complètement dépourvue de poils? Et qui sait? L'élimination des poils que Dieu a fait pousser, de par Sa sagesse, pour des raisons qui nous échappent en grande partie, pourrait être pernicieuse pour la peau à long terme.

Il se peut aussi que l'avis correct soit celui affirmant que l'épilation des jambes, des cuisses et du ventre est légalement interdite; car pour la pilosité, étant une création divine, son élimination serait altération de la création de Dieu ﷻ. Dans ce cas, étant donné que Dieu ﷻ nous a informé que l'altération de la création divine constitue un acte de soumission aux ordres du Diable, et sachant que ni Dieu ﷻ ni Son Messager n'ont commandé d'éliminer ces poils, on peut conclure que l'épilation est prohibée et ne doit pas être pratiquée en principe. Tel est l'avis de certains Savants.

Voire même, ceux qui soutiennent la licéité de l'épilation ne considèrent pas au même titre sa pratique et l'abstention de le faire, mais indiquent qu'il est préférable de s'en abstenir par scrupule, même si elle n'est pas prohibée, vu que la preuve de sa prohibition n'est pas assez forte.

Pour ma part, je conseille vivement les hommes et les femmes de ne pas se laisser fourvoyer par ces pratiques, et je pense qu'il est obligatoire de boycotter ses salons de coiffure, et que les femmes se contentent de soins de beauté qui n'impliquent pas une atteinte à la religion, qui rend coupable de l'acte prohibé et de s'apparenter aux impies.

Ajoutons que l'amour que Dieu ﷻ indique entre les conjoints ne peut et ne doit pas se réaliser par des moyens qui constituent des désobéissances aux commandements de Dieu, mais par la soumission à lui, et qui implique la pudeur et la décence.

Je prie, enfin, Dieu ﷻ de protéger notre nation des manœuvres des ennemis, de nous inspirer la pudeur et la décence de nos pieux anciens (al-Salaf al-Sâlih), et de nous guider au succès, Magnanime et Généreux qu'Il est.

Chapitre XVI

Les parangons parfaits pour la femme croyante: Des femmes pieuses exemplaires

1. **La mère des croyants Khadîja Bint Khuwaylid ﵂.**
2. **La mère des croyants 'Â'icha ﵂.**
3. **Asmâ' Bint Abû Bakr al-Siddîq ﵂, "la femme à la double ceinture".**
4. **Nusayba Bint Ka'b ﵂.**

1. La mère des croyants Khadîja Bint Khuwaylid ﵂

Khadîja Bint Khuwaylid ﵂ est la toute première épouse du Prophète ﷺ. Elle est la toute première personne à croire en sa Mission, et c'est elle qui l'a alors soutenu et lui a accordé crédit, lorsque les Quraych l'ont démenti et lui ont déclaré leur hostilité.

Innombrables sont ses prises de positions à ses côtés, pour la gloire de la Foi. Mais je me restreindrai, ici, à mentionner uniquement son attitude lorsque le Messager de Dieu ﷺ l'a informé de ce qui lui est arrivé dans la caverne où il passait sa retraite méditative, à savoir lorsqu'il a reçu la Révélation pour la première fois.

L'Imam al-Bukhârî, entre autres, rapporte dans son Sahîh, d'après la Mère des croyants 'Â'icha ﵂, qu'à son retour de la caverne de Hirâ', suite à la Révélation qu'il venait de recevoir, le Messager de Dieu ﷺ est entré chez Khadîja Bint Khuwaylid ﵂ en criant: **"Enveloppez-moi! Enveloppez-moi!"** On l'enveloppa alors jusqu'à ce que sa frayeur se fût dissipée. Puis il dit à Khadîja: "Ô Khadîja, que m'arrive-t-il?", et il lui relata le récit, en ajoutant: **"J'ai eu peur pour ma personne."** Mais Khadîja le rassura, en lui disant: "Oh que non! par Dieu! tu dois plutôt te réjouir. Dieu ne te fera jamais déchoir. Car tu entretiens vraiment les liens de parenté, tu dis toujours la vérité, tu soulages les affligés, tu es charitable envers les démunis, tu es hospitalier envers ton hôte et tu soutiens ceux qui sont frappés par le malheur."

Khadîja l'emmena par la suite chez Waraqa Ibn Nawfal, Ibn Asad, Ibn 'Abd al-'Uzzâ, qui était son cousin paternel, et qui avait embrassé le christianisme pendant l'époque du Paganisme. Et Khadîja lui dit: " Ô cousin! écoute ce que le fils de ton frère a à te dire!" Et Waraqa Ibn Nawfal dit: "Ô fils de mon frère! qu'as-tu vu?" Le Messager de Dieu ﷺ l'ayant informé de ce qu'il vit, Waraqa dit: "Le personnage que tu as vu est l'Ange confident qui fut envoyé auparavant à Moïse. J'aurais souhaité être jeune et fort ce jour-là... J'aurais souhaité être vivant quand les gens de ton peuple t'expulseront", et le Messager de Dieu ﷺ de s'exclamer: **"Vont-ils vraiment m'expulser?"**. "Oui", confirma Waraqa, et d'expliquer: "Jamais un homme n'a prêché un tel message sans qu'il n'ait suscité l'hostilité des hommes. S'il me serait donné de vivre jusqu'au jour [de ta persécution], je te soutiendrais de toutes mes forces."

La mère des croyants, la noble Khadîja رضي الله عنها, venait d'entendre que le peuple du Prophète ﷺ allait le combattre et l'expulser, et elle connaissait bien la dureté et la force des Quraych. Mais elle décida quand même de le soutenir face à la tempête qui s'annonçait. Elle accepta d'endurer les peines et les souffrances pour la cause de Dieu et consentit à cette mission difficile d'affronter les Quraych. Elle est, par là, le modèle parfait de la femme croyante et sincère, et donne l'exemple pour le reste des croyantes. Elle a effectivement soutenu le Messager de Dieu ﷺ dans sa Mission de prêcher l'islam au sein de son peuple, et de le diffuser dans toutes les contrées de la terre et de fonder un État islamique à cette fin. Cela lui valut la grâce divine de la promesse du Paradis que lui annonça le Messager de Dieu ﷺ. Les Sahîhs d'al-Bukhârî et d'autres mentionnent, d'après Abû Hurayra رضي الله عنه: "L'archange Gabriel vint trouver le Prophète ﷺ et lui dit: "Ô Messager de Dieu! voici Khadîja qui vient vers toi, avec un récipient contenant un assaisonnement, un mets ou une boisson. Quand elle arrivera, tu lui transmettras le salut de la part de son Seigneur عز وجل et de ma part, et tu lui annonceras qu'elle a une maison en tiges(1) au Paradis, où il n'y aura ni vacarme ni fatigue."

Écoutons aussi ce témoignage de reconnaissance du Prophète ﷺ envers sa femme Khadîja, pour l'avoir soutenu dans la cause de Dieu. Le Prophète ﷺ dit: **"Car c'est bien elle qui a adhéré à mon message alors que les gens**

---

(1) C'est une maison creusée dans une perle, sous forme de palais somptueux, ou une maison en or garnie de perles et de pierres précieuses.

restaient attachés à leur impiété; c'est bien elle qui m'a cru alors que les gens m'avaient démenti; c'est bien elle qui m'a soutenu avec sa richesse alors que les gens m'en privaient". Khadîja رضي الله عنها fut-elle ainsi l'exemple de l'épouse vertueuse et fidèle.

2. La mère des croyants 'Â'icha رضي الله عنها

'Â'icha رضي الله عنها était l'épouse du Prophète ﷺ qu'il aimait la plus et qui recueillait le plus de savoir (hadîths) de sa part. Aussi, était-elle une des personnes connaissant le mieux les enseignements de l'islam. Al-Zuhrî dit: "Si l'on comparait le savoir (hadîth) de 'Â'icha d'un côté et le savoir de toutes les mères des croyants et de toutes les femmes d'un autre, le savoir de 'Â'icha prédominerait, certes."[(1)]

'Â'icha رضي الله عنها observait le renoncement aux plaisirs de l'ici-bas. Ibn Sa'd rapporte qu'Umm Durra dit: J'avais apporté à 'Â'icha cent mille dirhams qu'elle distribua sur les gens, le jour même. Elle était alors en jeûne. Puis, le soir, au moment de rompre le jeûne, je lui dis: "Ne devais-tu pas mettre de côté un dirham de ce que tu as distribué aujourd'hui, pour nous acheter un peu de viande pour ton repas de rupture du jeûne?", et 'Â'icha رضي الله عنها de répondre: "Je l'aurais fait, si tu me l'avais rappelé."

D'après Hichâm Ibn 'Urwa, al-Qâsim Ibn Muhammad rapporte avoir entendu Ibn al-Zubayr dire: "Je n'ai jamais connu de femmes aussi généreuses que 'Â'icha et Asmâ', bien qu'elles l'étaient chacune à sa manière. Quant à 'Â'icha, elle épargnait jusqu'à ce que le bien en question devenait conséquent et alors elle en faisait don"[(2)]

Au sujet de son mérite et de sa distinction, le Prophète ﷺ dit: **"Le mérite de 'Â'icha, sur les femmes, est pareil au mérite du Tharîd sur le reste des mets."**[(3)]

---

(1) Al-Isâba, 8/140.

(2) Al-Zahabî, Siyar A'lâm al-Nubalâ', 2/292.

(3) Aliment consistant tous les mets, expliquent les Ulémas, et est meilleur que la sauce. Ainsi, le Tharîd à base de viande est meilleur que la sauce sans viande, et le tharîd sans viande (à base dun'autre aliment) est meilleur que la sauce qui l'accompagne, du fait qu'il est plus nutritif, =

3. Asmâ' Bint Abû Bakr al-Siddîq ﷺ, "la femme à la double ceinture"

Asmâ' est la fille d'Abû Bakr al-Siddîq ﷺ, le compagnon du Messager de Dieu ﷺ, et la sœur de 'Â'icha du côté de son père. Elle fut surnommée "la femme à la double ceinture" (Dhât al-Nitâqayn), parce qu'elle avait fendu sa ceinture en deux pour l'utiliser comme sac, en vue d'y transporter à boire et à manger au Messager de Dieu ﷺ, au cours de son émigration avec Abû Bakr, de la Mecque vers Médine. Le Messager de Dieu ﷺ ayant vu ce qu'elle avait fait de sa ceinture, lui donna alors ce surnom ainsi que rapporté dans le Sahîh d'al-Bukhârî(1).

La vie d'Asmâ' est également riche en exemples de soutien et de solidarité avec son époux. Elle endura, en effet, la pauvreté à ses côtés, et demeura résignée et pleine de patience et d'espérance en Dieu, malgré la grande fortune de son père Abû Bakr al-Siddîq, célèbre commerçant à l'époque. Elle dut quitter la maison de ses parents pour aller vivre avec son mari et le servir, alors qu'elle avait auparavant des domestiques à son service, ainsi que nous pouvons le constater, d'après les traditions suivantes:

Dans le Sahîh de l'Imam Muslim, Asmâ' Bint Abû Bakr rapporte: "Al-Zubayr m'épousa alors qu'il ne possédait, en ce monde, ni biens, ni esclaves, ni rien d'autre, sinon son cheval. J'affenais donc son cheval et lui épargnerais son entretien et je l'entraînais. Je moulais les noyaux pour nourrir le chameau utilisé au transport de l'eau. J'apportais l'eau, raccommodais les outres et préparais la patte. Mais comme je ne savais pas bien faire le pain, j'avais des voisines auxiliaires qui le faisaient pour moi. C'étaient de bonnes amies. Outre cela, je transportais sur ma tête les noyaux du domaine dont l'exploitation était accordée à al-Zubayr par le Messager de Dieu ﷺ et qui se trouvait à deux tiers de farsakh de chez moi(2)." [Hadîth rapporté par Muslim].

= plus facile à digérer, plus commode à saisir et à manger, savoureux etc. Le mérite de 'Â'icha dépasse alors celui des autres femmes, comme le tharîd dépasse - de part sa qualité nutritive - les autres mets, est-il dit dans le hadîth, mais cela n'implique pas sa précellence sur Marie et Âsiya, puisqu'il s'agit, probablement, de sa précellence sur les femmes de notre nation (musulmane). [Al-Nawawî, Charh Sahîh Muslim.]

(1) Ibn Hajar al-'Asqalânî, Fath al-Bârî, 2/232.

(2) Tout cela relève des actes louables et de la générosité des caractères, à savoir que ces =

D'après Hichâm Ibn 'Urwa, al-Qâsim Ibn Mu<u>h</u>ammad rapporte avoir entendu Ibn al-Zubayr dire: "Je n'ai jamais connu de femmes aussi généreuses que 'Â'icha et Asmâ', bien qu'elles l'étaient chacune à sa manière. 'Â'icha épargnait jusqu'à ce que le bien en question devienait conséquent, et alors elle en faisait don. Quant à Asmâ', elle n'épargnait rien pour le lendemain."(1)

Le <u>S</u>a<u>h</u>î<u>h</u> de Muslim mentionne ce <u>h</u>adîth: Asmâ', la fille d'Abû Bakr ﷺ, rapporte qu'elle vint trouver le Prophète ﷺ et lui dit: "Ô Prophète de Dieu! je ne possède rien en dehors de ce qu'al-Zubayr m'apporte. Y'a-t-il grief à me faire donner de l'aumône de ce qu'al-Zubayr apporte à la maison?" Il me dit: **"Donnes-en autant que tu pourras, et n'en garde pas par ménagement, sinon Dieu ménagera ses dons pour toi."**(2)

4. Nusayba Bint Ka'b ﷺ

Umm 'Umara, Nusayba Bint Ka'b Ibn 'Awf, est la compagne combattante qui avait défendu le Prophète ﷺ en risquant sa vie. La Foi et l'intégrité de la vie du Prophète ﷺ étaient plus importantes pour elle que sa propre personne. À ce titre, le Messager de Dieu ﷺ dit à son sujet: "**Le**

= tâches accomplies par la femme, au service de son mari, sont toutes volontaires, une bienfaisance de sa part envers lui, et un bon traitement, sachant qu'elle n'est tenue d'aucune d'elles. Voire, elle ne serait pas coupable de péché si elle s'abstenait de tous ces travaux. Plus encore, ce sera au mari d'assurer ces choses, et il lui sera interdit de l'obliger à l'une d'elles. C'est une belle coutume à laquelle les femmes ont persévéré et qu'elles ont perpétrée depuis les premiers temps, jusqu'à nos jours [Al-Nawawî, Char<u>h</u> <u>S</u>a<u>h</u>î<u>h</u> Muslim], mais ces tâches n'entrent pas ainsi dans le cadre des obligations conjugales proprement dites.

(1) Al-Dhahabî, Siyar A'lâm al-Nubalâ', 2/292.

(2) Cela s'applique à ce qu'al-Zubayr lui a donné pour elle-même, en vertu de son devoir de lui assurer sa subsistance, ou encore de ce qu-al-Zubayr possède, sachant qu'il ne désapprouve pas d'en donner l'aumône, partant du fait que cela est généralement toléré par le commun des gens. Le Prophète ﷺ lui dit: "Donnes-en autant que tu pourras, " c'est-à-dire selon le consentement d'al-Zubayr, et ceci pour lui dire qu'il y a plusieurs degrés de dons, tous tolérés par al-Zubayr. Mais elle donnera selon le plus haut degré qu'il tolère, le maximum, "autant qu'elle tu pourra de ce qu'elle tu possède et dont elle se dispose." [Al-Nawawî, Char<u>h</u> <u>S</u>a<u>h</u>î<u>h</u> Muslim.]

mérite de Nusayba Bint Ka'b a dépassé, aujourd'hui, celui d'untel et d'untel."

Nusayba ﵂ fit parti des premières fidèles de Médine à avoir adhéré à la Foi et prêté serment d'allégeance au Prophète ﷺ, puisqu'elle a participé à l'allégeance d'al-'Aqaba al-Kubrâ. Ce serment d'allégeance revêt un intérêt particulier dans l'histoire de l'islam, du fait qu'il marque une nouvelle étape dans la prédication islamique. Autrement dit, ce fut un moment de transition qui a annoncé la fin de la période de résistance passive par la patience et l'endurance des hostilités, et le passage à la résistance active par le recours aux armes et l'affrontement de l'ennemi.

Cet événement fut également l'occasion de passer de la préparation des prédicateurs à l'étape de fondation et de mise en place d'un État. C'est pour cela que beaucoup de compagnons estimaient que la participation à al-'Aqaba était plus méritoire que la participation à la bataille de Badr, malgré l'importance de celle-ci. Les participants au serment d'al-'Àqaba étaient au nombre de soixante-douze hommes et de deux femmes qui sont Umm 'Umâra Nusayba Bint Ka'b et Umm Manî' Asmâ' Bint 'Amr.

Après des allocutions prononcées respectivement par le Prophète ﷺ et les Anṣârs, ces derniers se levèrent-ils pour lui prêter serment d'allégeance. Umm 'Umâra rapporte: "Les hommes tapaient des mains sur les mains du Messager de Dieu ﷺ en signe d'allégeance. Quand à la fin il ne restait plus que moi et Umm Rafî', mon mari, Ghaziya Ibn 'Amr, s'écria: "Ô Messager de Dieu! voici deux femmes qui se sont venues avec nous pour te prêter serment d'allégeance", et le Messager de Dieu ﷺ de répondre: **"J'agrée de leur part les mêmes engagements que j'ai agréés de votre part. Seulement, je ne serre pas la main aux femmes."**

En effet, le Messager de Dieu ﷺ ne serrait pas la main aux femmes qui lui prêtaient alors allégeance uniquement de façon verbale. Nous présentons, à propos, quelques aspects de sa vie et de sa lutte, afin de souligner la fidélité aux engagements et à la lutte dévouée de cette grande dame.

Après leur défaite humiliante à la bataille de Badr, où les notables et les héros de la tribu furent tués, et d'autres pris comme prisonniers, les Quraych décidèrent de prendre la revanche. Ils rassemblèrent alors une grande armée pour attaquer Médine et se venger des musulmans.

De son côté, l'armée des musulmans se mit en marche pour affronter l'ennemi à Uhud. Un groupe de femmes, parmi lesquelles Umm 'Umâra, accompagnaient les troupes. Celle-ci était partie sur le champ de bataille munie de son outre, pour apaiser la soif des combattants pour la cause de Dieu, et était équipée de pansements pour soigner leurs blessures.

Umm 'Umâra, qui suivait de près le déroulement des combats, vit d'abord les musulmans prendre le dessus et s'en réjouit. Mais sa joie ne tarda pas à se muer en désappointement, lorsque leur victoire tourna au désastre, sous ses yeux. Elle fut témoin de la déroute des hommes qui fuirent en désordre, suite à leur désobéissance aux ordres du Prophète ﷺ, faisant défection autour, à l'exception d'une dizaine qui restèrent à ses côtés. La débâcle fut telle qu'Umm 'Umâra se lança au milieu de la mêlée, se rabattit et s'efforça de le défendre de toutes ses forces.

Le Prophète ﷺ lui rendit hommage par la suite, en déclarant: **"De quelque côté que je me tournais, lors de la bataille de Uhud, je voyais Umm 'Umâra combattre pour me défendre"**.

Umm 'Umâra fit ainsi preuve de bravoure et de vaillance sur le champ de bataille, pour la cause de Dieu. Elle fut un exemple vivant de la femme façonnée par la Foi de l'islam; un parangon pour les femmes de toutes les époques. Que Dieu la couvre, donc, de Sa miséricorde.

D'un autre côté, son souci et son aspiration à l'égalité des droits entre les femmes et les hommes, en islam, la poussa à demander un jour au Messager de Dieu ﷺ: "Je vois que toutes les faveurs divines sont réservées aux hommes (dans l'Au-Delà), alors que rien n'est mentionné pour les femmes? "Et, en réponse à sa préoccupation, des versets du saint Coran furent révélés pour satisfaire sa requête:

﴿إِنَّ ٱلْمُسْلِمِينَ وَٱلْمُسْلِمَٰتِ وَٱلْمُؤْمِنِينَ وَٱلْمُؤْمِنَٰتِ وَٱلْقَٰنِتِينَ وَٱلْقَٰنِتَٰتِ وَٱلصَّٰدِقِينَ وَٱلصَّٰدِقَٰتِ
وَٱلصَّٰبِرِينَ وَٱلصَّٰبِرَٰتِ وَٱلْخَٰشِعِينَ وَٱلْخَٰشِعَٰتِ وَٱلْمُتَصَدِّقِينَ وَٱلْمُتَصَدِّقَٰتِ وَٱلصَّٰٓئِمِينَ وَٱلصَّٰٓئِمَٰتِ وَٱلْحَٰفِظِينَ
فُرُوجَهُمْ وَٱلْحَٰفِظَٰتِ وَٱلذَّٰكِرِينَ ٱللَّهَ كَثِيرًا وَٱلذَّٰكِرَٰتِ أَعَدَّ ٱللَّهُ لَهُم مَّغْفِرَةً وَأَجْرًا عَظِيمًا ﴿٣٥﴾﴾

﴿Les musulmans et musulmanes, croyants et croyantes, obéissants et obéissantes, loyaux et loyales, endurants et endurantes, craignants et craignantes, donneurs et donneuses d'aumône, jeûnants et jeûnantes,

***gardiens de leur chasteté et gardiennes, invocateurs souvent d'Allah et invocatrices: Allah a préparé pour eux un pardon et une énorme récompense*}.** [Les Coalisés, 35]

Aucun hommage aux femmes ne saurait égaler celui-ci. Elles ne sauraient espérer mieux que cette égalité.

Enfin, que Dieu couvre de Sa miséricorde Umm 'Umâra, la compagne du Prophète ﷺ, qui lui a prêté serment d'allégeance parmi les touts premiers fidèles, et qui a honoré ses engagements par sa participation aux combats, pour la cause de Dieu.

Chapitre XVII

Remarques et mise en garde contre les transgressions que l'on commet pendant les fêtes de mariage

Au cours des fêtes du mariage, les transgressions de la Loi suivantes sont commises:

1. L'exigence de dots excessives et les dépenses pléthoriques.

2. L'empêchement de voir la fiancée, sachant que le Messager de Dieu ﷺ avait enjoint à l'homme qui venait de demander la main d'une femme: **"Va d'abord la regarder."** [Hadîth rapporté par Muslim].

3. L'autorisation à l'homme de se trouver en tête-à-tête avec sa fiancée, avant la conclusion du contrat du mariage, et en l'absence de son parent mahram.

4. L'empêchement de la femme d'épouser un homme de condition convenable, malgré que le Prophète ﷺ dit: **"Si quelqu'un dont vous appréciez la piété et les mœurs vient demander la main de votre fille, accordez-la-lui."** [Hadîth rapporté par al-Tirmidhî et Ibn Mâja].

5. Accordez la femme en mariage à quelqu'un qui ne pratique pas la prière. Dieu ﷻ dit:

﴿لَا هُنَّ حِلٌّ لَّهُمْ وَلَا هُمْ يَحِلُّونَ لَهُنَّ﴾

﴿Elles ne sont pas licites [en tant qu'épouses] pour eux, et eux non plus ne sont pas licites [en tant qu'époux] pour elles.﴾ [L'Épreuve, 10]

6. La mixité entre les hommes et les femmes dans certains endroits, notamment au moment de l'entrée des mariés au foyer conjugal.

7. Les chansons et l'emploi de haut-parleurs pour les diffuser.

8. La prise de photos pour les mariés et l'accrochage de ces photos.

9. Seul est permis le tambour, et pour les femmes exclusivement.

10. Passer la soirée aux divertissements et aux futilités, en jouant aux instruments de musique accompagnés des voix des chanteurs et des chanteuses, ce qui conduit à s'endormir [pour plus de temps] et manquer la prière du fajr.

11. L'exhibition de la nudité des femmes devant les hommes, et la séduction que suscitent leurs corps qui doivent légalement être cachés.

12. L'invitation des musiciens et des chanteuses pour célébrer la fête pour des coûts importants.

13. Le mariage de réciprocité (chighâr)(1), à savoir que c'est le mariage qui consiste à donner la femme dont on détient la tutelle matrimoniale à quelqu'un, sous condition qu'il donne lui aussi la femme dont il détient la tutelle, ceci même s'il y a payement de dots pour les deux.

14. Obliger sa fille à épouser quelqu'un contre son gré.

15. Le port de vêtements courts, moulants et transparents, par les femmes, alors elles deviennent comme dénudés bien qu'habillées.

16. Le port, par l'homme, d'une bague [de fiançailles] en or, et la croyance chez certains que cela renforce les liens entre les conjoints. Il en est de même pour ce qu'on appelle "chabka", ...toutes ces pratiques ne sont que des chimères.

17. Les formules de félicitations propres à la période du Paganisme, telles que: "Puisse votre union être durable et que vous ayez beaucoup d'enfants" sont à éviter, sachant que la formule indiquée par la Loi consiste à dire: "Que Dieu te bénisse ta femme, qu'Il te bénisse et qu'Il bénisse votre union."

---

(1) Dans le Sahîh de Muslim, Abû Hurayra ﷺ dit: "Le Messager de Dieu ﷺ a interdit le mariage de réciprocité". Ibn Numayr ajoute, dans sa version: "Le mariage de réciprocité se fait comme suit: Un homme dit à un autre: "Donne-moi ta fille en mariage et je te donne la mienne en mariage, par réciprocité". Ou bien: "Donne-moi ta sœur en mariage et je te donne la mienne en mariage, par réciprocité."

18. Le voyage à l'étranger, après la consommation du mariage, dans le cadre de ce qu'on appelle lune de miel.

19. La location d'hôtels et des salles de fêtes pour y célébrer le mariage, contre des sommes exorbitantes.

20. Le mariage de jouissance (zawâj al-mut'a) est prohibé. Et c'est un mariage à terme, à savoir que sa dissolution se réalise par le simple écoulement du terme fixé, sans répudiation.

21. Le mariage intermédiaire (zawâj al-tahlîl), à savoir que c'est lorsqu'un homme épouse une femme dans l'intention de la rendre licite pour un homme qui l'a répudiée en prononçant la triple formule[1]. Les deux hommes seront ainsi maudits.

22. La toilette et les soins de beauté qui consistent à raser la barbe, sachant qu'il est beau pour les hommes de porter la barbe.

23. L'accomplissement de l'acte sexuel au cours de la période de menstruation et le coït anal pratiqué par certains pervers, sachant qu'il s'agit d'un acte rigoureusement prohibé par la Loi et l'auteur en est maudit.

24. L'épilation des sourcils par certaines femmes, pour le soin de leur beauté. Donc, cette pratique étant prohibée, les femmes qui la font sont maudites.

25. Laisser pousser les ongles exagérément et utiliser du vernis, ce qui est contraire aux soins de l'hygiène du corps, qui recommandent de couper les ongles, car ce vernis empêche l'eau de l'ablution de parvenir aux ongles, du fait qu'il y forme une couche imperméable.

26. L'excès de faste de l'habillement, de la toilette et des costumes d'apparat et les dépenses excessives qu'ils impliquent.

27. L'apparentement des femmes musulmanes aux danseuses dépravées, par leur danse et leur vacillement, remuant ainsi leur poitrine et leur derrière. Le Prophète ﷺ dit: **"Quiconque s'apparente à un peuple, en fait partie."**

28. La coupe des cheveux masculine adoptée par certaines femmes, et-

(1) Ce mariage intermédiaire n'a pas pour conséquence de la rendre licite pour le mari répudiateur.

inversement, l'allongement des cheveux par les hommes, pour ressembler aux femmes.

29. L'exigence, par les tuteurs de la femme, de choses pénibles à l'homme, et qui peuvent être au-delà de ses capacités. Or, les mariages les plus bénis sont ceux qui coûtent le moins cher.

30. La médisance, la calomnie et les propos malveillants portant atteinte à la réputation d'autrui auxquels se livrent certains invités.

31. Les vidéos des fêtes qui ont pour conséquence de violer l'intimité des gens filmés.

32. L'inobservance des règles et des invocations de la religion, par les mariés, au cours des noces.

33. Aller aux salons de coiffure, sachant leurs effets néfastes sur la piété et la santé, [sans y compter] les dépenses.

34. L'imitation des occidentaux lors des fêtes de mariage, sur divers plans, sachant qu'il nous a été interdit de nous apparenter à eux, et qu'il nous a été commandé de nous démarquer de leur conduite et de leurs mœurs.

Déviances et mauvaises habitudes

Chère sœur musulmane,

La jeune fille qui a connu la voie authentique devrait se distinguer, du fait qu'elle suit la voie distinguée.

Tu as certes constaté, [chère sœur musulmane] à travers tes fréquentations, ou bien par simple observation de tes semblables, certains actes de déviance et des coutumes licencieuses que nous te conseillons d'éviter, de par ton élévation morale.

Nous en évoquerons là quelques-uns de ces actes, par mesure de prévention. Mais soulignons que cette mise en garde contre ces déviances, pour la femme, ne signifie pas qu'elles sont louables pour les mâles, les enfants parmi eux comme les adultes; elles sont inconvenantes et indignes pour les deux sexes.

Voici à présent quelques-uns de ces aspects de déviance que nous citons sous la devise:

Connaître le mal, non pour le faire, mais pour m'en prémunir.
Car [celui] qui ne distingue pas le mal du bien, risque d'y succomber.

'Umar ﷺ dit: "Celui qui ne connaît pas le Paganisme, ne saurait connaître véritablement l'islam." Voici donc des exemples de ces déviances:

1. La fréquentation des devins, des voyants et des sorciers, et le recours à eux pour se concilier l'amour du conjoint ou pour tout autre but que ce soit. La qualification juridique de ces actes dépend des deux cas suivants:

a) Le recours aux pratiques divinatoires engendre l'impiété, lorsqu'on y accorde crédit. Le hadîth dit: **"Quiconque consulte un devin ou un voyant et le croit, aura renié ce qui a été révélé à Muhammad."** [Hadîth rapporté par al-Tirmidhî, Abû Dâwûd et Ibn Mâja].

b) Lorsqu'on consulte des devins, sans croire à la divination, la qualification juridique sera celle donnée par le Prophète ﷺ, et qui dit: **"Quiconque se rend chez un devin ou un voyant et le consulte à propos de quelque chose, sa prière sera irrecevable pendant quarante jours."**[1]

2. Admirer le mode de vie des occidentaux et les considérer comme modèle à suivre.

3. L'imitation aveugle des pratiques occidentales, ou même orientales qui nous parviennent en matières de mode vestimentaire, de coiffure ou autre. La qualification juridique indique, pourtant, que ce sont des actes prohibés, sur la base du hadîth du Prophète ﷺ disant: **"Quiconque s'apparente à des gens, devient l'un des leurs."** [Hadîth authentique rapporté par Abû Dâwûd d'après Ibn 'Umar].

4. La vanité de la femme d'avoir voyagé à l'étranger, dans des pays impies, et l'admiration que lui vouent les tierces à ce sujet. Le Prophète ﷺ dit: **"Je désavoue tout musulman qui séjourne parmi les impies, dans une terre si loin, que l'on ne perçoit pas le feu qui y est allumé."** Ceci s'applique à tout voyage pour des motifs autres que ceux autorisés par la Loi.

5. La croyance de certaines femmes, provenant de leur attachement à la religion, que pour se délivrer de cette admiration de l'Occident, l'on doit pratiquer avec assiduité l'innovation et lire des ouvrages du soufisme. Or, le

---

(1) Le Cadi 'Iyâd rapporte qu'il existait trois pratiques de la divination chez les arabes (à l'époque du Paganisme): 1) Le devin avait un djinn complice qui lui rapportait les informations dérobées du ciel. Cette pratique a cessé depuis l'Apostolat de notre Prophète ﷺ. 2) Le djinn complice informait le devin de ce qui arrivait sur terre, indépendamment des distances, et celui-ci ne le connaissait pas, et ce genre de divination peut bien exister. Aussi, les mu'tazilites et certains spécialistes du kalâm (théologie discursive) nient la possibilité de ces deux procédés de divination. En fait, cela n'est pas impossible; seulement, leurs prédictions sont mêlées de vérités et de mensonges. Or, l'interdiction de les consulter et de les croire est généralisée à tous. 3) L'astrologie: Dans ce genre de divination, Dieu suscite, en certaines personnes, une certaine faculté. Pourtant, c'est le mensonge qui y prédomine, et parmi les autres formes de cet art figure la voyance ('arâfa), et celui qui la pratique s'appelle voyant ('arrâf), à savoir celui qui déduit sa prédiction de signes et d'auspices qu'il prétend maîtriser. Cela dit, plusieurs procédés de divination peuvent être combinés et employés simultanément. Toutes les formes de divination ont été démenties par la Loi qui a interdit de les croire et de les consulter. Dieu Seul est, enfin, l'Omniscient. [Al-Nawawî, Charh Sahîh Muslim].

Messager de Dieu ﷺ dit-il: **"Toute innovation dans notre religion, n'en faisant pas partie, est irrecevable[1].** [Hadîth rapporté par al-Bukhârî et Muslim].

6. La négligence, chez les jeunes filles, de l'amour, selon les critères de la Foi, à savoir celui mû par l'amour de Dieu, et la recherche, par contre, d'un amour opposé à ces critères, quelque qu'en soit la forme. Dieu ﷻ dit:

﴿ٱلۡأَخِلَّآءُ يَوۡمَئِذِۭ بَعۡضُهُمۡ لِبَعۡضٍ عَدُوٌّ إِلَّا ٱلۡمُتَّقِينَ ٦٧﴾

﴿Les amis, ce jour-là, seront ennemis les uns des autres; excepté les pieux.﴾ [L'Ornement, 67]

7. La négligence de la prière par beaucoup de jeunes filles qui ne la pratiquent pas du tout, ou l'accomplissent de façon contraire aux règles liturgiques, en retard par exemple, après son horaire canonique, ou en dormant de sorte à la manquer à temps, ou encore en l'accomplissant à la hâte. Or, le Prophète ﷺ dit: **"Ce qui sépare l'homme de l'impiété, c'est le renoncement à la prière."** [Hadîth rapporté par Muslim]. Cela englobe également les femmes. Le Prophète ﷺ dit aussi: **"Seule la partie de la prière à laquelle l'individu est recueilli lui profitera."**

8. La croyance, chez certaines femmes, que leur prière ne sera valide qu'après l'écoulement de quarante jours suite à l'accouchement, tandis qu'en vérité, une fois ayant recouvert la propreté [à la fin des lochies], l'accouchée doit procéder au bain rituel et reprendra la prière, même si cela arrive avant quarante jours[2].

9. Prier en portant des habits comportant des figures d'êtres animés: Il est interdit de prier ainsi. Mais lorsque quelqu'un accomplit la prière en

(1) Irrecevable signifie, ici, nulle et non-avenue. Ce hadîth est l'un des principes fondamentaux de l'islam, comme il est l'une des sentences du Prophète ﷺ qui ont une portée générale bien que concise. Ce hadîth rejette catégoriquement les innovations en matière de religion. À savoir le rejet de toute innovation qu'on en soit l'auteur ou l'adepte tardif. Il comporte, par ailleurs, la preuve à l'avantage de l'avis des spécialistes de méthodologie du droit (usûl), soutenant que l'interdiction d'une chose implique qu'elle est nécessairement préjudiciable. Enfin, ce hadîth doit il être retenu et utilisé pour réfuter les pratiques condamnables ainsi, en tant qu'argument.

(2) Risâlat al-Du'â', du Cheikh Muhammad Ibn Sâlih al-'Uthaymîn.

portant des habits comportant des figures d'animaux, sa prière sera valide bien qu'il aura commis un acte prohibé[1].

10. Porter des masques (lithâm): C'est une mauvaise coutume qui commence à se propager parmi les femmes. Elle consiste à se couvrir le visage en se découvrant les yeux et marcher devant les hommes, avec cette apparence attirante, qui constitue une première étape pour découvrir complètement le visage. Or, le Messager de Dieu ﷺ dit: "**[Tout le corps de] la femme constitue une nudité à cacher ('awra).**" [Hadîth rapporté par Al-Tirmidhî].

11. La pratique de certaines femmes et jeunes filles qui découvrent leurs visages dès qu'elles montent en voiture, et même avant, ou dès qu'elles sortent de la maison. Or, l'on sait bien que le visage de la femme est une nudité à couvrir.

12. La pratique de certaines femmes qui découvrent le visage lorsqu'elles entrent dans une boutique ou dans un magazin.

13. Ôter le hijâb ou le voile en embraquant à bord de l'avion, au cours du voyage, comme si ces femmes adoraient un dieu ici, et un autre ailleurs!

14. La pratique de certaines femmes qui s'autorisent l'abandon du du hijâb et la mixité avec les hommes, sous prétexte qu'elles sont médecins ou infirmières.

15. Les sorties fréquentes de certaines femmes de chez elles, pour aller au marché, sachant que Dieu ﷻ dit:

﴿وَقَرْنَ فِي بُيُوتِكُنَّ وَلَا تَبَرَّجْنَ تَبَرُّجَ الْجَاهِلِيَّةِ الْأُولَىٰ﴾

﴾Restez dans vos foyers; et ne vous exhibez pas à la manière des femmes d'avant l'islam.﴿ [Les Coalisés, 33]

16. La consultation volontaire de médecins hommes par certaines femmes qui ne se donnent même pas la peine de chercher des médecins femmes.

17. La transgression commise par un grand nombre de femmes qui se

(1) Fatwâ nº 1-6127/486, du Collectif permanent de l'Iftâ'.

découvrent les visage sur la corniche ou sur la plage, malgré la présence d'hommes étrangers à proximité d'elles, ce qui est prohibé même quand la sortie a lieu entre familles.

18. La transgression commise par certaines femmes qui ôtent le voile en présence du chauffeur ou des domestiques, et qui leur parlent comme s'ils leur étaient des parents mahram .

19. L'échange des photographies ou de vidéos prises dans les fêtes ou d'autres occasions entre les jeunes filles, sous prétexte de les garder comme souvenirs, ce qui est prohibé, pour deux raisons: d'abord, parce qu'il s'agit de photos ou de vidéos qui ne sont pas prises pour des motifs légalement nécessaires; ensuite, parce que cela implique la violation de l'intimité des femmes et la diffusion de leurs photos(1).

20. Refus de certaines jeunes filles d'épouser de jeunes pieux qui demandent leurs mains, prétextant qu'elles ne veulent pas devenir complexés, sachant que le Prophète ﷺ dit: **"Quand quelqu'un dont vous appréciez la piété et la moralité vient vous demander la main de votre fille, accordez-la-lui. Car si vous ne le faites pas, la dépravation et un grand désordre séviront sur terre."** [Hadîth rapporté par al-Tirmidhî].

21. Prétendre que les diplômes sont un atout pour la femme, et leur accorder la priorité sur le mariage, quitte à manquer le moment convenable pour se marier, ce qui est contraire à la Sunna, de toute évidence.

22. L'insoumission de la femme à son époux, conformément à la bienséance, ou encore être très exigeante, de sorte à lui demander ce qui est au-delà de ses capacités, malgré l'obligation qui lui incombe de se soumettre à lui, sachant que Dieu ﷻ dit:

﴿لَا يُكَلِّفُ ٱللَّهُ نَفْسًا إِلَّا وُسْعَهَا﴾

﴿Allah n'impose à aucune âme une charge supérieure à sa capacité.﴾
[La Vache, 286]

23. La négligence de l'éducation des enfants, par certaines mères, qui

(1) Fatwâ nº 4636, 1/481, du Collectif permanent de l'Iftâ'.

laissent cette tâche aux employées de la maison pour s'occuper de futilités, ce qui est une négligence évidente de leurs devoirs.

24. Les réunions de femmes pour se livrer à la médisance et aux propos malveillants qui sèment la discorde, ceci étant prohibé de par son interdiction explicite par la Loi.

25. L'occupation par des activités de loisirs oiseuses et futiles, telles que la correspondance à travers les revues licencieuses, la danse, l'écoute dc chansons, la philatélic, alors que la femme croyante est censée profiter utilement de son temps.

26. Passer de longs moments à soigner sa toilette et suivre la mode en matière d'habillement et de coiffure, etc., au détriment de la récitation du Coran ou de l'accomplissement de prières surérogatoires.

27. Les correspondances sur le sujet de l'amour entre les filles, que Dieu nous en préserve.

28. L'audace poussée chez certaines femmes qui agissent comme si elles étaient des hommes, sachant que le Messager de Dieu ﷺ a maudit les hommasses.

29. Les propos complaisants des femmes avec les vendeurs et les chauffeurs de taxi, alors que Dieu ﷻ dit:

﴿فَلَا تَخۡضَعۡنَ بِٱلۡقَوۡلِ فَيَطۡمَعَ ٱلَّذِي فِي قَلۡبِهِۦ مَرَضٞ وَقُلۡنَ قَوۡلٗا مَّعۡرُوفٗا ٣٢﴾

﴿Si vous êtes pieuses, ne soyez pas trop complaisantes dans votre langage, afin que celui dont le cœur est malade (l'hypocrite) ne vous convoite pas et tenez un langage décent.﴾ [Les Coalisés, 32]

30. Le fait que les étudiantes et les filles marchent ensemble dans les rues, en affectant un déhanchement sensuel, en élevant la voix, en riant aux éclats et en faisant des gestes inconvenants, alors que la femme est tenue légalement de se comporter dignement.

31. L'exploitation de la femme par la publicité, pour la diffusion des produits de commerce, à la télévision et dans la presse.

32. L'emploi des femmes, [à son détriment], comme hôtesse de l'air [ou

autres fonctions pareilles], de sorte qu'elle mène une vie instable, sans mari ni foyer.

33. L'absence de jalousie chez certaines épouses qui laissent les employées de maison avec leurs époux, dans des situations prohibées de tête-à-tête ou de familiarité.

34. La fréquentation des marchés par les filles et les femmes pour se promener, déambuler et se divertir, sachant que Dieu ﷻ dit:

﴿وَقَرْنَ فِي بُيُوتِكُنَّ﴾

﴾*Restez dans vos foyers.*﴿ [Les Coalisés, 33]

35. L'absence de jalousie chez certaines épouses qui restent indifférentes lorsque leurs époux regardent des films, des séries télévisées ou des revues comportant des photos de mariage. En fait, il se peut qu'il soit séduit par la beauté de l'une ces femmes, de sorte qu'il se détourne d'elle, ce qui risque d'engendrer une véritable catastrophe.

36. L'absence de jalousie chez celles, qui restent indifférentes quand leurs époux regardent, au cours des cérémonies de mariage [par exemple], les autres femmes sur la scène, somptueusement habillées et dans toute leur beauté, sachant qu'il pourrait éventuellement devenir épris de l'une d'elle à son détriment. Que Dieu donc nous en préserve.

37. Mettre les photos des stars du cinéma, de la télévision, de la chanson, ou du sport sur les cartables, les cahiers ou les acrocher dans les chambres de la maison, sachant que le Prophète ﷺ nous a informés que les anges n'entrent pas dans une maison où se trouve une représentation d'un être animé.

38. Le comportement des jeunes filles qui se passionnent pour certains chanteurs et chanteuses dont elles imitent le chant et apprennent les paroles de leurs chansons, alors que le Prophète ﷺ dit: **"Tout individu sera, [au Jour de la Résurrection], avec ceux qu'il aura aimés."** [Hadîth rapporté par al-Bukhârî et Muslim]. Ceci dit, la musulamane accepterait-elle d'être, au Jour de la Résurrection, parmi ces gens pervers.

39. L'echange de vidéos licencieuses, de chansons et des revues de mode

entre les filles, dans les écoles et ailleurs, surtout en fin d'année scolaire, sous prétexte de se cultiver.

40. S'exercer à la danse et aux gestes sensuels indignes de la fille musulmane.

41. Des femmes et des filles achètent elles-mêmes des cassettes et des films vidéo, ce qui constitue un grave indice de la corruption des mœurs.

42. Veiller jusqu'à des heures tardives de la nuit à regarder des films.

43. Se vanter d'écouter les chansons occidentales, même sans rien y comprendre.

44. Fréquentation, par une certaine catégorie de filles, des centres de massage et de sport, qui impliquent inévitablement la violation de l'intimité du corps et des interdits, ainsi que la dissolution des mœurs et l'imitation des occidentaux, même quand ces endroits sont réservés exclusivement aux femmes. Ce sont, en fait, les tous derniers moyens de corruption des mœurs des musulmanes. Allons-nous donc prendre enfin conscience de ces manœuvres insidieuses?

45. Le fait que les filles portent des pantalons pour imiter les gens dépravés, qui appellent à la dissolution des mœurs. Or, le Prophète ﷺ dit: **"Quiconque s'apparente à des gens, devient l'un des leurs."**

46. Le port des robes et des chemises comportant des photos d'hommes, de femmes, d'animaux ou des expressions licencieuses.

47. Le port des vêtements courts ou même ordinaires que portent les femmes, notamment au cours des fêtes de mariages, sous prétexte qu'elles se trouvent uniquement entre femmes, et pour montrer qu'elles sont à la page et évoluées. En fait, elles ont raison sur ce dernier point, puisqu'elles évoluent certainement vers l'abîme.

48. Faire des dépenses excessives pour l'achat des vêtements et des robes de soirée qu'elles ne portent pas plus d'une fois, sachant que cela relève du gaspillage et de la dilapidation de l'argent.

49. Laisser pousser les ongles exagérément, contrairement aux enseignements de la Sunna, et par imitation de coutumes non-islamiques.

50. Le port de perruques, sachant la prohibition des cheveux d'emprunt, et que ceci relève de l'imitation des femmes impies.

Chapitre XVIII

Règles du nouveau-né

1. **Règles de la période postnatale**
2. **Règles du septième jour de naissance**
3. **Règles de la circoncision**
4. **L'immolation de la célébration de la naissance ('aqîqa) et ses règles**

Voici quelques recommandations concernant les règles sur l'enfant, depuis sa naissance jusqu'à la puberté.

1. Règles de la période postnatale

a) Recommandation d'annoncer la bonne nouvelle

Ceci en référence aux enseignements du saint Coran, comme dit dans ces versets:

﴿وَٱمۡرَأَتُهُۥ قَآئِمَةٞ فَضَحِكَتۡ فَبَشَّرۡنَٰهَا بِإِسۡحَٰقَ وَمِن وَرَآءِ إِسۡحَٰقَ يَعۡقُوبَ ٧١﴾

﴿Sa femme était debout, et elle rit alors; Nous lui annonçâmes donc [la naissance d'] Isaac, et après Isaac, Jacob.﴾ [Hûd, 71]

﴿أَنَّ ٱللَّهَ يُبَشِّرُكَ بِيَحۡيَىٰ﴾

﴿Voilà qu'Allah t'annonce la naissance de Jean!﴾

[La Famille d'Imrân, 39]

b) Recommandation de l'appel à la prière (âdhân) dans l'oreille droite du nouveau-né

Ceci est indiqué dans le hadîth rapporté par Abû Râfi' qui dit: **"J'ai vu le Prophète ﷺ prononcer l'appel à la prière à l'oreille d'al-Hasan Ibn 'Alî, quand Fâtima venait d'accoucher de lui."** [Hadîth rapporté par Abû Dâwûd, Al-Tirmidhî, Ahmad, al-Bayhaqî et 'Abd-al-Razzâq].

Dans Tuhfat al-Mawdûd (p.48), l'Imam Ibn al-Qayyim explique: "Prononcer l'appel à la prière. Dieu étant Celui qui sait mieux la vérité, [Il

ﷺ ordonne] que la première chose que l'être humain perçoit par son ouïe soit ces paroles qui expriment la toute-grandeur et la majesté du Seigneur, ainsi que les formules de profession de Foi, qui expriment l'adhésion à l'islam. Cette pratique serait donc une façon d'inculquer, au nouveau-né, la profession de Foi de l'islam, dès sa venue au monde, tout comme on la lui inculque lorsqu'il quitte l'ici-bas. Cette pratique vise aussi un autre bienfait, à savoir chasser le démon, puisque celui-ci s'enfuit à l'écoute de l'âdhân(1). En outre, en prononçant l'appel à la prière dans l'oreille du nouveau-né, il reçoit l'appel à Dieu à Lui rendre le culte, à adhérer à l'islam avant les appels et les suggestions du démon, au même titre que prime la nature des humains, comme Dieu les a créés, antérieurement à son altération par l'œuvre du diable..."(2)

c) Recommandation du ta<u>h</u>nîk du nouveau-né

Le ta<u>h</u>nîk consiste à mâcher une datte ou quelque douceur, et frotter avec celle-ci le palais buccal du nouveau-né(3). Dans les deux <u>S</u>a<u>h</u>î<u>h</u>s d'al-Bukhârî et de Muslim, Abû Mûsâ ﷺ rapporte: **"Ayant eu un garçon, je l'emmenai au Prophète ﷺ qui l'appela Ibrâhîm et le bénit, en lui frottant une datte contre le palais buccal."** Al-Bukhârî ajoute, dans sa version: "Il appela la bénédiction de Dieu en sa faveur, puis il me le remit." Ce fut l'aîné parmi les enfants d'Abû Mûsâ.

---

(1) Abû Hurayra ﷺ rapporte que le Messager de Dieu ﷺ dit: "À l'écoute de l'appel à la prière, le démon s'enfuit, en lançant des pets pour ne pas entendre la voix du muezzin." [<u>H</u>adîth rapporté par al-Bukhârî et Muslim.]

(2) Dans le recueil d'Ibn al-Sunnî, al-<u>H</u>usayn Ibn 'Alî ﷺ rapporte que le Messager de Dieu ﷺ dit: "Qui vient d'avoir un enfant et lui fait l'appel à la prière dans son oreille droite, puis lui fait l'appel pré-oratoire (iqâma) dans l'oreille gauche, son enfant sera préservé contre des démons." [Al-Nawawî, Invocations: Anthologie de l'invocation du Prophète ﷺ, traduit de l'arabe par H. L. Yahiaoui, Dar al-Kotob al-Ilmiyya, Beyrouth].

(3) Les Ulémas s'accordent qu'il est recommandé de faire le ta<u>h</u>nîk pour le nouveau-né, dès sa naissance, en lui frottant une datte contre le palais, sinon (en cas d'indisponibilité de dattes) avec quelqu'aliment similaire au goût doux. Celui qui fait le ta<u>h</u>nîk mâchera la datte jusqu'à l'amollir pour faciliter sa déglutition au nouveau-né, à qui il ouvrira la bouche et lui mettra la datte dedans, pour lui permettre d'en avaler une partie. Il est recommandé que celui qui procède au ta<u>h</u>nîk soit une personne pieuse et bénie, homme ou femme. Si cette personne n'est pas présente chez le nouveau-né, l'on devra le lui emmener. [Al-Nawawî, Commentaire du <u>S</u>a<u>h</u>î<u>h</u> de Muslim, trad. par H.L. Yahiaoui, Dar al-Kotob al-Ilmiyya, Beyrouth].

2. Règles du septième jour de naissance

a) Raser la tête au nouveau-né et donner, comme aumône, l'équivalent en argent du poids des cheveux.

Le Prophète ﷺ dit à Fâṯima qui venait d'accoucher d'al-Ḫasan: **"Rase-lui la tête, et donne en aumône l'équivalent en argent du poids des cheveux, au profit des pauvres."** [Ḫadîth rapporté par al-Bukhârî et Muslim].

b) Attribution d'un nom au nouveau-né

Il est loisible d'attribuer un nom au nouveau-né dès le premier jour de la naissance et jusqu'au septième jour, à savoir le jour de la 'aqîqa, ceci en vertu du ḫadîth dans lequel le Messager de Dieu ﷺ dit: **"J'ai eu ce soir un garçon auquel j'ai donné le nom de mon ancêtre Ibrâhîm."** [Ḫadîth rapporté par al-Bukhârî et Muslim]. Les parents doivent, par ailleurs, choisir des noms convenables à leurs enfants, ainsi qu'indiqué dans le Sa̱ḫîḫ de Muslim, où Ibn 'Umar rapporte que le Messager de Dieu ﷺ dit: **"Parmi vos noms, ceux que Dieu préfère les plus sont: 'Abdullah (serviteur de Dieu) et 'Abd-al-Raḫmân (serviteur du Miséricordieux)."** [Ḫadîth rapporté par Muslim, Al-Tirmidhî, Abû Dâwûd et Ibn Mâja].

3. Règles de la circoncision

a) La circoncision

La circoncision est l'une des mesures d'hygiène du corps indiquées par le Prophète ﷺ: **"Il existe cinq pratiques relevant des soins d'hygiène du corps (fiṯra)[1]. Ce sont: la circoncision, le rasage du pubis, la taille des moustaches, la coupe des ongles et l'épilation des aisselles."**

---

(1) En arabe, Khiṣâl al-Fiṯra, signifie les soins de toilette, de propreté et d'hygiène du corps. Fiṯra signifie, littéralement, "nature", au sens de la poussé des choses innées. Cela implique la poussée des poils des moustaches, des aisselles et du pubis, des ongles etc. qu'il faut soigner, en les rasant ou en les taillant, conformément au ḫadîth. Aussi, s'agit-il de la circoncision, étant donné que, chez l'homme, le prépuce est une partie naturelle, innée, qu'il faut couper par mesure d'hygiène et de soin du corps.

Puis, à l'homme qui vint lui déclarer son adhésion à l'islam, le Prophète ﷺ dit: **"Rase ces cheveux du paganisme et circoncis-toi."** [Hadîth rapporté par Abû Dâwûd, al-Bayhaqî et Ahmad].

b) Le moment de la circoncision

La circoncision doit être pratiquée au cours des sept premiers jours de la naissance, ou selon un autre avis, pendant la période allant de la naissance jusqu' avant la puberté. Mais la pratique correcte et recommandée consiste à le faire au septième jour de la naissance, sur la base du hadîth rapporté par Jâbir, qui dit: "Le Messager de Dieu ﷺ avait offert un banquet ('aqîqa) pour la naissance de Hasan et pour celle de Husayn, et les avait circoncis au septième jour de leur naissance." [Hadîth rapporté par Al-Tabarânî, al-Bayhaqî, al-Nasâ'î et Ahmad].

Cette pratique est obligatoire pour les mâles(1) et constitue une pratique méritoire pour les femelles, tel qu'on le déduit du hadîth du Prophète ﷺ disant: **"Lorsque les deux parties circoncises (les sexes) se touchent(2), le bain rituel devient obligatoire."** [Hadîth rapporté par Al-Tirmidhî, Ibn Mâja, Ahmad, al-Châfi'î et Muslim].

4. L'immolation de la célébration de la naissance et ses règles

a) 'Aqîqa: Désigne, en religion, l'immolation pour célébrer la naissance d'un enfant. Elle constitue une pratique appuyée (Sunna mu'akkada), puisqu'elle a ses fondements dans la parole et l'acte du Prophète ﷺ. Le fondement verbal est le hadîth mentionné par al-Bukhârî dans son Sahîh, d'après

---

(1) L'obligation, pour l'homme, consiste à couper totalement le prépuce, à savoir le repli de la peau qui recouvre le gland de la verge, de sorte qu'il reste entièrement découvert.

(2) Par contact des sexes de l'homme et de la femme, il faut entendre l'intromission de la verge dans le vagin, expliquent les Ulémas, et non pas le seul contact superficiel ou attouchement, car la partie circoncise de la femme se trouve en haut du sexe et n'est pas touchée par la verge lors du coït. Les Ulémas s'accordent que, si l'homme met sa verge sur la partie circoncise du sexe de la femme, sans qu'il y ait intromission, le bain n'incombera ni à l'homme ni à la femme. Ainsi, le sens réel est-il celui que nous avons expliqué plus haut. [Al-Nawawî, Commentaire du Sahîh de Muslim.]

Salmân al-Dhabî qui rapporte que le Messager de Dieu ﷺ dit: **"Tout enfant qui naît est tributaire de l'immolation d'une bête. Immolerz donc une bête pour célébrer sa naissance et nettoyerez-le."** [Hadîth rapporté par Abû Dâwûd, al-Tirmidhî, al-Bayhaqî, Ahmad et al-Bukhârî]. Le fondement dans la pratique est le hadîth d'ibn 'Abbâs qui rapporte que le Messager de Dieu ﷺ avait immolé un bélier pour la naissance de Hasan et un autre pour la naissance de Husayn. [Hadîth rapporté par Abû Dâwûd, al-Tahhâwî, al-Bayhaqî et al-Tabarânî]. Une autre version rapportée par Anas indique qu'il avait immolé deux béliers pour chacun. [Version rapportée al-Tahhâwî, Ibn Hibbân et al-Tabarânî].

Samura Ibn Jundub rapporte que le Messager de Dieu ﷺ dit: **"Tout enfant qui naît est tributaire de l'immolation d'une bête à l'occasion de sa naissance, au septième jour de sa naissance, où l'on devra lui raser les cheveux et lui donner un nom."** [Hadîth rapporté par Abû Dâwûd, al-Tirmidhî et Ibn Mâja].

b) Le moment recommandé pour la 'aqîqa:

L'Imam Ahmad indique que l'immolation doit être faite au septième jour de la naissance de l'enfant, sinon au quatorzième jour, sinon au vingt-et-unième, sur la base d'un hadîth rapporté par Al-Tirmidhî dans al-Chu'ab[1].

c) Nombre de bêtes à immoler, respectivement, pour la naissance d'un garçon et d'une fille:

L'on doit immoler deux moutons pour célébrer la naissance d'un garçon et un seul mouton pour la fille, sur la base du hadîth de 'Â'icha رضي الله عنها qui rapporte que le Messager de Dieu ﷺ dit: **"Deux moutons de qualité équivalente sont à immoler pour célébrer la naissance d'un garçon, et un mouton pour la naissance la fille."** [Hadîth rapporté par Ahmad, Ibn Mâja, al-Bayhaqî et al-Tirmidhî].

---

(1) Ce hadîth est rapporté par al-Bayhaqî et al-Hâkim, dans lequel 'Â'icha dit: "La pratique de la Sunna recommande, plutôt, d'immoler deux moutons de mêmes conditions pour la naissance d'un garçon, et d'un seul pour la fille. Ce mouton sera coupé en morceaux, sans en briser aucun os. Puis on en mangera, on en donnera à manger et on en fera aumône de cette chair. Cela doit être fait le septième jour de la naissance, sinon au quatorzième, sinon au vingt-et-unième jour." Al-Hâkim déclare l'isnâd (la chaîne des transmetteurs) du hadîth authentique, et ce fut confirmé par al-Dhahabî.

D'après une autre version, elle dit: "Le Messager de Dieu ﷺ nous a commandés de célébrer la naissance d'une fille par l'immolation d'un mouton et la naissance d'un garçon par l'immolation de deux." [Hadîth rapporté par Ibn Mâja]. La qualité équivalente des moutons signifie qu'ils doivent être du même âge, de la même espèce, du même sexe et du même poids.

Chapitre XIX

Devoirs des parents envers leurs enfants

1. Devoirs des parents envers leurs enfants
2. Causes de la déviance des enfants
3. La tenue décente et le voile
4. Mise en garde contre les interdits

Dieu ﷻ dit:

﴿يَٰٓأَيُّهَا ٱلَّذِينَ ءَامَنُواْ قُوٓاْ أَنفُسَكُمۡ وَأَهۡلِيكُمۡ نَارٗا﴾

﴾Ô vous qui avez cru! préservez vos personnes et vos familles d'un feu dont le combustible sera les gens et les pierres﴿ [L'Interdiction, 6]

1. Devoirs des parents envers leurs enfants

1. Il incombe aux parents de dispenser une éducation islamique à leurs enfants; car tels que Dieu ﷻ les a créés, ils sont naturellement musulmans ainsi que le Prophète ﷺ nous en a informés: **"Tout enfant naît selon la prime nature. Ce sont ses père et mère qui en font un juif, un chrétien ou un mage."**(1)

---

(1) Voici l'intégralité du hadîth tel que rapporté dans le Sahîh de Muslim: D'après Abû Hurayra, le Messager de Dieu ﷺ dit: "Tout enfant naît selon la prime nature. Ce sont ses père et mère qui en font un juif, un chrétien, ou un mage, de la même façon qu'une bête met bas un petit de conformation saine, y trouvez-vous alors quelque amputation?" Ensuite, Abû Hurayra ajoute: Récitez, si vous le voulez:

﴿فِطۡرَتَ ٱللَّهِ ٱلَّتِي فَطَرَ ٱلنَّاسَ عَلَيۡهَاۚ لَا تَبۡدِيلَ لِخَلۡقِ ٱللَّهِۚ﴾

﴾Telle est la nature que Dieu a originellement donnée aux hommes, pas de changement à la création de Dieu﴿.

[Les Byzantins, 30]

Il faut entendre, par prime nature, la foi foncière. Al-Nawawî explique ce hadîth dans son Commentaire du Sahîh de Muslim, en disant: "Selon un certain avis, tout enfant naît en ayant une connaissance naturelle de Dieu ﷻ et en affirmant son existence. Personne ne naît sans admettre naturellement qu'il a un créateur, même s'il L'appelle autrement, et même s'il associe une autre divinité à son culte. Mais l'avis le plus authentique c'est que tout enfant naît avec une prédisposition naturelle pour l'islam. Celui dont l'un ou les deux =

[Hadîth rapporté par al-Bukhârî, Muslim et Ahmad d'après Abû Hurayra ﵁]. Il faut apprendre à l'enfant de prononcer la formule de profession de Foi: "Il n'y a point de divinité en dehors d'Allah, Muhammad est le Messager d'Allah." (Lâ ilâha illâ-Llâh, Muhammad rasûl-Llâh), et lui faire comprendre sa signification une fois qu'il grandit, à savoir que Seul Allah mérite d'être adoré.

2. Les parents ont l'obligation de commander à leur enfant d'observer les pratiques cultuelles à l'âge de sept ans, ainsi qu'établi dans le hadîth du Prophète ﷺ disant: **"Ordonnez à votre garçon de faire la prière quand il atteint l'âge de sept ans, et corrigez-le s'il néglige de la faire à l'âge de dix ans."** [Hadîth rapporté par Al-Tirmidhî]. Il dit aussi: **"Ordonnez à vos enfants de faire la prière à l'âge de sept ans, corrigez-les s'ils la négligent à l'âge de dix ans et séparez les filles des garçons au lit."** [Hadîth rapporté Ahmad].

3. Devoir d'apprendre aux enfants les règles concernant ce qui est licite ou illicite, lorsqu'ils atteignent l'âge de l'assujettissement à la Loi (capacité légale).

4. Devoir de leur donner une éducation fondée sur l'amour de Dieu et de Son Messager, la récitation du Coran et l'observance de la sainte Sunna.

5. Leur enseigner la pureté du dogme (tawhîd), à savoir celui de l'unicité

= parents sont musulmans, continue à garder le statut du musulman aussi bien, ceci concernant son sort dans l'Au-Delà qu'en matière des lois applicables dans ce monde. Et celui dont les parents sont impies, aura leur statut aussi. C'est précisément dans ce sens que le Prophète ﷺ dit: "Ses père et mère en font un juif, un chrétien ou un mage". C'est-à-dire qu'ils lui confèrent leur statut, dans ce monde.

Toujours dans ce sens, al-Nawawî ajoute, dans le commentaire du hadîth, d'après Abû Hurayra ﵁, relatant le voyage ascensionnel du Prophète ﷺ: "L'on apporta deux récipients au Prophète ﷺ, au cours de son voyage nocturne, l'un contenant du lait, et l'autre, du vin. Il les regarda, puis il finit par prendre le lait qu'il but. Sur ce, l'archange Gabriel lui dit: "Loué soit Dieu de t'avoir guidé à choisir la prime nature. Si tu avais pris le vin, ta nation se serait égarée". La prime nature a été ainsi interprétée comme étant l'islam, ou la soumission absolue à Dieu et à la droiture. On lui dit donc: "Tu as opté pour le signe de l'islam et de la droiture. Le lait est considéré, selon cette interprétation, le signe de la droiture et de l'islam, du fait qu'il est facile à boire, bon, pur, digeste et salutaire. Quant au vin, c'est la mère de tous vices et source de nuisances dans la vie immédiate et dans l'Au-Delà."

stricte de Dieu et leur enseigner la biographie du Prophète ﷺ. Comme il incombe aux parents d'enraciner en leurs enfants la piété, la dévotion, la conviction d'être surveillé par Dieu, la compassion, la fraternité, l'altruisme, le pardon et la bravoure.

6. Devoir de les avertir et les mettre en garde contre le mensonge, le vol, la méchanceté, les propos injurieux, la faiblesse de caractère et la dissolution des mœurs.

7. Devoir de défendre et de dissuader l'enfant d'imiter autrui dans ce qui est contraire aux enseignements et aux préceptes de l'islam, de lui défendre le gaspillage, d'écouter les chansons (celles licencieuses et futiles), de s'efféminer et lui interdire la mixité prohibée, lui interdire de regarder les femmes ou les filles d'autrui et lui interdire de regarder les films érotiques.

8. Il incombe aux parents envers la fille de la persuader de porter le voile, de lui défendre de se mêler avec des gens en dehors de ses parents maḫram et de s'apparenter aux hommes. Comme ils sont tenus de lui inculquer la chasteté, la décence, le port du voile et tout le savoir dont elle a besoin et que Dieu approuve.

9. Les parents ont également le devoir de dissuader et d'éloigner leurs enfants des mauvaises fréquentations, car c'est un facteur qui influe de façon capitale sur la vie de l'enfant.

10. Devoir d'apprendre aux enfants de respecter leurs obligations envers leurs parents, leurs proches, leurs voisins, les personnes âgées et les petits.

11. Devoir de leur donner de beaux noms.

12. Devoir de reconnaître et d'établir leur filiation.

13. Devoir de subvenir à leurs besoins.

14. Devoir de les circoncire.

15. Obligation de leur allaitement.

16. Devoir de leur apprendre (de mémoire) le saint Coran.

17. Devoir d'observer l'équité entre eux.

2. Causes de la déviance des enfants

1. Les cas de divorce et les suites qui en découlent, à savoir l'éparpillement de la famille, la confusion et de la négligence qu'ils subissent, la haine [qu'ils ressentent], leur abandon par leurs parents qui cessent de veiller sur eux, de leur demander quels sont leurs besoins, et d'examiner leur situation, leur état psychique et de subvenir à leurs besoins.

2. Le vide qu'ils ressentent en l'absence d'une famille unie, et lequel devient déterminant dans leur vie.

3. La fréquentation des milieux malsains et le fait d'avour de mauvaises relations.

4. La mauvaise éducation et le mauvais traitement des parents.

5. Regarder les films comportant violence, crime ou obscénité.

6. Manquement des parents à leur devoir d'éducation de leurs enfants.

Ces causes mènent les enfants à des fins dangereux et pernicieux, devenus très répandus actuellement, comme:

a) Fumer, sachant que le tabac est gravement nuisible pour la santé, voire cancérigène.

b) L'alcoolisme et les stupéfiants.

c) La fornication et l'homosexualité.

Or, les parents seront tenus de rendre compte de la négligence de leurs enfants, au Jour de la Résurrection, lorsqu'ils comparaîtront devant le Seigneur des univers. Le Prophète ﷺ dit: **"Chacun de vous est pasteur, et chaque pasteur est responsable de son troupeau. Le gouverneur est pasteur et responsable de ses sujets; l'homme est pasteur dans sa famille et est responsable d'elle. La femme est pasteur de la maison et des enfants de son époux et est responsable d'eux. L'esclave est pasteur des biens de son maître et en est responsable. Ainsi, chacun de vous est-il pasteur et responsable de son troupeau."** [Hadîth rapporté par al-Bukhârî et Muslim d'après 'Umar ﷺ].

3. La tenue décente et le voile

1. Les parents doivent inciter leur fille à se vêtir décemment depuis son jeune âge, afin de pouvoir observer cette règle en permanence une fois devenue adulte. Ainsi, ne doit-on pas lui faire porter de vêtements courts, ni

de pantalons, ni de chemises seuls, car cela constitue un apparentement aux hommes et aux impies, et un moyen de tentation et de provocation des jeunes mâles. Nous devons plutôt lui recommander de se couvrir la tête dès l'âge de sept ans, de se couvrir le visage à [l'âge de] la puberté, et de porter un voile (jilbâb) noir qui couvre l'ensemble de son corps et qui soit long et ample de sorte à préserver sa chasteté. Le saint Coran appelle toutes les croyantes à porter le hijâb:

﴿يَٰٓأَيُّهَا ٱلنَّبِيُّ قُل لِّأَزْوَٰجِكَ وَبَنَاتِكَ وَنِسَآءِ ٱلْمُؤْمِنِينَ يُدْنِينَ عَلَيْهِنَّ مِن جَلَٰبِيبِهِنَّ ۚ ذَٰلِكَ أَدْنَىٰٓ أَن يُعْرَفْنَ فَلَا يُؤْذَيْنَ ۗ وَكَانَ ٱللَّهُ غَفُورًا رَّحِيمًا ﴿٥٩﴾﴾

﴿Ô Prophète! dis à tes épouses, à tes filles, et aux femmes des croyants, de ramener sur elles leurs grands voiles: elles en seront plus vite reconnues et éviteront d'être offensées. Allah est Pardonneur et Miséricordieux.﴾

[Les Coalisés, 59]

Par ailleurs, Dieu ﷻ défend-il explicitement aux croyantes de s'exhiber et de se découvrir en disant:

﴿وَلَا تَبَرَّجْنَ تَبَرُّجَ ٱلْجَٰهِلِيَّةِ ٱلْأُولَىٰ﴾

﴿Et ne vous exhibez pas à la manière des femmes d'avant l'islam.﴾

[Les Coalisés, 33]

2. Il faut également recommander vivement aux enfants des deux sexes de porter chacun la tenue distinctive de son sexe, et d'éviter de s'habiller à la manière des étrangers, comme porter des pantalons serrés ou avoir autres habitudes nocives. Le hadîth authentique dit: **"Le Prophète ﷺ a maudit les hommes qui prennent les comportements des femmes et les femmes qui prennent les comportements des hommes. Il a maudit aussi les hommes efféminés et les femmes hommasses."** [Hadîth rapporté par al-Bukhârî]. Le Prophète ﷺ dit également: **"Quiconque s'apparente à des gens devient un des leurs."** [Hadîth rapporté par Ahmad].

Il incombe, en outre, aux parents, d'apprendre la prière à leurs garçons et leurs filles, dès l'enfance, afin qu'ils y soient assidus une fois grands, ainsi qu'indiqué dans le hadîth authentique. Cette apprentissage doit se faire par l'exemple, à savoir qu'il faut faire l'ablution et la prière devant eux et les emmener avec eux à la mosquée.

Enraciner la Foi et l'amour de Dieu dans le cœur des enfants, car Dieu est notre Créateur, notre Pourvoyeur, notre Secoureur, sans associé et le Seul Véritable Dieu.

Les parents doivent inspirer à leurs enfants le désir du Paradis, et leur faire expliquer qu'il est la récompense de ceux qui accomplissent la prière et le jeûne, qui obéissent à leurs parents et qui agissent de la façon que Dieu approuve. Comme ils doivent les mettre en garde et les avertir contre l'enfer, en leur expliquant qu'il est réservé à ceux qui abandonnent la prière, ceux qui traitent mal leurs pères et mères, qui s'attirent le courroux de Dieu, qui n'observent pas Sa Loi et qui s'emparent des biens d'autrui par la tromperie, le mensonge, l'usure, ou tout autre manœuvre déloyale et illicites.

Il faut aussi apprendre aux enfants d'adresser leurs demandes et d'invoquer l'assistance de Dieu, Seul, conformément à l'enseignement du Prophète ﷺ à l'intention de son cousin ('Abdullah Ibn 'Abbâs ﵁): **"Si tu dois demander quelque chose, c'est à Dieu que tu dois le demander. Si tu dois implorer secours, c'est de Dieu que tu dois l'implorer."**[1] [Hadîth rapporté par Al-Tirmidhî].

Apprendre le Saint Coran aux enfants, en commençant par la sourate l'Ouverture (al-Fâtiha) et les sourates courtes, et leur apprendre le tachahhud de la prière[2].

---

(1) Le Prophète ﷺ indique à Ibn 'Abbâs de compter exclusivement sur Dieu, et mettre sa confiance en lui, en dehors de tout autre être, et ceci dans toutes ses affaires, les plus importantes comme les moins importantes. Dieu ﷻ dit:

﴿وَمَن يَتَوَكَّلْ عَلَى ٱللَّهِ فَهُوَ حَسْبُهُۥٓ﴾

﴿Et quiconque place sa confiance en Allah, Il lui suffit.﴾

[La Répudiation, 3]

En effet, quand l'individu recourt à quelqu'un d'autre que Dieu ﷻ, en le sollicitant, en espérant en Lui, il se détourne par là-même du Seigneur, au profit de quelqu'un qui ne détient, en soi, aucun pouvoir efficient de lui nuire, ou bien de lui procurer quelque bienfait. [Ibn Daqîq, Commentaire des quarante hadîths d'al-Nawawî, Traduit de l'arabe par H. L. Yahiaoui, Dar al-Kotob al-Ilmiyya, Beyrouth].

(2) Tachahhud: Formule liturgique à prononcer à la fin de chaque cycle de deux rak'ât, ou à la fin de la prière, et comportant notamment la formule d'attestation de la Foi (al-chahâdatân), à savoir l'attestation de l'unicité divine et de la véracité du Message du Prophète ﷺ, d'où son nom. L'on rapporte qu'Ibn Mas'ûd ﵁ dit: "Le Messager de Dieu ﷺ m'avait appris le tachahhud, mes mains entre les siennes, de la même façon qu'il m'apprenait une sourate du Coran. En voici la formule: "À Dieu les salutations les plus bénies ainsi que les prières les plus pures. Le salut sur toi, ô Prophète, tout comme la =

Encourager les enfants à assister à l'office du vendredi et aux prières quotidiennes prescrites en collectivité, à la mosquée, en se tenant derrière les rangs des hommes adultes. Il faudra les orienter avec beaucoup de bienveillance et de tact lorsqu'ils commettent des erreurs, et ne pas les vexer, ni crier sur eux, afin qu'ils n'abandonnent pas la prière par suite de trop de rigueur de notre part, ce qui nous en rend coupables, puisque nous en sommes responsables. Et il nous suffit de nous rappeler notre enfance pour excuser leur puérilité[1].

4. Mise en garde contre les interdits

1. Les parents ont le devoir de prémunir et de mettre en garde leurs enfants contre l'impiété, contre le fait de proférer des insultes ou des imprécations, des paroles obscènes.Ils sont tenus de leur faire comprendre gentiment que l'impiété est prohibée en raison de ses suites fâcheuses, comme la ruine de l'âme et la damnation en enfer. Ils doivent leur donner l'exemple en surveillant eux-mêmes leur langage, et non seulement en leur faisant des discours moralisateurs.

2. L'on doit les mettre en garde et les écarter de tous les genres de jeux de hasard, tels que la loterie, la backgammon, etc., même si c'est pour le plaisir et le divertissement, car cela conduit aux jeux impliquant la mise d'argent ou d'enjeux. En plus, le jeu engendre la rancune, la haine et la perte du temps et de l'argent, et surtout il conduit à négliger les prières.

3. Un autre danger auquel les enfants sont exposés et dont ils doivent être protégés consiste dans la lecture des revues licencieuses, voir les images obscènes, les romans policiers et érotiques et, en général, toute représentation de sujets ou de détails obscènes dans une œuvre littéraire, artistique, télévisuelle ou cinématographique, à cause de leur effet destructeur sur leur morale et leur devenir.

= miséricorde de Dieu et Ses bénédictions. Le salut sur nous ainsi que sur les pieux serviteurs de Dieu. J'atteste qu'il n'y a point de divinité en dehors d'Allah, Seul, sans associé; et j'atteste que Mu<u>h</u>ammad est Son Messager et serviteur". [<u>H</u>adîth rapporté par al-Bukhârî et Muslim].

(1) Mu<u>h</u>ammad Ibn Jamîl Zînô, Tawjîhât Islâmiyya (Orientations islamiques).

4. Mise en garde de l'enfant contre la consommation du tabac, notamment les cigarettes, en lui expliquant que les médecins s'accordent unanimement sur ses effets nuisibles dont les maladies mortelles comme le cancer, elles attaquent les dents et la gencive, causent la mauvaise haleine, affectent les poumons... Bref, l'on doit leur montrer que le tabac ne procure aucun bienfait et de là vient la prohibition de sa consommation et de son commerce.

5. Entre autres devoirs, notons aussi que les parents sont tenus d'habituer leurs progénitures à l'honnêteté et la sincérité, en acte et en parole. Et ce, en évitant de leur mentir même par plaisanterie. Par ailleurs, l'on doit tenir les promesses qu'on leur fait. Le hadîth dit: **"L'hypocrite se reconnaît par trois signes: il ment dans ses propos, il manque à sa promesse et il trahit la confiance qu'on met en lui."** [hadîth rapporté par al-Bukhârî et Muslim.]

6. Nous devons absolument éviter de nourrir nos enfants d'un gain prohibé, comme l'argent reçu par la corruption (rachwa), le gain usuraire, le vol et la tromperie, car cela sera la cause de leur ruine, de leurs indiscipline et désobéissance. Dieu ﷻ dit:

﴿يَـٰٓأَيُّهَا ٱلَّذِينَ ءَامَنُوا۟ قُوٓا۟ أَنفُسَكُمْ وَأَهْلِيكُمْ نَارًا﴾

﴾Ô vous qui avez cru! préservez vos personnes et vos familles d'un feu﴿

[La Prohibition, 6]

7. Il faut s'abstenir de lancer des imprécations contre ses enfants, en appelant sur eux la perdition et le courroux de Dieu, car l'invocation en faveur ou contre quelqu'un peut être également exaucée, ce qui risque de les égarer davantage. Il est donc préférable de dire à l'enfant qui vient de se comporter incorrectement: "Que Dieu te guide dans la bonne voie."

8. Enfin, il faut prémunir l'enfant et l'avertir contre le danger d'associer à Dieu quelqu'un d'autre, à savoir d'adresser des invocations aux morts pour solliciter leur assistance ou leur secours, sachant qu'ils ne sont que de simples humains qui ne détiennent aucun pouvoir de bienfait, ni de nuisance. Aussi, Dieu ﷻ nous enjoint-Il:

﴿وَلَا تَدْعُ مِن دُونِ ٱللَّهِ مَا لَا يَنفَعُكَ وَلَا يَضُرُّكَ فَإِن فَعَلْتَ فَإِنَّكَ إِذًا مِّنَ ٱلظَّٰلِمِينَ ١٠٦﴾

﴾Et n'invoque pas, en dehors d'Allah, ce qui ne peut te profiter ni te nuire. Et si tu le fais, tu seras alors du nombre des injustes.﴿ [Jonas, 106]

Chapitre XX

Le désaccord entre les conjoints

1. Causes du désaccord entre conjoints

2. Moyens de régler le désaccord conjugal

3. Moyen ultime du règlement du désaccord

1. Causes du désaccord entre conjoints

Son éminence, Cheikh S̲âlih̲ Ibn H̲amîd[1] dit:

Sachez, que Dieu vous guide, que le foyer conjugal est une faveur divine des plus précieuses, car l'on y trouve refuge et paix, et les personnes s'y réunissent dans une ambiance d'affection et de bonté. Il leur préserve leur chasteté et leur pureté et leur offre un cadre de vie digne. C'est le milieu au sein duquel les enfants grandissent et reçoivent leur éducation. Et enfin, c'est le noyau des relations de parenté, le lieu du renforcement des rapports de solidarité et d'amour mutuel. Dieu ﷻ dit:

﴿هُنَّ لِبَاسٌ لَّكُمْ وَأَنتُمْ لِبَاسٌ لَّهُنَّ﴾

﴾Elles sont un vêtement[2] pour vous et vous êtes un vêtement pour elles.﴿ [La Vache, 187]

C'est bien ces foyers prospères, pleins de communion, qui favorisent l'épanouissement des nobles vertus et qui produisent des hommes loyaux, aptes à assumer les plus grandes responsabilités, et des femmes des plus pures et des plus nobles.

Or, en réalité, de par la nature humaine, telle que Dieu ﷻ qui connaît mieux Sa création l'a établie, l'on rencontre des cas insensibles aux

---

(1) Imam et Prêcheur de la Sainte Mosquée de la Mecque.

(2) Déjà expliqué. Voir p.9.

enseignements divins et inaccessibles à l'affection et à la sérénité, ce qui rend pénible le maintien de la cohésion et de l'union conjugales. En fait, dans une telle situation, il est impossible de réaliser l'objectif de l'institution familiale, entre autres celui d'assurer une bonne éducation des enfants. Ces cas de troubles et de discordance peuvent avoir des causes internes ou externes:

Il se peut, en effet, que le désaccord provienne d'une intervention maladroite et importune de la part des parents des deux conjoints ou de leurs proches, ou encore de l'ingérence dans les détails de leurs vies. Il arrive même qu'un tuteur ou un chef de famille impose son autorité et fasse pression sur l'un des conjoints dépendant de lui, ce qui provoque le recours à la justice et, par voie de conséquence, cela entraîne la divulgation des secrets et des aspects intimes de la vie du couple. Sachant que souvent il ne s'agit, au départ, que d'une bagatelle qui prend de l'ampleur à cause de l'ingérence d'autrui dans les affaires des conjoints, de la précipitation et du crédit accordé aux rumeurs et aux mauvais conseillers.

Le problème peut aussi avoir pour cause un manque de connaissance religieuse, une ignorance des règles de la noble Loi, l'accumulation de mauvaises habitudes, et l'attachement opiniâtre à des opinions inconsistantes.

Ainsi, certains maris pensent-ils, par exemple, que menacer par la répudiation ou la prononcer constitue la bonne solution pour les conflits conjugaux et les problèmes familiaux. Ce genre de maris n'ont, pour tout moyen de discussion, que les termes de répudiation, lorsqu'ils veulent ordonner une chose ou la défendre, voire dans toutes les situations. Ils ne savent pas qu'ainsi ils prennent les versets de Dieu à la légère, qu'ils se font coupables par de tels agissements, ni qu'ils détruisent leur foyer et perdent leur famille.

Est-ce donc cela la connaissance de la religion, chers musulmans?

La répudiation conforme à la Sunna est celle établie par la Loi et dont le but n'est pas de dissoudre l'union conjugale, mais de suspendre cette relation pour une période de temporisation et de réflexion, en vue de régler le problème à tête reposée. Dieu ﷻ dit:

﴿لَا تُخْرِجُوهُنَّ مِنۢ بُيُوتِهِنَّ وَلَا يَخْرُجْنَ إِلَّآ أَن يَأْتِينَ بِفَٰحِشَةٍ مُّبَيِّنَةٍۚ وَتِلْكَ حُدُودُ ٱللَّهِۚ
وَمَن يَتَعَدَّ حُدُودَ ٱللَّهِ فَقَدْ ظَلَمَ نَفْسَهُۥۚ لَا تَدْرِى لَعَلَّ ٱللَّهَ يُحْدِثُ بَعْدَ ذَٰلِكَ أَمْرًا ﴿١﴾ فَإِذَا

بَلَغْنَ أَجَلَهُنَّ فَأَمْسِكُوهُنَّ بِمَعْرُوفٍ أَوْ فَارِقُوهُنَّ بِمَعْرُوفٍ﴾

﴿Ne les faites pas sortir de leurs maisons, et qu'elles n'en sortent pas, à moins qu'elles n'aient commis une turpitude prouvée. Telles sont les lois d'Allah. Quiconque cependant transgresse les lois d'Allah, se fait du tort à lui-même. Tu ne sais pas si d'ici là Allah ne suscitera pas quelque chose de nouveau! Puis quand elles atteignent le terme prescrit, retenez-les de façon convenable, ou séparez-vous d'elles de façon convenable.﴾

[La Répudiation, 1-2]

Voilà ce que dit la Loi. Plus encore, la répudiation conforme à la Sunna constitue le recours ultime pour le règlement du conflit conjugal, mais de nombreux moyens doivent être employés avant de parvenir à ce stade.

2. Moyens de régler le désaccord conjugal

Chers frères et sœurs musulmans,

Lorsque les signes du désaccord et les prémices de la dissension apparaissent, la solution ne sera pas la répudiation, ni la menace de répudiation.

Les points les plus importants à observer pour le traitement du problème résident dans la patience, l'endurance, considérer et prendre en compte la différence dans les mentalités et les caractères, en plus de la nécessité de la tolérance et l'indulgence et [être capable d'] excuser beaucoup de choses. Sachant que l'intérêt et le bien ne sont pas toujours dans ce que l'on désire ou préfère, voire le bien peut souvent se trouver dans des options que l'on répugne, Dieu ﷻ dit:

﴿وَعَاشِرُوهُنَّ بِالْمَعْرُوفِ فَإِن كَرِهْتُمُوهُنَّ فَعَسَىٰ أَن تَكْرَهُوا شَيْئًا وَيَجْعَلَ اللَّهُ فِيهِ خَيْرًا كَثِيرًا ﴿١٩﴾﴾

﴿Et comportez-vous convenablement envers elles. Si vous avez de l'aversion envers elles durant la vie commune, il se peut que vous ayez de l'aversion pour une chose où Allah a déposé un grand bien.﴾

[Les Femmes, 19]

Mais lorsque les rapports se dégradent, à cause de la désobéissance de l'épouse qui se rebelle à ses devoirs conjugaux et fait preuve d'une négligence manifeste de ses obligations envers son conjoint, en bravant son autorité et ses droits, le traitement préconisé clairement par l'islam ne comporte aucunement la mention de la répudiation, ni de façon franche, ni de façon allusive. Dieu ﷻ dit dans le saint Coran:

﴿وَٱلَّٰتِي تَخَافُونَ نُشُوزَهُنَّ فَعِظُوهُنَّ وَٱهْجُرُوهُنَّ فِي ٱلْمَضَاجِعِ وَٱضْرِبُوهُنَّ فَإِنْ أَطَعْنَكُمْ فَلَا تَبْغُوا۟ عَلَيْهِنَّ سَبِيلًا﴾

﴿Et quant à celles dont vous craignez la désobéissance, exhortez-les, éloignez-vous d'elles dans leurs lits et frappez-les. Si elles arrivent à vous obéir, alors ne cherchez plus de voie contre elles﴾ [Les Femmes, 34]

Ainsi, le traitement indiqué consiste-t-il dans l'exhortation et l'orientation, à savoir indiquer à la femme la faute qu'elle commet, lui rappeler ses obligations, et lui inspirer la crainte du courroux de Dieu qu'elle pourrait encourir. L'époux doit faire cela avec tact et pondération, en employant l'incitation et l'avertissement, la persuasion et la dissuasion. S'abstenir de rapports sexuels avec la femme sera une marque d'indifférence vis-à-vis d'elle, en réplique à sa désobéissance et sa morgue, ou à sa désaffection à l'égard de son époux. Or, faut-il souligner là qu'il s'agit de s'éloigner d'elle au lit, et non pas de faire lit à part. Cet éloignement se restreint-il à la couche, et ne peut pas être étendu au-delà, au point de faire chambre à part, par exemple, dans la maison.

L'époux devra, de ça éviter de montrer cet éloignement devant la famille, les enfants ou les personnes étrangères, car cette mesure ne vise point à intimider ni à humilier l'épouse, ni à dévoiler la vie intime du couple, ni à la violer non plus. C'est plutôt une mesure afin de riposter à la désobéissance de la femme, en vue de rétablir la cohésion du couple et l'égalité entre les conjoints, en matière de droits et d'obligations.

Le traitement du problème peut exiger le recours à la rigueur et la dureté, mais avec modération. Car le bon traitement et la douceur peuvent s'avérer inefficaces avec certaines personnes, voire la longanimité et la bienveillance à leur égard accentueraient leur arrogance. Or, une dose de sévérité est propre, dans ce cas, à calmer leur furie et à freiner leur outrance.

Certes, le recours à une certaine dose de violence peut être un remède efficace et justifié, quand il y a reniement des obligations et agissements contre nature. Tout être raisonnable admet que la rigueur qui rétablit l'ordre et la cohésion au sein du ménage, et qui renoue les rapports d'entente et de tendresse entre les membres de la famille, vaut incontestablement mieux que la répudiation et l'éclatement de la famille. Il s'agit là d'une mesure disciplinaire de portée morale qui, loin d'être un moyen d'humiliation ou de vengeance, vise au redressement d'une situation anormale. Aussi, quand la femme craint l'abandon ou l'indifférence de son mari, le saint Coran lui indique également le traitement à suivre: .

﴿وَإِنِ ٱمْرَأَةٌ خَافَتْ مِنۢ بَعْلِهَا نُشُوزًا أَوْ إِعْرَاضًا فَلَا جُنَاحَ عَلَيْهِمَآ أَن يُصْلِحَا بَيْنَهُمَا صُلْحًا ۚ وَٱلصُّلْحُ خَيْرٌ﴾

﴿Et si une femme craint de son mari abandon ou indifférence, alors ce n'est pas un péché pour les deux s'ils se réconcilient par un compromis quelconque, et la réconciliation est meilleure.﴾ [Les Femmes, 128]

Le traitement préconisé, dans ce cas, est la réconciliation et non pas le divorce, ni la séparation. L'on peut aussi régler le différend en concédant certains droits de nature pécuniaire ou personnelle, afin de maintenir l'union conjugale: "La réconciliation est meilleure", déclare le saint Coran, que les dissensions, l'indifférence, l'abandon et la répudiation.

Chers frères et sœurs musulmans,

Où en sont, donc, les musulmans de la connaissance de la religion et l'application de Sa Loi, comme nous venons de la présenter dans ce bref aperçu?

Où en est-on du recours à l'arbitrage par deux individus, chacun parent à l'un des conjoints, pour régler le conflit entre eux? Pourquoi les réconciliateurs omettent-ils ou se détournent-ils de ce moyen de règlement du litige? Est-ce par désintérêt pour la réconciliation des conjoints ou par désir de désagréger la famille et éparpiller les enfants? Nous estimons que rien ne justifie, ni n'explique cette négligence, sinon la déraison et l'outrance, le manque de piété, l'abandon de la Loi et la légèreté à l'égard de ses prescriptions.

Ibn Mâja et Ibn Hibbân, entre autres, rapportent que le Messager de Dieu ﷺ dit: **"Comment l'un de vous ose-t-il prendre à la légère les prescriptions**

de Dieu, en disant: Je répudie... Puis: Je me rétracte... Prendrait-on les prescriptions de Dieu à la légère alors que je suis encore parmi vous." [Hadîth rapporté par Ibn Mâja et Ibn Hibbân].

3. Moyen ultime du règlement du désaccord

Lorsque tous les moyens de régler le conflit s'avèrent inefficace, et que le maintien de l'union conjugale s'avère pénible et difficile, au point de ne plus assurer les nobles objectifs voulus par Dieu ﷻ, la Loi permet, de par sa souplesse et sa commodité, une issue à cette crise. Toutefois, beaucoup de musulmans ignorent la répudiation conforme à la Sunna et que la Loi autorise, et ils prononcent, par conséquent, la répudiation sans considérer les prescriptions divines qui s'y rapportent.

La répudiation au cours de la menstruation est prohibée, de même que la triple répudiation. Prohibée est aussi la répudiation au cours de la période de propreté où il y a eu un rapport sexuel. Tous ces genres de répudiation sont hétérodoxes et prohibés. Leur auteur est coupable de péché, malgré que la répudiation devient effective dans ces cas, selon l'avis le plus authentique des Ulémas.

La répudiation conforme à la Sunna et que les musulmans doivent comprendre, consiste, quant à elle, à une seule répudiation, prononcée au cours de la période de propreté, pendant laquelle il n'y a pas eu de rapport sexuel, ou encore à la répudiation au cours de la grossesse de la femme.

C'est la répudiation sous cette forme qui représente un traitement du conflit conjugal, puisqu'elle offre des délais qui permettent de temporiser et, éventuellement, de se rétracter pour maintenir l'union conjugale.

Celui qui observe les règles de la répudiation doit nécessairement attendre la période de propreté de son épouse, pour prononcer sa décision. Or, qui sait? Il se peut bien qu'entretemps la tension entre les conjoints se calme, et que leur conscience s'éveille, et alors Dieu donnera une issue agréable, selon Sa volonté.

La période de viduité dépendant soit du cycle de menstruation, soit du nombre des mois, soit de l'accouchement, et représente une occasion pour revoir ses décisions et se soumettre à sa conscience, ce qui pourrait aboutir à rétablir les liens de tendresse et maintenir l'union conjugale.

Beaucoup de musulmans ignorent aussi que la femme, en cas de répudiation révocable (t̠alâq raj'î), doit rester dans le foyer conjugal, elle ne doit pas sortir, ni en être expulsée. Voire, Dieu ﷻ établit que c'est sa demeure:

﴿لَا تُخْرِجُوهُنَّ مِنۢ بُيُوتِهِنَّ﴾

﴾Ne les faites pas sortir de leurs maisons﴿ [La Répudiation, 1]

Ce verset confirme ainsi leur droit à y résider. Car ce séjour chez son mari pourrait favoriser la rétraction de celui-ci sur sa décision, de la répudier, et permet d'espérer le rétablissement des sentiments d'affection, vu que leur présence ensemble leur rappelle constamment les moments qu'ils ont vécus en commun. Dans de telles circonstances, même si l'épouse paraît loin du cœur, du fait de sa répudiation, il n'en demeure pas qu'elle reste proche des yeux de son mari, ce qui est propre à bouleverser cette situation.

Ainsi, cette mesure est-elle à même de calmer la tempête et d'éveiller les consciences, de sorte à emmener les conjoints à réviser leurs attitudes, et à prendre leur temps pour bien considérer le sort du ménage, des enfants et de la famille:

﴿لَا تَدْرِى لَعَلَّ ٱللَّهَ يُحْدِثُ بَعْدَ ذَٰلِكَ أَمْرًا﴾

﴾Tu ne sais pas si d'ici là Allah ne suscitera pas quelque chose de nouveau!﴿ [La Répudiation, 1]

Craignez Dieu donc, ô musulmans, et préservez vos foyers! Pour cela, vous devez bien connaître les lois prescrites par votre religion et les observer strictement, en vous gardant de les enfreindre ou de les transgresser, et enfin vous devez œuvrer sincèrement à établir la réconciliation entre vous.

Ô Seigneur! accorde-nous la connaissance de notre religion, le savoir pénétrant de la Loi, guide-nous à suivre les enseignements de Ton Livre, le saint Coran et de suivre la voie de Ton Prophète, Muh̠ammad ﷺ.

Opinions légales sur le mariage et sur la vie conjugale

Le Collectif permanent de l'Iftâ',

les éminents Ulémas:

Cheikh Muhammad Ibn Ibrâhîm Âl al-Cheikh

Cheikh 'Abd-Al-'Azîz Ibn 'Abdullah Ibn Bâz

Cheikh 'Abdullah Ibn 'Abd-al-Rahmân al-Jibrîn

Cheikh 'Abd-al-Rahmân Ibn Nâsir al-Sa'dî

Cheikh Muhammad Ibn Sâlih al-'Uthaymîn

Cheikh Sâlih Ibn Fawzân al-Fawzân

Le mariage le moins onéreux est le plus béni

Son éminence, Cheikh Muhammad Ibn Sâlih al-'Uthaymîn

Question: Quel est votre avis au sujet de la cherté des dots et des dépenses excessives pour les fêtes de mariages, surtout en ce qui concerne les frais exorbitants qu'implique "la lune de miel"? Et est-ce la Loi approuve cela?

Réponse: Les dots excessives et les fêtes dispendieuses sont contraires aux orientations de la religion, car les mariages les plus bénis sont justement les moins onéreux. Voire, le mariage est d'autant plus béni qu'il est moins onéreux. Ces déviations sont le plus souvent dues aux femmes, car ce sont elles qui poussent leurs maris à exiger des dots élevées. En effet, chaque fois que la dot convenue s'avère modérée, [la mère de la mariée] dit: "Non, notre fille mérite une dot plus importante!" Il en est de même pour les fêtes qui exigent des dépenses excessives, et que la Loi interdit, car cela s'inscrit sous le volet de la dilapidation des biens que Dieu ﷻ défend, en disant:

﴿وَلَا تُسْرِفُوٓا۟ إِنَّهُۥ لَا يُحِبُّ ٱلْمُسْرِفِينَ ﴿٣١﴾﴾

﴿Ne commettez pas d'excès, car Il n'aime pas ceux qui commettent des excès.﴾ [Les Limbes, 31]

Là, aussi, ce sont les femmes qui, dans la plupart des cas, portent leurs maris à commettre cette déviation, en prétextant que dans la fête d'untel il y avait ceci et cela... Or, l'on est tenu de célébrer le mariage conformément aux orientations légales, en prenant garde de ne pas verser dans l'outrance, ni dans l'excès:

﴿إِنَّهُۥ لَا يُحِبُّ ٱلۡمُسۡرِفِينَ ﴿٣١﴾﴾

﴾Car Il n'aime pas ceux qui commettent des excès.﴿

[Les Limbes, 31]

Quant à la lune de miel, c'est une pratique encore plus malsaine et abjecte, parce qu'elle relève d'abord de l'imitation des non-musulmans, puis elle implique la dilapidation de grosses sommes d'argent, mais aussi la négligence et le manquement à bcaucoup de règles religieuses, surtout lorsque l'on voyage dans un pays non-musulman. Les mariés en ramènent des traditions et des habitudes pernicieuses, aussi bien pour eux que pour leur société, et ce sont des comportements qui représentent un danger pour la nation. Par contre, il n'y a pas de grief si, à cette occasion, l'homme emmène sa femme en voyage pour accomplir la 'umra, ou bien la visite de Médine.

[Fatâwâ al-Mar'a]

Prohibition de contraindre sa fille au mariage

Son éminence, Cheikh Mu<u>h</u>ammad, Ibn <u>S</u>âli<u>h</u> al-'Uthaymîn

Question: J'ai une sœur consanguine, que mon père a mariée sans son consentement, et sans l'avoir consultée, sachant qu'elle a vingt-et-un ans. Les témoins ont attesté faussement dans l'acte du mariage qu'elle était consentante, et sa mère a signé à sa place ledit pacte. Le mariage a ainsi été conclu, alors qu'elle le refuse toujours. Quel est, donc, la qualification juridique de cet acte et de ce témoignage?

Réponse: Si cette sœur est vierge, et que son père l'a contraint au mariage avec cet homme, le mariage est valide, selon l'avis de certains Ulémas qui estiment que le père a le droit de marier sa fille, contre son gré, à quelqu'un qu'elle refuse, quand il est de condition convenable. Mais l'avis le plus plausible concernant cette question, stipule qu'il n'est pas permis, ni au père ni à personne d'autre, de marier une fille contre son gré à quelqu'un qu'elle ne veut pas, même si c'est un homme de condition convenable, ceci en vertu du <u>h</u>adîth du Prophète ﷺ disant: **"La femme vierge ne doit pas être mariée sans son consentement."** C'est donc une règle générale dont il n'est fait exception pour aucun tuteur matrimonial. Plus encore, le S̲ah̲îh̲ de Muslim mentionne le h̲adîth qui dit: **"Quant à la femme vierge, son père doit lui demander son consentement [pour la marier]."** Ce texte vient à juste propos trancher la question; et de là, il est obligatoire de s'y conformer. Par conséquent, il devient prohibé au père de marier sa fille contre son gré à un homme qu'elle refuse. Or, tout acte prohibé ne saurait être valide, ni exécutoire: Son exécution et sa validation sont contraires aux textes scripturaires (h̲adîths) l'interdisant, sachant que l'interdiction d'un acte, par le législateur, implique que les membres de la nation ne doivent ni le commettre, ni y être impliqués. Car en validant un tel acte, l'on en devient complice et auteur, et l'on aura revêtu indûment et frauduleusement, du caractère légal, ce qui est absolument inadmissible. Partant de là, et selon l'avis plausible, le mariage de ta sœur, par ton père, à cet homme qu'elle ne désire pas épouser, est un mariage non-avenu. L'acte du mariage est ainsi nul, et l'affaire doit être portée devant un tribunal.

Concernant l'auteur du faux témoignage, il a commis un péché mortel, ainsi qu'établi dans le h̲adîth du Prophète ﷺ, disant: **"Ne voudriez-vous pas que je vous informe quels sont les plus grands péchés?"**. Il les énuméra, puis ayant été accoudé, il se redressa et poursuivit: **"Et surtout les propos faux et le faux témoignage; et surtout les propos faux et le faux témoignage"**, et ne cessa de le répéter jusqu'à ce que l'on ait dit: "Si seulement il se taisait." [H̲adîth rapporté par al-Bukhârî et Muslim].

Ces falsificateurs sont, donc, tenus de se repentir vers Dieu ﷻ. Ils doivent, pour ce faire, déclarer la vérité, et avouer au juge qu'ils ont commis un faux témoignage qu'ils rétractent. Il en est de même pour la mère qui a signé faussement à la place de sa fille: Elle est coupable de son acte, et doit se repentir vers Dieu et ne plus commettre une telle chose.

[Fatâwâ al-Mar'a]

Interdiction, au père, de contraindre son fils à épouser une femme qu'il ne désire pas

Son éminence, Cheikh Muh̲ammad Ibn S̲âlih̲ al-'Uthaymîn

Question: Quelle est l'opinion de la Loi concernant un père qui veut marier son fils à une femme non-vertueuse? Et quelle est-elle lorsqu'il refuse de le marier à une femme vertueuse?

Réponse: Il est interdit au père de contraindre son fils à épouser une femme qu'il n'approuve pas, soit en raison d'un défaut de piété, d'un défaut corporel ou d'un vice moral. Ô combien nombreux sont ceux qui ont regretté d'avoir forcé leurs fils à épouser des femmes qu'ils désapprouvaient, sous prétexte qu'elles sont leurs cousines ou qu'elles sont du même clan! etc. Le fils n'est pas tenu d'accepter, et le père n'a pas le droit de le forcer. De même, le fils qui veut épouser une femme pieuse, il ne sera pas tenu d'obéir à son père, si celui-ci s'y oppose. Il pourra donc l'épouser, même si son père le lui défend, car c'est une affaire qui ne comporte aucun dommage pour lui, et est à son avantage. En fait, si l'on soutient que le fils doit obéir à son père en toute chose, cela risque d'engendrer bien des dommages, notamment dans ce cas précis. Il convient, toutefois, au fils d'être bienséant avec lui et d'essayer de le convaincre, autant que possible.

[Fatâwâ al-Haram]

Le bon traitement réciproque entre conjoints

Son éminence, Cheikh Muhammad Ibn Sâlih al-'Uthaymîn

Question: Je suis une femme mariée, et j'ai un enfant de deux ans. Mon problème avec mon mari, c'est qu'il m'a expulsé du foyer conjugal à deux reprises auparavant, et il vient de m'en expulser pour la troisième. Les deux autres fois je retournais à lui et je lui demandais de me traiter convenablement, afin que mon fils puisse vivre auprès de lui, sous sa protection. Mais il ne cesse de me faire du tort: Il nous limite rigoureusement, à son fils et à moi, les dépenses, pour subvenir à nos besoins. Il m'empêche d'enfanter alors que, Dieu soit Loué, je suis en bonne santé. Il m'interdit aussi de visiter mes proches, et souvent il rentre à l'improviste [à la maison] pour me surprendre.

Je suis actuellement chez mes parents, et il ne demande point de mes nouvelles, ni des nouvelles de son fils. Je crains d'avoir commis un péché qui courrouce Dieu. Orientez-moi donc, que Dieu vous en récompense.

Réponse: Ce problème entre toi et ton époux n'a pour seule solution que le retour à la raison et le bon traitement réciproque entre l'un et l'autre. Dieu ﷻ dit:

﴿وَعَاشِرُوهُنَّ بِالْمَعْرُوفِ﴾

﴾Et comportez-vous convenablement envers elles.﴿ [Les Femmes, 19]

Il dit aussi:

﴿وَلَهُنَّ مِثْلُ الَّذِي عَلَيْهِنَّ بِالْمَعْرُوفِ﴾

﴾Quant à elles (les épouses), elles ont des droits équivalents à leurs obligations, conformément à la bienséance.﴿ [La Vache, 228]

La vie du couple ne saurait être harmonieuse, que si l'un des conjoints cède et abandonne une partie de ses droits à l'autre, de sorte à rendre la vie simple, en supportant patiemment la négligence du partenaire et en le soutenant dans les situations de difficulté et de prospérité, pour le meilleur et pour le pire. Conseille donc à ton époux de se repentir vers Dieu ﷻ, en cessant ces agissements, si ce que tu dis est vrai. Et demande-lui de se comporter envers toi, se lon la bienséance, de remplir les devoirs qui lui incombent pour que vous puissiez mener une vie conjugale de la meilleure façon qui soit. Pour cela, il te faudra, face à ses agissements, d'observer la patience et l'espérance en Dieu de t'en récompenser, surtout que vous avez un enfant qui devra subir les lourdes conséquences en cas de séparation. Vous devez, donc, tous deux, céder certains droits. Que Dieu, enfin, vous guide au succès.

[Fatâwâ Manâr al-Islâm]

Les relations sexuelles et le comportement réciproque entre conjoints

Son éminence, Cheikh 'Abdullah Ibn 'Abd-al-Rahmân al-Jibrîn

Question: Je suis un jeune homme et je viens de me marier. Je voudrais que vous m'expliquiez la qualification légale de la pratique de la sodomie avec l'épouse? Je souhaiterais aussi être éclairé sur les limites à observer dans les relations sexuelles et le batifolage entre conjoints. Et que Dieu vous en récompense pleinement.

Réponse: Certes, la Loi établit la licéité, pour l'époux, du coït à l'endroit du corps de la femme considéré comme champ de labour, en vertu du verset où Dieu ﷻ dit:

﴿فَأْتُوا حَرْثَكُمْ﴾

﴿Allez à votre champ.﴾ [La Vache, 223]

Cet endroit est le vagin, du fait qu'on y dépose le sperme, en vue de la progéniture, et non pas l'anus, qui est un endroit sale, du fait de sa fonction d'évacuation des déchet, du corps. Le coït anal est donc prohibé, voire c'est un acte des plus abjectes, une pratique contre-nature qui relève de la perversion. La sodomie est une pratique immorale et contraire à la vertu et à la dignité. Hélas, ceux qui se complaisent dans leur égarement, ne sauraient entendre raison! Voilà pour ce qui est de la qualification de cette pratique du point de vue des normes conventionnelles ('urf).

Pour ce qui est du point de vue légal, nombreux sont les hadîths qui interdisent ladite pratique. Le Prophète ﷺ dit: **"Dieu n'a pas honte de [déclarer] la vérité. Ne pratiquez pas la pénétration anale avec les femmes."** [Hadîth rapporté par al-Châfi'î dans son ouvrage Al-Umm].

Les Ulémas déclarent que l'homme qui persiste dans cette pratique doit être séparé de son épouse, si elle le demande, même si cela n'engendre pas le divorce. Mais quand il commet cette transgression, il sera séparé d'elle [par l'autorité], s'il refuse de la libérer des liens conjugaux, et elle ne devra pas rester tant qu'il persiste dans cette pratique.

Pour ce qui est du comportement, il s'agit de traiter son partenaire d'une façon aimable et convenable, tel que prescrit par Dieu ﷻ qui dit:

﴿وَعَاشِرُوهُنَّ بِٱلْمَعْرُوفِ﴾

﴿Et comportez-vous convenablement envers elles.﴾

[Les Femmes, 19]

À savoir, l'homme doit se conduire agréablement envers son épouse, lui garantir ses droits, y compris son bon traitement, l'entretenir, mais aussi satisfaire ses besoins sexuels. Autrement dit, lui procurer le plaisir sexuel selon les moyens licites. Il lui est ainsi loisible de lui faire des caresses, de lui donner des baisers et de se livrer au coït avec elle, selon le besoin. Par contre, le coït est prohibé par Dieu ﷻ au cours de la période de menstruation, au même titre que le coït anal dont l'illicéité est établie par la Loi.

[Fatâwâ al-Kanz al-Thamîn]

Droit de l'homme de jouir de son épouse

Son éminence, Cheikh Mu<u>h</u>ammad Ibn <u>S</u>âli<u>h</u> al-'Uthaymîn

Question: Quel sont les limites fixées par la Loi, pour l'homme, afin de jouir de l'ensemble du corps de son épouse?

Réponse: Les critères de la licéité consistent à ne pas pratiquer le coït anal avec elle, ni le coït normal (vaginal) au cours de la menstruation, des lochies, et dans les situations où cela lui porte préjudice. Tels sont les critères, en vertu du saint verset:

﴿وَالَّذِينَ هُمْ لِفُرُوجِهِمْ حَافِظُونَ ﴿٥﴾ إِلَّا عَلَىٰ أَزْوَاجِهِمْ أَوْ مَا مَلَكَتْ أَيْمَانُهُمْ فَإِنَّهُمْ
غَيْرُ مَلُومِينَ ﴿٦﴾ فَمَنِ ابْتَغَىٰ وَرَاءَ ذَٰلِكَ فَأُولَٰئِكَ هُمُ الْعَادُونَ ﴿٧﴾﴾

﴿Et qui préservent leurs sexes [de tout rapport], si ce n'est qu'avec leurs épouses ou les esclaves qu'ils possèdent, car là, vraiment, on ne peut les blâmer; alors que ceux qui cherchent au-delà de ces limites sont des transgresseurs.﴾ [Les Croyants, 5-7]

[Al-Bâb al-Maftû<u>h</u>]

La nudité de la femme qu'il est permis à l'homme de regarder

Son éminence, Cheikh Mu<u>h</u>ammad Ibn <u>S</u>âli<u>h</u> al-'Uthaymîn

Question: Est-il permis légalement à la femme de regarder l'ensemble du corps de son mari, et inversement, dans l'intention d'en jouir licitement?

Réponse: Il est loisible, pour la femme, de regarder l'ensemble du corps de mari [nu] et vice-versa, en général, et ce en vertu du saint verset:

﴿وَالَّذِينَ هُمْ لِفُرُوجِهِمْ حَافِظُونَ ۝٥ إِلَّا عَلَىٰ أَزْوَاجِهِمْ أَوْ مَا مَلَكَتْ أَيْمَانُهُمْ فَإِنَّهُمْ
غَيْرُ مَلُومِينَ ۝٦ فَمَنِ ابْتَغَىٰ وَرَاءَ ذَٰلِكَ فَأُولَٰئِكَ هُمُ الْعَادُونَ ۝٧﴾

﴿Et qui préservent leurs sexes [de tout rapport], si ce n'est qu'avec leurs épouses ou les esclaves qu'ils possèdent, car là, vraiment, on ne peut les blâmer; alors que ceux qui cherchent au-delà de ces limites sont des transgresseurs﴾ [Les Croyants, 5-7]

[Fatâwâ Islâmiyya]

Se couvrir dans l'intimité de la chambre nuptiale, au cours du commerce charnel

Le collectif permanent de l'Iftâ', présidé par son éminence, Cheikh 'Abd-al-'Azîz Ibn 'Abdullah Ibn Bâz

Question: Est-il permis à l'homme de se livrer au commerce charnel avec son épouse en étant tous deux complètement nus, ou bien doivent-ils se couvrir?

Réponse: L'homme et la femme doivent tous deux cacher leur nudité aux gens, excepté dans le cas de l'homme vis-à-vis de son épouse ou de son esclave-concubine, et inversement. Bahz Ibn Hakîm rapporte, d'après son père, d'après son grand-père, qui dit: "Ô Messager de Dieu, demandai-je, quelle partie du corps devons-nous cacher et laquelle pouvons-nous découvrir?" "Préserve tes parties intimes [d'être vues], excepté par ta femme ou ton esclave-concubine." "Et si les gens sont dans une mêlée?", repris-je, et lui d'insister: **"Si tu peux faire en sorte que personne ne les voie, tâche de faire ainsi."** "Et qu'en est-il lorsque l'on se trouve seul?", demandai-je encore, et le Prophète ﷺ de me rétorquer: **"Dieu est plus digne que les gens qu'on fasse montre de pudeur vis-à-vis de Lui."** [Rapporté par Al-Tirmidhî].

Le Prophète ﷺ a donc établi, dans ce hadîth, qu'il faut se couvrir quand on se trouve dans l'intimité, en général.

[Fatâwâ Islâmiyya]

Pratiquer l'acte sexuel normal avec sa femme par derrière

Son éminence, Cheikh Muhammad Ibn Ibrâhîm Âl al-Cheikh

Question: Est-il permis à l'homme de pratiquer le coït vaginal avec sa femme, en s'y prenant par derrière?

Réponse: Il est permis à l'homme de pratiquer l'acte sexuel avec sa femme en pénétrant son vagin, qui est l'endroit du labour, où l'on sème sa semence pour l'engendrement, en prenant n'importe quelle position, ceci sur la base du verset où Dieu ﷻ dit:

﴿نِسَآؤُكُمْ حَرْثٌ لَّكُمْ فَأْتُوا۟ حَرْثَكُمْ أَنَّىٰ شِئْتُمْ﴾

﴿Vos épouses sont pour vous un champ de labour; allez à votre champ comme [et quand] vous le voulez.﴾ [La Vache, 223]

[Fatâwâ wa Rasâ'il Samâhat al-Cheikh Muhammad Ibn Ibrâhîm Âl al-Cheikh]

Expiation de la sodomie pratiquée avec l'épouse

Son éminence, Cheikh 'Abd-al-'Azîz Ibn 'Abdullah Ibn Bâz

Question: Quelle est la qualification légale du coït anal pratiqué avec l'épouse? Et est-ce que cet acte exige une expiation?

Réponse: La sodomie de la femme constitue un péché mortel et une transgression des plus abjectes et viles, ainsi que le déclare le Prophète ﷺ, dans son hadîth disant: **"Maudit est quiconque sodomise sa femme."** [Hadîth rapporté par Abû Dâwûd et Ahmad]. Il dit aussi: **"Dieu n'accordera pas le moindre égard à tout homme qui aura sodomisé un autre homme ou une [autre] femme."** [Hadîth rapporté par Al-Tirmidhî, Ibn Hibbân et Ibn Mâja].

L'homme coupable de cette turpitude doit se repentir sincèrement et sans délai, à savoir qu'il doit cesser définitivement ce péché par crainte de Dieu et de son châtiment, regretter d'avoir commis cet acte et se déterminer à ne plus récidiver, en s'appliquant à accomplir des œuvres pieuses. Quiconque se repent sincèrement vers Dieu, son repentir sera agréé et Il qui lui pardonnera son péché. Il ﷻ dit:

﴿وَإِنِّي لَغَفَّارٌ لِّمَن تَابَ وَءَامَنَ وَعَمِلَ صَٰلِحًا ثُمَّ ٱهْتَدَىٰ ﴿٨٢﴾﴾

﴾Et je suis Grand Pardonneur à celui qui se repent, croit, fait bonne œuvre, puis se met sur le bon chemin.﴿ [Tâ-Hâ, 82]

Il dit aussi:

﴿وَٱلَّذِينَ لَا يَدْعُونَ مَعَ ٱللَّهِ إِلَٰهًا ءَاخَرَ وَلَا يَقْتُلُونَ ٱلنَّفْسَ ٱلَّتِي حَرَّمَ ٱللَّهُ إِلَّا بِٱلْحَقِّ
وَلَا يَزْنُونَ وَمَن يَفْعَلْ ذَٰلِكَ يَلْقَ أَثَامًا ﴿٦٨﴾ يُضَٰعَفْ لَهُ ٱلْعَذَابُ يَوْمَ ٱلْقِيَٰمَةِ وَيَخْلُدْ فِيهِۦ
مُهَانًا ﴿٦٩﴾ إِلَّا مَن تَابَ وَءَامَنَ وَعَمِلَ عَمَلًا صَٰلِحًا فَأُوْلَٰٓئِكَ يُبَدِّلُ ٱللَّهُ سَيِّـَٔاتِهِمْ
حَسَنَٰتٍ وَكَانَ ٱللَّهُ غَفُورًا رَّحِيمًا ﴿٧٠﴾﴾

﴾Qui n'invoquent pas d'autre dieu avec Allah et ne tuent pas la vie qu'Allah a rendue sacrée, sauf à bon droit; qui ne commettent pas de fornication, car quiconque fait cela encourra une punition et le châtiment lui sera doublé, au Jour de la Résurrection, et il y demeurera éternellement couvert d'ignominie, sauf celui qui se repent, croit et accomplit une bonne œuvre. Ceux-là, Allah changera leurs mauvaises actions en bonnes, et Allah est Pardonneur et Miséricordieux﴿ [Le Discernement, 68-70]

Le Prophète ﷺ dit: **"L'adhésion à l'islam efface tous les [péchés] antécédents et de même le repentir efface tous les [péchés] antécédents."** [Hadîth rapporté par Muslim]. Les versets et les hadîths abondent dans ce sens. Ceci dit, il n'y a pas d'œuvres expiatoires de la pratique de la sodomie avec l'épouse, selon l'un des deux avis du plus authentique des Ulémas sur la question. De même, l'épouse ne devient pas prohibée pour son mari suite à cet acte. Elle demeure plutôt liée [à lui] par les liens de la conjugalité, mais elle ne devra pas lui obéir sur ce point, car il s'agit d'un grave péché. Elle doit refuser fermement cette pratique et demander la dissolution du mariage s'il ne se repent pas. Enfin, nous implorons Dieu de nous préserver de ces turpitudes.

[Fatâwâ Islâmiyya]

Batifolage de l'homme avec sa femme

Son éminence, Cheikh Mu<u>h</u>ammad Ibn <u>S</u>âli<u>h</u> al-'Uthaymîn

Question: Quelles sont les limites à observer dans les rapports sexuels entre conjoints?

Réponse: Dieu ﷻ dit:

﴿قَدْ أَفْلَحَ ٱلْمُؤْمِنُونَ ١ ٱلَّذِينَ هُمْ فِى صَلَاتِهِمْ خَـٰشِعُونَ ٢ وَٱلَّذِينَ هُمْ عَنِ ٱللَّغْوِ
مُعْرِضُونَ ٣ وَٱلَّذِينَ هُمْ لِلزَّكَوٰةِ فَـٰعِلُونَ ٤ وَٱلَّذِينَ هُمْ لِفُرُوجِهِمْ حَـٰفِظُونَ ٥ إِلَّا عَلَىٰٓ
أَزْوَٰجِهِمْ أَوْ مَا مَلَكَتْ أَيْمَـٰنُهُمْ فَإِنَّهُمْ غَيْرُ مَلُومِينَ ٦﴾

﴿Bienheureux sont certes les croyants, ceux qui sont humbles dans leur prière, qui se détournent des futilités, qui s'acquittent de la Zakât, et qui préservent leurs sexes [de tout rapport], si ce n'est qu'avec leurs épouses ou les esclaves qu'ils possèdent, car là, vraiment, on ne peut les blâmer﴾

[Les Croyants, 1-6]

Dieu ﷻ a indiqué, dans ce verset, que l'homme n'est pas à blâmer quand il s'adonne à l'amour charnel avec son épouse. Ainsi, à propos de la jouissance sexuelle que l'homme peut se permettre avec sa femme, le Messager de Dieu ﷺ dit: **"Faites tout excepté l'acte sexuel."** Il est donc loisible à chacun des conjoints de jouir sexuellement de son partenaire comme il le veut, sauf en cas de menstruation, où il est interdit de se livrer au coït proprement dit, car Dieu ﷻ dit:

﴿وَيَسْـَٔلُونَكَ عَنِ ٱلْمَحِيضِ ۖ قُلْ هُوَ أَذًى فَٱعْتَزِلُوا۟ ٱلنِّسَآءَ فِى ٱلْمَحِيضِ ۖ وَلَا تَقْرَبُوهُنَّ حَتَّىٰ
يَطْهُرْنَ ۖ فَإِذَا تَطَهَّرْنَ فَأْتُوهُنَّ مِنْ حَيْثُ أَمَرَكُمُ ٱللَّهُ ۚ إِنَّ ٱللَّهَ يُحِبُّ ٱلتَّوَّٰبِينَ وَيُحِبُّ ٱلْمُتَطَهِّرِينَ ٢٢٢﴾

﴿Et ils t'interrogent sur la menstruation des femmes. Dis: "C'est un mal. Éloignez-vous donc des femmes pendant les menstrues, et ne les approchez que quand elles sont pures. Quand elles se sont purifiées, alors cohabitez

avec elles suivant les prescriptions d'Allah, car Allah aime ceux qui se repentent, et Il aime ceux qui se purifient". [La Vache, 222]

Or, au cours de la menstruation, il est permis à l'homme de jouir de sa femme, mais en dehors de son sexe, ainsi que précisé dans le hadîth susmentionné. Il n'est pas non plus permis de pratiquer le coït avec elle lors des lochies, ni de la sodomiser. En effet, Dieu ﷻ dit:

﴿نِسَآؤُكُمْ حَرْثٌ لَّكُمْ فَأْتُوا۟ حَرْثَكُمْ أَنَّىٰ شِئْتُمْ﴾

Vos épouses sont pour vous un champ de labour; allez à votre champ comme [et quand] vous le voulez. [La Vache, 223]

Enfin, sachez que le champ de labour, où l'on met sa semence, désigne exclusivement le sexe de la femme.

[Fatâwâ al-Mar'a Muslima]

Le plaisir sexuel dans le cadre de l'union conjugale

Son éminence, Cheikh Muhammad Ibn Sâlih al-'Uthaymîn

Question: Une jeune femme envoya cette lettre: J'ai épousé mon cousin consagin que j'aime et qui m'aime [aussi]. Notre mariage date seulement de six mois. Or, voilà qu'à chaque fois que je me couche, il se met à sucer mes seins comme un enfant. Je lui ai dit que cela était incorrect, mais voyant qu'il ne s'en abstient pas, je ne veux pas le vexer. Quel est donc l'avis de la Loi sur cette question?

Réponse: Il n'y a aucun mal en cela, car les époux ont toute latitude de jouir l'un de l'autre de la manière qu'ils veulent en dehors des rapports prohibés, tels que la sodomie ou le coït pendant les menstruations ou les lochies, ou pendant l'accomplissement, ou l'observance d'un culte qui interdit les rapports sexuels, durant la période qui suit le zihâr[1], ou le

---

(1) Les Ulémas divergent sur la qualification juridique de la pronociation d'un mari, à sa femme, de la formule: "Je te déclare prohibée pour moi." L'avis d'al-Châfi'î stipule que s'il le dit dans l'intention de la répudier, la répudiation sera exécutoire. Et s'il le dit dans =

serment de continence vis-à-vis de l'épouse, jusqu'à expiation du parjure, et dans les cas similaires connus chez les Ulémas comme prohibitifs de l'acte sexuel, pour risque de préjudice aux conjoints.

[Fatâwâ al-Mar'a al-Muslima]

Cas de privation de l'un des deux conjoints de son droit légitime de jouissance sexuelle

Son éminence, Cheikh 'Abdullah Ibn 'Abd-al-Rahmân al-Jibrîn

Question: Est-il loisible à l'un des conjoints de priver son partenaire de son droit naturel à la jouissance sexuelle, pour une longue période, sans motif légal valide?

Réponse: Le contact sexuel dans le cadre de la conjugalité est, certes, un besoin psychique. De là, l'appétit sexuel diffère d'un individu à un autre, selon l'intensité de la pulsion sexuelle, aussi bien chez la femme que chez l'homme. Toutefois, cette pulsion est-elle généralement plus intense chez l'homme, du fait de son désir de rapports fréquents. Aussi, beaucoup de femmes se plaignent-elles de la fréquence excessive de rapports sexuels qui leur portent préjudice. Mais les juristes ont indiqué que l'épouse doit céder à son mari quand il veut jouir d'elle, à n'importe quel moment, même s'il se trouve qu'elle surveille le four. Et ceci est valide tant que l'acte ne lui porte pas préjudice, ni la distrait d'accomplir une prescription, ni une obligation légales. Par ailleurs, il n'est pas permis de priver la femme du rapport sexuel pour une longue période, car elle a droit à la jouissance, sachant que la période maximale que la femme peut endurer, sans rapport charnel, est de

= l'intention du Zihâr ou du serment solennel de continence vis-à-vis d'elle, le Zihâr sera exécutoire. Et s'il le dit dans l'intention de s'interdire spécifiquement les rapports conjugaux avec elle, sans l'intention de répudiation, ni du Zihâr, le mari sera tenu, à cause de la formule qu'il aura prononcée, d'une expiation de parjure, et le serment sera nul et sans effet. Mais s'il le dit sans aucune intention, deux avis sont émis par al-Châfi'î sur la question: Le plus authentique stipule qu'il sera tenu d'une expiation de parjure. Le second stipule qu'il s'agit de propos oiseux, qui n'engendre aucune conséquence légale, et tel est l'avis en vigueur au sein de notre école chaféite. [Al-Nawawî, Commentaire du Sahîh de Muslim.]

quatre mois. Ainsi, stipulent les juristes, l'homme doit-il accomplir l'acte sexuel avec son épouse au moins une fois tous les quatre mois. Mais il convient de concilier le désir des deux: Quand c'est la femme qui désire le rapport sexuel, l'homme doit la satisfaire, dans la mesure de sa capacité, et s'en abstenir en cas d'épuisement; de son côté, la femme aussi doit satisfaire l'homme selon les conditions normales, sachant qu'il n'y ait pas de préjudice. Enfin, que Dieu nous guide et nous assiste.

[Fatâwâ Islâmiyya].

Légalité, pour la femme, de faire chambre à part

Son éminence, Cheikh Mu<u>h</u>ammad Ibn <u>S</u>âli<u>h</u> al-'Uthaymîn

Question: Est-il permis légalement, à la femme, de se coucher dans une chambre à part, tout en remplissant son devoir conjugal, envers son époux, en matière de sexualité?

Réponse: Il n'y a pas de grief en cela, si l'époux y consent et si l'épouse est digne de confiance. Mais si l'époux n'y consent pas, elle n'aura pas le droit de faire chambre à part, puisque cela est contraire à la coutume, à moins qu'elle n'ait stipulé cette condition dans l'acte du mariage, du fait qu'elle n'aime pas dormir avec quelqu'un dans la même chambre, pour une certaine raison. Dans ce cas-là, les musulmans sont tenus de respecter les conditions convenues.

[Fatâwâ Islâmiyya]

Accomplissement de l'épouse des tâches domestiques, au service de son époux

Son éminence, Cheikh 'Abdullah Ibn Jibrîn

Question: J'ai lu dans une revue de chez nous une fatwâ disant: L'accomplissement des tâches domestiques par la femme, au service de son époux, ne lui incombe pas en tant qu'obligation, car le contrat du mariage lui donne uniquement le droit aux rapports sexuels avec elle. Quant aux tâches domestiques, elle n'est censée de s'en occuper que par convenance et par correction de sa part. Il y est ajouté que l'époux est tenu d'assurer une employée de maison pour sa femme, quand elle ne s'occupe pas des tâches domestiques le concernant ou concernant sa propre personne, quelque qu'en soit la raison. Est-ce vrai? Et si ce n'est pas vrai, je rend grâce à Dieu que cette revue ne soit pas largement diffusée, sinon bien des époux deviendront célibataires dès que leurs épouses auront lu cette fatwâ.

Réponse: Cette fatwâ est fausse et n'est pas applicable, car les femmes-compagnes (Sahâbiyyât) remplissaient les tâches domestiques au service de leurs époux, ainsi que le rapporte Asmâ' Bint Abû Bakr, qui épargnait ces tâches à son époux Zubayr Ibn al-'Awwâm, ou encore Fâtima al-Zahrâ' avec son époux 'Alî رضي الله عنه, pour ne citer que ces deux exemples. Par ailleurs, la coutume était toujours été, chez les musulmans, que la femme s'occupait des tâches ménagères habituelles de la cuisine, de la lessive, de la vaisselle, du nettoyage, etc., chacune selon sa condition. C'est une convention qui a été adoptée depuis l'époque du Prophète ﷺ jusqu'à nos jours, sans avoir jamais été contestée. Toutefois, l'épouse ne doit pas être chargée de tâches pénibles ni difficiles, mais uniquement dans la mesure de ses capacités et de la normale. Enfin, que Dieu nous assiste et nous guide.

[Fatâwâ al-Mar'a]

Les relations amoureuses avant le mariage

Son éminence, Cheikh Muhammad Ibn Sâlih al-'Uthaymîn

Question: Quelle est l'opinion de la religion au sujet des relations amoureuses avant le mariage?

Réponse Fatwâ: Si la consultante entend par «avant le mariage» la période qui précède les noces (la consommation du mariage) et qui suit la conclusion du contrat, alors il n'y a pas de grief pour l'homme et la femme à avoir des telles relations, car dans ce cas ils sont déjà mari et femme, même si la cérémonie des noces n'a pas eu lieu encore. Mais dans la période qui précède la conclusion de l'acte du mariage, à savoir pendant les fiançailles ou avant cela, ces relations sont prohibées. Il est donc interdit à un homme d'avoir des relations amoureuses avec une femme qui lui est étrangère, que ce soit par la parole, le regard ou le tête-à-tête. En effet, le hadîth authentique du Prophète ﷺ dit: **"Il est interdit à tout homme de se trouver en tête-à-tête avec une femme qu'en présence d'un parent mahram. Comme il est interdit à toute femme d'effectuer un voyage, sauf accompagnée d'un parent mahram"**.

En somme, il n'y a pas de grief à ces rencontres, lorsqu'elles ont lieu après la conclusion du contrat du mariage, mais elles sont interdites et prohibées lorsqu'elles ont lieu avant la conclusion dudit contrat, même s'il y a eu demande en mariage et approbation de cette demande, car la femme demeure encore étrangère à l'homme, jusqu'à conclusion du contrat du mariage.

[Fatâwâ al-Cheikh Muhammad Ibn Sâlih al-'Uthaymîn]

Rapports sexuels avec la femme enceinte

Son éminence, Cheikh Muhammad Ibn Sâlih al-'Uthaymîn

Question: Est-il permis légalement à l'homme d'avoir des rapports sexuels avec son épouse au cours de sa grossesse? Y a-t-il un texte scripturaire dans le Coran ou la Sunna qui prouve la licéité ou la prohibition de ces rapports?

Réponse: Il est légalement permis à l'homme d'avoir des rapports sexuels normaux avec son épouse, au cours de sa grossesse, car Dieu ﷻ dit:

﴿نِسَآؤُكُمْ حَرْثٌ لَّكُمْ فَأْتُوا۟ حَرْثَكُمْ أَنَّىٰ شِئْتُمْ﴾

﴿Vos épouses sont pour vous un champ de labour; allez à votre champ comme [et quand] vous le voulez.﴾ [La Vache, 223]

Et la preuve aussi est cet autre verset:

﴿وَٱلَّذِينَ هُمْ لِفُرُوجِهِمْ حَٰفِظُونَ ۝٥ إِلَّا عَلَىٰٓ أَزْوَٰجِهِمْ أَوْ مَا مَلَكَتْ أَيْمَٰنُهُمْ﴾

﴿Et qui préservent leurs sexes [de tout rapport], si ce n'est qu'avec leurs épouses ou les esclaves qu'ils possèdent﴾

[Les Croyants, 5-6]

Les versets autorisent les rapports sexuels avec les épouses sans restriction, car, en règle générale, l'homme est autorisé à avoir des rapports sexuels dans toutes les circonstances. Aussi, les textes du Coran et de la Sunna, qui établissent d'éviter ces rapports, indiquent-ils, en fait, des exceptions à la règle générale. Par conséquent, la licéité du rapport sexuel avec la femme enceinte ne nécessite pas une preuve pour être établie, vu qu'il entre dans le cadre de la règle générale.

En résumé, il est interdit à l'homme de se livrer à l'acte sexuel avec son épouse au cours de la menstruation, alors qu'il a toute latitude de jouir d'elle en dehors de ceci. Il est également interdit de la sodomiser, du fait que l'anus est un endroit sale, de par sa fonction d'évacuation des déchets de ceci. Il ne devra pas, non plus, s'adonner à l'acte sexuel avec elle au cours des lochies. Mais une fois qu'elle recouvre l'état de propreté consécutif à la menstruation ou les lochies, il lui sera loisible de reprendre les rapports sexuels normaux avec elle, même si cela a lieu avant l'écoulement de quarante jours.

[Fatâwâ al-Mar'a]

L'épouse qui profère des imprécations et frappe ses enfants

Son éminence, Cheikh 'Abd-al-'Azîz Ibn 'Abdullah Ibn Bâz

Question: Ma femme a l'habitude de maudire et d'injurier ses enfants. Tantôt cela se restreint à proférer des imprécations contre eux, tantôt elle les frappe, aussi bien pour des motifs sérieux que pour des futilités. Je lui ai conseillé, à maintes reprises, de cesser cette habitude, mais elle me réplique toujours: "C'est toi qui les a gâtés! Ce sont des enfants indociles!" En résultat, les enfants ont fini par la détester et ne prêtent plus aucune attention à ces propos, sachant qu'ils subiront, de toutes façons, ses insultes et sa violence.

Quelle est donc l'opinion détaillée de la religion sur l'attitude que je dois prendre, vis-à-vis de ma femme, pour qu'elle change? Dois-je me séparer d'elle par la répudiation, sachant qu'ainsi les enfants seront sous sa garde? Sinon, que dois-je faire? Orientez-moi donc, que Dieu vous guide au succès.

Fatwâ: Maudire les enfants constitue l'un des péchés mortels, de même que maudire toute autre personne qui ne le mérite pas. Dans un hadîth authentique, le Prophète ﷺ dit: **"Maudire un croyant équivaut[1] à son meurtre."** [Hadîth rapporté par al-Bukhârî et Muslim]. Le Prophète ﷺ dit aussi: **"Injurier le musulman est une perversité[2] et le combattre est une impiété."** Il dit encore: **"Les imprécateurs ne sauraient être intercesseurs ni témoins, au Jour de la Résurrection."[3]**

---

(1) Cela signifie, selon l'avis plausible, que les deux actes se valent en matière d'interdiction, quoique l'interdiction du meurtre demeure plus rigoureuse.

(2) L'injure désigne l'insulte et les propos qui portent atteinte à l'honneur et la réputation de l'homme et l'humilient. En arabe, le mot perversité (fisq), signifie la déviation et le fait de s'écarter de la voie normale. Il désigne canoniquement le fait de s'écarter de la piété. Le hadîth implique que l'injure adressée injustement à un musulman est légalement interdite, par le consensus (ijmâ') de la communauté [représentée par ses docteurs autorisés]. L'auteur de cette injure est qualifié de pervers, tel que le Prophète ﷺ l'a clairement énoncé dans son hadîth.

(3) Ces hadîths condamnent sévèrement les imprécations. Ils établissent que la personne qui les profère ne peut receler les belles qualités susmentionnées. Car appeler la malédiction contre quelqu'un vise à le bannir et à le chasser de la miséricorde de Dieu ﷻ. Or, une telle invocation ne saurait faire partie de la morale des croyants que Dieu ﷻ a décrits par la miséricorde entre eux, l'entraide dans le bien et la piété, et qu'Il a comparés à un édifice dont les parties sont solidaires, et comme constituant un seul corps où l'un souhaite, pour son frère, ce qu'il souhaite pour lui-même. Ainsi, quiconque appelle-t-il la malédiction sur son frère en islam, qui est le bannissement de la grâce divine, commet une grave rupture avec lui et fait preuve d'une extrême animosité à son égard, sachant que cela est l'invocation la plus grave qu'un musulman fait contre un impie. C'est pourquoi il est dit dans le hadîth authentique: "Maudire un croyant équivaut à le tuer.", car le meurtrier le prive des faveurs de ce monde, alors que son imprécateur cherche à le priver de la félicité de l'Au-Delà et de la grâce de Dieu ﷻ. Selon une autre explication: "Maudire un croyant équivaut à son meurtre", et ceci est alors considéré comme péché, cette explication étant plus plausible.

Les propos du Prophète ﷺ: "Les imprécateurs ne sauraient être intercesseurs, ni témoins au Jour de la Résurrection" signifient qu'ils n'auront pas le droit d'intercéder en ce jour où les croyants intercéderont en faveur de leurs frères, qui auront mérité l'Enfer. Quant au témoignage, trois explications en sont données: 1. Selon l'explication la plus authentique et la plus célèbre, c'est qu'ils ne témoigneront pas, en ce jour Jour de la Résurrection, de la transmission aux peuples des messages par les envoyés de Dieu. 2. La deuxième explication dit que leurs témoignages sont irrecevables dans ce monde. 3. La troisième explication dit qu'ils ne seront pas martyrs (chuhadâ', en arabe, a le sens de témoins), c'est-à-dire qu'ils ne seront pas tués pour la cause de Dieu. Le Messager de Dieu ﷺ dit: "Il ne convient pas à un véridique de proférer des imprécations", puis il dit: "Les imprécateurs ne sauraient être intercesseurs" au pluriel, car le blâme, dans le hadîth, porte sur celui qui maudit souvent et non une seule ou quelques fois. Le Prophète ﷺ, lui-même, lance des imprécations, néanmoins licites, à savoir celles établies par les textes =

Cette femme est tenue donc, obligatoirement, de se repentir vers Dieu ﷻ, et de s'abstenir absolument d'insulter ses enfants. Il lui est, par contre, recommandé, selon la Loi, d'invoquer Dieu fréquemment en leur faveur, de les guider, et de leur inspirer la bonne conduite. Il t'est recommandé à toi aussi, en tant qu'époux, de l'exhorter constamment et de la mettre en garde d'injurier les enfants. Voire, il te sera loisible de te séparer d'elle quand l'exhortation s'avère inefficace. Et il s'agit même de recourir à la séparation (hajr), si tu l'a juges efficace. Tu devras alors faire preuve d'endurance patiente et d'espoir en Dieu, en évitant de hâter la décision de répudiation. Nous implorons enfin Dieu de nous guider, ainsi que vous et elle, à suivre le droit chemin.(1)

[Fatâwâ Islâmiyya]

Ne pas observer la prière et insulter la religion

Son éminence, Cheikh 'Abd-al-'Azîz Ibn 'Abdullah Ibn Bâz

Question: Mon mari ne pratique pas la prière et insulte la religion.

Réponse: Si son époux est réellement tel qu'elle l'affirme, à savoir qu'il ne pratique pas la prière et qu'il insulte la religion, il est alors impie. Et, par conséquent, il lui est légalement interdit d'habiter avec lui et de rester avec lui dans la maison. Il l'incombe obligatoirement de partir chez sa famille, ou à n'importe quel endroit où elle sera à l'abri, ceci en vertu de la déclaration de Dieu ﷻ au sujet des croyantes qui se trouvent chez des maris impies, et qui dit:

= scripturaires, telles que: Malédiction de Dieu sur les injustes, que Dieu maudisse la femme qui met des cheveux d'emprunts, celle qui tatoue, le buveur du vin, celui qui reçoit un gain usuraire, celui qui le donne, celui qui en rédige le contrat et ses deux témoins, les gens qui font des représentations figurées, l'individu qui s'attribue un père autre que le sien légitime, celui qui falsifie les limites des propriétés foncières, et les autres cas largement connus dans les hadîths authentiques.

(1) Son éminence, Cheikh Muhammad Ibn Jamîl Zîno, dit qu'il est préférable pour le mari d'invoquer Dieu en faveur de son épouse, de lui inspirer la droiture, particulièrement avant l'aube et dans les prosternations en prière.

﴿لَا هُنَّ حِلٌّ لَّهُمْ وَلَا هُمْ يَحِلُّونَ لَهُنَّ﴾

﴿Elles ne sont pas licites [en tant qu'épouses] pour eux, et eux, non plus, ne sont pas licites [en tant qu'époux] pour elles.﴾(1)

[L'Épreuve, 10]

En plus, le Prophète ﷺ dit: **"Le pacte qui nous lie est la prière. Quiconque la délaisse sera impie."** [Hadîth rapporté par Al-Tirmidhî].

Et enfin, selon le consensus des musulmans, insulter la religion constitue une impiété.

Elle est donc tenue de le haïr, par amour pour Dieu, de se séparer de lui et de se refuser au rapport charnel avec lui. Dieu ﷻ dit:

﴿وَمَن يَتَّقِ ٱللَّهَ يَجْعَل لَّهُۥ مَخْرَجًا ﴿٢﴾ وَيَرْزُقْهُ مِنْ حَيْثُ لَا يَحْتَسِبُ﴾

﴿Et quiconque craint Allah, Il Lui donnera une issue favorable, et Lui accordera Ses dons par [des moyens] sur lesquels il ne comptait pas.﴾

[La Répudiation, 2-3].

Que Dieu l'assiste et la délivre du mal de cet époux si elle dit vrai, et qu'Il le guide à la voie juste et lui inspire le repentir. Dieu ﷻ est Magnanime et Généreux(2).

[Kitâb al-Da'wa]

---

(1) Voici l'intégralité du verset pour mieux en saisir la portée:

﴿يَٰٓأَيُّهَا ٱلَّذِينَ ءَامَنُوٓا۟ إِذَا جَآءَكُمُ ٱلْمُؤْمِنَٰتُ مُهَٰجِرَٰتٍ فَٱمْتَحِنُوهُنَّ ٱللَّهُ أَعْلَمُ بِإِيمَٰنِهِنَّ فَإِنْ عَلِمْتُمُوهُنَّ مُؤْمِنَٰتٍ فَلَا تَرْجِعُوهُنَّ إِلَى ٱلْكُفَّارِ لَا هُنَّ حِلٌّ لَّهُمْ وَلَا
هُمْ يَحِلُّونَ لَهُنَّ وَءَاتُوهُم مَّآ أَنفَقُوا۟ وَلَا جُنَاحَ عَلَيْكُمْ أَن تَنكِحُوهُنَّ إِذَآ ءَاتَيْتُمُوهُنَّ أُجُورَهُنَّ وَلَا تُمْسِكُوا۟ بِعِصَمِ ٱلْكَوَافِرِ وَسْـَٔلُوا۟ مَآ أَنفَقْتُمْ وَلْيَسْـَٔلُوا۟ مَآ أَنفَقُوا۟
ذَٰلِكُمْ حُكْمُ ٱللَّهِ يَحْكُمُ بَيْنَكُمْ وَٱللَّهُ عَلِيمٌ حَكِيمٌ ﴿١٠﴾﴾

﴿Ô vous qui avez cru! Quand les croyantes viennent à vous en émigrées, éprouvez-les; Allah connaît mieux leur foi; si vous constatez qu'elles sont croyantes, ne les renvoyez pas aux mécréants. Elles ne sont pas licites [en tant qu'épouses] pour eux, et eux non plus ne sont pas licites [en tant qu'époux] pour elles. Et rendez-leur ce qu'ils ont dépensé [comme mahr]. Il ne vous sera fait aucun grief en vous mariant avec elles quand vous leur aurez donné leur mahr. Et ne gardez pas de liens conjugaux avec les mécréantes. Réclamez ce que vous avez dépensé et que [les mécréants] aussi réclament ce qu'ils ont dépensé. Tel est le jugement d'Allah par lequel Il juge entre vous, et Allah est Omniscient et Sage.﴾

[L'Epreuve, 10]

(2) Après examen de cette fatwâ, Cheikh Muhammad Ibn Jamîl Zîno a apporté l'éclaircissement suivant: Les Ulémas divergent sur l'anathématisation de l'individu qui =

Mariage entre personnes éloignées

Son éminence, Cheikh Muhammad Ibn Sâlih al-'Uthaymîn

Question: Un proche parent vient de demander ma main. Or, j'ai entendu que le mariage avec une personne éloignée est préférable, du point de vue de la santé des futurs enfants. Quel est votre avis sur ce point?

Réponse: Cette règle a été, effectivement, indiquée par les Savants qui ont justement mentionné l'influence de l'hérédité comme tu l'as souligné. Certes, l'hérédité est un facteur influant sur la constitution de l'être humain, aussi bien physique que psychique. C'est pourquoi un homme vint dire au Prophète ﷺ: "Ô Messager de Dieu! ma femme a accouché d'un garçon noir." Il faisait ainsi allusion à son intention de le renier. Le Prophète ﷺ lui dit: "As-tu des chameaux?" "Oui", dit-il. **"De quelle couleur sont-ils?"**, lui demanda-t-il. "Rouge." "Y'en a-t-il parmi eux des chameaux au poil cendré?", reprit le Prophète ﷺ, et l'homme d'affirmer: "Certes, il y'en a des cendrés" ."Et d'où vient alors cette couleur?", lui fit remarquer le Prophète ﷺ. "Ils tiennent cela probablement de leurs ascendants", reconnaît l'homme, et le Prophète ﷺ de conclure: **"Il est également probable que l'enfant tient sa couleur d'un ascendant [lointain]."**(1) [Hadîth rapporté par Muslim].

Ceci confirme l'influence du facteur héréditaire, ce qui est, d'ailleurs, un fait établi. Seulement, le Prophète ﷺ dit-il d'un autre côté: **"On épouse une femme pour quatre raisons: sa fortune, sa descendance, sa beauté et sa piété.**

= ne pratique pas la prière, en adoptant divers avis: Certains d'entre eux, comme al-Albânî ﷺ, soutiennent que l'individu qui ne pratique pas la prière, par paresse et non par reniement de son obligation, ne devient pas impie, et ne sera pas frappé d'anathème. Mais si l'individu s'abstient de la pratiquer par reniement de son obligation, dans ce cas, il sera frappé d'anathème selon le consensus, et sera appelé à résipiscence, jusqu'à ce qu'il se rétracte, et on devra invoquer Dieu de le guider à suivre la bonne voie.

(1) L'ascendance [en arabe, dans le texte: 'irq] désigne le caractère héréditaire qu'on tient des ascendants. Ce hadîth établit que l'enfant doit être affilié au mari, même s'il a une couleur de peau différente de la sienne. Voire, même si le père est blanc et l'enfant est noir ou inversement. Car il est probable que cette couleur soit un caractère (récessif chez le père) que l'enfant tient d'un ancêtre de son père, en l'occurrence le mari. Dans ce hadîth, l'allusion de ne pas reconnaître l'enfant ne constitue pas un acte de reniement, tout comme l'allusion à l'infidélité conjugale ne représente pas un acte de calomnie. Tel est l'avis d'al-Châfi'î et d'autres Juristes.

Prends donc celle pieuse, sinon tu risques l'infortune." [Hadîth rapporté al-Bukhârî, Muslim, Abû Dâwûd et Ibn Mâja].

Le critère qui doit donc présider au choix d'une épouse est, d'abord, celui de la piété. Et si, en plus de sa piété, la femme est belle, elle sera d'autant plus recherchée, qu'elle soit de parenté proche ou éloignée. Car la femme pieuse veille, avec dévouement, sur les biens de son époux, sur ses enfants, et sur son foyer; et la belle femme satisfait son besoin de beauté, de sorte qu'il ne regarde ailleurs, et qu'il ne soit plus attiré par aucune autre qu'elle. Enfin, Dieu Seul est Omniscient.

[Fatâwâ al-Mar'a]

Violation de l'intimité du couple par les conjoints eux-mêmes

Son éminence, Cheikh Muhammad Ibn Sâlih al-'Uthaymîn

Question: Il est courant chez certaines femmes de colporter les propos qui ont lieu au sein de leur ménage, et de révéler les détails de leur vie intime, avec leurs conjoints, à leurs proches et leurs amies. Or, ces propos sont parfois comme des secrets que les époux ne désirent dévoiler à quiconque. Quelle est donc la qualification juridique des femmes qui violent les secrets de la vie conjugale, et qui les divulguent hors du foyer, ou bien à certains membres de la famille?

Réponse: Le colportage des conversations qui se tiennent dans l'intimité du ménage et les détails de la vie conjugale, par les épouses, à leurs proches ou leurs amies, est prohibé. Il est interdit à la femme de divulguer les secrets de son ménage, ou bien de sa vie de couple à n'importe quelle personne. Dieu ﷻ dit:

﴿فَٱلصَّٰلِحَٰتُ قَٰنِتَٰتٌ حَٰفِظَٰتٌ لِّلۡغَيۡبِ بِمَا حَفِظَ ٱللَّهُۚ﴾

﴿Les femmes vertueuses sont obéissantes [à leurs maris] et protègent ce qui doit être protégé, pendant l'absence de leurs époux, avec la protection d'Allah.﴾

[Coran, Les Femmes, 34]

En outre, le Messager de Dieu ﷺ nous informe que: **"Parmi les gens aux**

pires rangs, au Jour de la Résurrection, auprès de Dieu, est l'homme qui se livre au commerce charnel avec sa femme, et elle de même, et qui ensuite en divulgue les secrets." [Hadîth rapporté par Muslim et Abû Dâwûd].

[Fatâwâ Islâmiyya]

Lépouse qui prend de l'argent de son époux, à son insu

Son éminence, Cheikh Muhammad Ibn Sâlih al-'Uthaymîn

Question: Quelle est l'opinion de la Loi concernant une femme qui prend de l'argent de son époux, plusieurs fois à son insu, pour subvenir aux besoins de ses enfants, et qui lui jure n'avoir rien pris? Quelle est la qualification juridique de son acte?

Fatwâ: Il n'est pas loisible à la femme de prendre de l'argent de son époux sans son autorisation, parce que Dieu ﷻ a prohibé aux humains de s'approprier les biens les uns des autres. Le Prophète ﷺ l'a déclaré explicitement lors de son pèlerinage d'adieux, en disant: **"Vos âmes, vos biens et votre honneur sont aussi inviolables pour vous que ce jour-ci, en ce mois-ci, dans ce pays-ci où vous êtes. Ai-je bien transmis?"**. Mais lorsque l'époux est avare et ne lui donne pas, ainsi qu'à ses enfants, des ressources suffisantes pour subvenir à leurs besoins, selon la bienséance, elle aura, dans ce cas-là, le droit de prendre de son argent à la mesure des dépenses nécessaires pour vivre convenablement, elle et ses enfants. Elle ne devra donc pas prendre plus qu'il ne leur faut, ceci en vertu du hadîth de Hind Bint 'Utba, qui vint se plaindre au Prophète ﷺ de son époux, en disant: "Ô Messager de Dieu! Abû Sufyân est un homme avare, qui ne me donne pas assez de subsistances pour moi ni pour mes enfants, si ce n'est ce que je prends de son argent à son insu. Y'a-t-il quelque grief à m'imputer pour cela?". Le Messager de Dieu ﷺ lui dit: **"Prends de son argent ce qui te suffit, à toi et à tes enfants".** Ou bien, dit-il: **"Prends de son argent ce qui te suffit, à toi et à tes enfants, de façon convenable."** Ainsi, le Prophète ﷺ l'autorisa-t-il à prendre de l'argent de son époux en quantité suffisante, pour subvenir à ses besoins et aux besoins de ses enfants, de façon convenable, que ce soit à son su ou bien à son insu.

La question de cette femme indique qu'elle jure à son mari qu'elle n'a rien pris de son argent. Or, son serment est prohibé, à moins qu'on suppose qu'elle jure en entendant dire: "Je n'ai rien pris de ce qui m'est prohibé de prendre", ou encore: "Par Dieu! je n'ai rien pris de plus de la pension dont tu as l'obligation", ou toute autre formule dont l'interprétation serait conforme à son dû légal, car la dissimulation dans le serment est loisible pour la personne victime d'une injustice. Mais lorsque la personne est coupable, ou même n'est ni victime ni coupable, cette dissimulation n'est pas justifiable; et, certes, pour la femme privée du nécessaire, à cause de l'avarice de son mari, ses enfants sont victimes d'injustice.

[Fatâwâ Nûr 'alâ al-Darb]

Les secrétions de l'époux, suite au rapprochement sexuel

Le collectif permanent de l'Iftâ', présidé par son éminence, Cheikh 'Abd-al-'Azîz Ibn 'Abdullah Ibn Bâz

Question: Après une stimulation sexuelle due aux baisers ou à des caresses voluptueuses avec sa femme, un homme trouve une humidité dans son slip, provenant d'un liquide du membre viril, après son érection puis son retour au normal. Sa question porte sur les conséquences qui s'ensuivent sur le plan de la pureté rituelle et la validité du jeûne, ou non, dans ce cas.

Réponse: Le consultant ne précise pas, dans sa question, s'il sent l'éjaculation du sperme suite à l'échange de câlins avec son épouse (sans coït), mais il mentionne simplement qu'il sent son slip humide. Il paraît donc, et Dieu sachant mieux la vérité, que ce qu'il a sécrété est du liquide prostatique (madhî) et non du sperme (manî). Or, le liquide prostatique est une souillure qui exige obligatoirement de laver le membre viril et les testicules, et de rincer la partie du vêtement qui en est souillée. Il doit ensuite faire l'ablution liturgique, après le lavage de la verge et des testicules. Son jeûne ne sera pas annulé pour autant, selon l'avis authentique parmi les avis des Ulémas. Cette sécrétion n'exige pas le bain rituel. Mais lorsque le liquide secrété est du sperme, cela engendre l'obligation du bain rituel et annule le jeûne, sachant que le sperme est pur, seulement il est répugnant. Il est alors prescrit de laver la partie du vêtement ou du sous-vêtement touché par le sperme. Le jeûneur doit prendre ses précautions pour maintenir la validité de son jeûne, en évitant l'excitation sexuelle par les caresses et câlineries.

[Fatâwâ du collectif permanent de L'Iftâ']

Éjaculation sans coït

Le collectif permanent de l'Iftâ', présidé par son éminence, Cheikh 'Abd-al-'Azîz Ibn 'Abdullah Ibn Bâz

Question: Lorsque la femme éjacule sans coït et en dehors de la pollution nocturne, est-elle tenue de l'obligation du bain rituel? Est-ce que les liquides secrétés par la femme correspondent aux mêmes catégories chez l'homme, à savoir le sperme, le liquide prostatique ou le mucus des glandes de Cowper, ou bien les vésicules séminal (wadî)(1)? Ou bien tout liquide sexuel qu'elle sécrète exige-t-il d'elle le bain rituel, dans tous les cas?

Réponse: Lorsque la femme éjacule le liquide sexuel (manî) avec jouissance, elle sera tenue du bain rituel, même si la sécrétion de ce liquide se fait en dehors du coït et de la pollution nocturne. Lorsqu'elle sécrète le liquide blanchâtre et visqueux (madhî), elle sera tenue de laver son sexe. Et lorsqu'elle sécrète le liquide clair et visqueux (wadî)(2), celui-ci engendre les mêmes conséquences que l'urine, et doit, par la suite, être lavé. Ainsi, les liquides secrétés par la femme se répartissent-ils en catégories correspondantes à celles sécrétées par l'homme. Puis elle devra obligatoirement faire l'ablution, si elle veut accomplir un acte nécessitant

(1) Le sperme est connu. Quant au madhî, il s'agit d'un liquide laiteux d'odeur caractéristique, sécrété par la prostate. Ce liquide joue un rôle très important dans la fluidité du sperme contenant les spermatozoïdes, et qui est déposé dans le vagin de la femelle. Pour ce qui est du wadî, il s'agit ou bien du liquide ou bien du mucus sécrété par les vésicules séminales mâles, ou encore du liquide sécrété par les glandes de Cowper, deux glandes de la taille d'un petit pois, situées de chaque côté de la base du pénis. C'est une sécrétion épaisse et claire dont on pense qu'elle protège le sperme contre l'acidité excessive du vagin. (Encyclopédie Encarta 1999).

(2) Chez la femme, les glandes cervicales situées dans l'utérus produisent des sécrétions lubrifiantes, ainsi que les glandes de Bartholin situées de part et d'autre de l'orifice vaginal.

la purification rituelle, comme la prière par exemple. Enfin, que Dieu nous guide au succès.

[Fatâwâ du collectif permanent de l'Iftâ']

Pollution du lit suite à l'acte sexuel

Le collectif permanent de l'Iftâ', présidé par son éminence, Cheikh 'Abd-al-'Azîz Ibn 'Abdullah Ibn Bâz:

Question: Quel est l'avis de la Loi lorsque le lit est pollué suite à l'acte sexuel entre conjoints? L'homme, doit-il prendre un bain rituel après chaque acte sexuel?

Réponse:

Primo: Il faut laver les parties des vêtements ou de la literie tâchées de sperme et des sécrétions vaginales.

Secundo: Lorsque le gland de la verge pénètre dans le vagin, le bain rituel devient obligatoire, même s'il n'y a pas eu éjaculation. Par ailleurs, un seul bain suffit suite à l'accomplissement de l'acte sexuel répété plus d'une fois avec une femme, ou avec plus d'une épouse, ceci en vertu du hadîth rapporté par Anas رضي الله عنه, disant: **"Le Prophète ﷺ faisait le tour sur ses épouses [en se livrant au commerce charnel avec elles], en faisant ensuite un seul bain rituel."** [Hadîth rapporté par Muslim et les compilateurs des Sunan]. Une version d'Ahmad et d'al-Nasâ'î ajoute la précision: **"En une nuit, en faisant ensuite un seul bain rituel."** Enfin, que Dieu nous guide au succès.

[Fatâwâ du collectif permanent de L'Iftâ']

Bain rituel suite à l'acte sexuel, sans éjaculation

Son éminence, Cheikh Muhammad Ibn Sâlih al-'Uthaymîn

Question: Les conjoints ont-ils l'obligation de prendre un bain rituel après l'acte sexuel, même s'il n'y a pas eu éjaculation?

Réponse: Oui, ils doivent obligatoirement prendre le bain rituel, qu'il y ait eu éjaculation ou non, ceci en vertu du hadîth d'Abû Hurayra ﷺ qui rapporte que le Prophète ﷺ dit: **"Quand l'homme s'installe entre les quatre membres [de la femme] et qu'il la remue, le bain lui sera obligatoire."**(1) [Hadîth rapporté par al-Bukhârî et Muslim]. Une version de Muslim mentionne l'ajout: **"...même s'il n'aura pas éjaculé"**, ce qui établit clairement l'obligation du bain rituel, même s'il n'y a pas eu éjaculation. Or, ce détail est ignoré par beaucoup de gens. Il faut donc y prêter attention.

[Majmû' Fatâwâ wa Rasâ'il al-Cheikh Ibn 'Uthaymîn]

Se voir accomplir l'acte sexuel en rêve

Le collectif permanent de l'Iftâ', présidé par son éminence, Cheikh 'Abd-al-'Azîz Ibn 'Abdullah Ibn Bâz

Question: Je suis marié, et je dormais à côté de ma femme, quand j'ai vu en rêve que je faisais l'acte sexuel et j'avais éjaculé. Une fois réveillé, j'ai fait le bain rituel, je me suis lavé le sexe, et je suis revenu auprès d'elle et l'on a eu un rapport sexuel ensemble. Est-ce que je suis coupable de péché ou non?

Réponse: Si tel est le cas, tu n'es pas coupable de péché, du fait de la pollution nocturne. Tu dois simplement prendre un bain, puis un second bain suite à l'acte. Voire, il n'y a pas de mal à retarder le bain dû à la

(1) Les Ulémas divergent d'avis, quant au sens exact de l'expression "chu'abihâ al-arba'", que nous avons traduit par: "quatre membres". Plusieurs interprétations en ont été données, dont les suivantes: Les deux mains et les deux pieds, les deux pieds et les deux cuisses, les deux jambes et les lèvres [de la vulve], mais le Cadi 'Iyâd opte plutôt pour le sens des quatre lèvres du sexe de la femme. Le terme remuer (jhadahâ, dans le texte arabe) signifie pénétrer, selon certains, alors que selon d'autres, il signifie s'éprouver à l'acte. Le Cadi 'Iyâd ﷺ explique que cela veut dire faire l'effort qu'exige l'acte sexuel et l'accomplir littéralement. Ce sens rejoint celui de pénétration. En somme, le hadîth implique que l'obligation du bain ne découle pas uniquement à l'éjaculation, mais aussi que l'intromission du gland dans le vagin engendre obligatoirement le bain rituel, et pour l'homme et pour la femme. Ce qui ne fait, désormais, plus l'objet d'aucune divergence d'avis, sachant qu'auparavant certains compagnons et certains de leurs successeurs divergeaient dessus. Par la suite, cette règle fit l'objet du consensus de la communauté.

pollution nocturne, jusqu'après l'acte sexuel, pour ne faire qu'un seul bain pour les deux.

[Fatâwâ du collectif permanent de L'Iftâ']

Est-il loisible à l'individu, en état d'impureté rituelle majeure de sexualité, de dormir sans faire l'ablution?

Le collectif permanent de l'Iftâ', présidé par son éminence, Cheikh 'Abd-al-'Azîz Ibn 'Abdullah Ibn Bâz

Question: Est-il loisible à l'individu en état d'impureté rituelle majeure liée à la sexualité de dormir, sans faire l'ablution?

Réponse: Il n'y a pas de grief à dormir, sans avoir fait l'ablution, pour cet individu. Toutefois, il lui est préférable de faire l'ablution avant de se coucher, car le Prophète ﷺ le faisait et l'avait recommandé.

[Fatâwâ du collectif permanent de l'Iftâ']

Éjaculer suite à une excitation sexuelle sans coït

Son éminence, Cheikh Mu<u>h</u>ammad Ibn Sâli<u>h</u> al-'Uthaymîn

Question: Il m'arrive souvent d'éjaculer sans coït, par suite des câlineries que je fais à mon épouse. Elle me fait également des câlineries, mais sans émettre de liquide sexuel. Devons-nous prendre un bain rituel dans ce cas?

Réponse: Le bain rituel incombe obligatoirement à la personne qui a éjaculé. Si tu éjacules et qu'elle éprouve uniquement du plaisir, sans éjaculer, elle ne sera pas donc tenue de prendre un bain rituel et il t'incombera à toi seul. Et inversement, si c'est elle qui éjacule et que toi, tu n'éjacules pas, c'est à elle seule qu'incombe de prendre un bain. Par ailleurs, le bain rituel vous incombe, à tous deux, suite au coït, même sans éjaculation d'aucun de vous, ceci en vertu du <u>h</u>adîth d'Abû Hurayra ﷺ, qui rapporte que le Messager de Dieu ﷺ dit: **"Quand l'homme s'installe entre les quatre membres [de la femme]**

et qu'il la remue, le bain lui sera obligatoire, même s'il n'aura pas éjaculé." [Hadîth rapporté par al-Bukhârî et Muslim].

Le bain rituel incombe donc à l'individu suite à l'éjaculation considérée isolément, même s'il n'y a pas eu coït, comme il lui incombe suite au coït pris isolément, même s'il n'y a pas eu éjaculation. Et à plus forte raison, il incombe en cas de coït avec éjaculation.

[Fatâwâ Manâr al-Islâm]

Est-ce toucher la femme annule l'ablution?

Son éminence, Cheikh Muhammad Ibn Sâlih al-'Uthaymîn

Question: Est-ce toucher la femme annule l'ablution?

Réponse: Selon l'avis authentique des Ulémas sur la question, le toucher de la femme n'annule pas l'ablution en général, à moins que l'homme n'émette quelque liquide en conséquence. La preuve scripturaire est le hadîth authentique mentionnant que le Prophète ﷺ avait embrassé une de ses épouses, puis il sortit faire la prière sans renouveler l'ablution. En plus, la règle indique qu'il n'y a pas annulation jusqu'à établissement d'une preuve explicite de cette annulation. Or, l'homme ayant accomplit la purification rituelle (ablution) sur la base d'une preuve légale, cette purification ne saurait-elle être considérée nulle que sur la base d'une autre preuve légale. Dieu ﷻ dit dans le saint Coran:

﴿أَوْ لَٰمَسْتُمُ ٱلنِّسَآءَ﴾

﴾Ou si vous avez touché à des femmes﴿ (1)

[Les Femmes, 43]

---

(1) Voici l'intégralité du verset pour mieux en saisir le sens:

﴿يَٰٓأَيُّهَا ٱلَّذِينَ ءَامَنُواْ لَا تَقْرَبُواْ ٱلصَّلَوٰةَ وَأَنتُمْ سُكَٰرَىٰ حَتَّىٰ تَعْلَمُواْ مَا تَقُولُونَ وَلَا جُنُبًا إِلَّا عَابِرِى سَبِيلٍ حَتَّىٰ تَغْتَسِلُواْ وَإِن كُنتُم مَّرْضَىٰٓ أَوْ عَلَىٰ سَفَرٍ أَوْ جَآءَ أَحَدٌ مِّنكُم مِّنَ ٱلْغَآئِطِ أَوْ لَٰمَسْتُمُ ٱلنِّسَآءَ فَلَمْ تَجِدُواْ مَآءً فَتَيَمَّمُواْ صَعِيدًا طَيِّبًا فَٱمْسَحُواْ بِوُجُوهِكُمْ وَأَيْدِيكُمْ إِنَّ ٱللَّهَ كَانَ عَفُوًّا غَفُورًا ﴿٤٣﴾﴾

﴾Ô les croyants! n'approchez pas de la prière alors que vous êtes ivres jusqu'à ce que vous compreniez ce que vous dites, et aussi quand vous êtes en état d'impureté (pollués) -à moins que vous ne soyez en voyage,jusqu'à ce que vous ayez pris un bain rituel. Si vous =

Réponse: Nous répliquerons que le toucher dans le verset désigne l'acte sexuel, ainsi que le confirme Ibn 'Abbâs ﷺ dans un hadîth authentique. Par ailleurs, ce saint verset comporte une classification de l'acte de purification (tahâra) en purification fondamentale (tahâra asîla) et purification alternative (tahâra badîla), et une autre claissification en purification majeure (tahâra kubra) et purification mineure (tahâra sughra). Comme il comporte une classification des motifs exigeant les purifications majeure et mineure. Dieu ﷻ dit:

﴿يَٰٓأَيُّهَا ٱلَّذِينَ ءَامَنُوٓاْ إِذَا قُمۡتُمۡ إِلَى ٱلصَّلَوٰةِ فَٱغۡسِلُواْ وُجُوهَكُمۡ وَأَيۡدِيَكُمۡ إِلَى
ٱلۡمَرَافِقِ وَٱمۡسَحُواْ بِرُءُوسِكُمۡ وَأَرۡجُلَكُمۡ إِلَى ٱلۡكَعۡبَيۡنِۚ﴾

﴿Ô les croyants! lorsque vous vous levez pour la prière, lavez vos visages et vos mains jusqu'aux coudes, passez les mains mouillées sur vos têtes, et lavez-vous les pieds jusqu'aux chevilles.﴾ [La Table servie, 6].

Il s'agit, ici, de la purification fondamentale mineure à l'eau.

Ensuite, Il dit:

﴿وَإِن كُنتُمۡ جُنُبٗا فَٱطَّهَّرُواْۚ﴾

﴿Et si vous êtes pollués, alors purifiez-vous [par un bain]﴾.
[La Table servie, 6]

Et ceci est la purification fondamentale majeure, à l'eau.

Puis, Il ajoute:

﴿وَإِن كُنتُم مَّرۡضَىٰٓ أَوۡ عَلَىٰ سَفَرٍ أَوۡ جَآءَ أَحَدٞ مِّنكُم مِّنَ ٱلۡغَآئِطِ أَوۡ لَٰمَسۡتُمُ ٱلنِّسَآءَ فَلَمۡ
تَجِدُواْ مَآءٗ فَتَيَمَّمُواْ﴾

﴿Mais si vous êtes malades, ou en voyage, ou si l'un de vous revient du

---

= ***êtes malades ou en voyage, ou si l'un de vous revient du lieu où il a fait ses besoins, ou si vous avez touché à des femmes et que vous ne trouviez pas d'eau, alors recourez à une terre pure, et passez-vous-en sur vos visages et sur vos mains. Allah, en vérité, est Indulgent et Pardonneur.﴾***

[Les Femmes, 43].

***lieu où il a fait ses besoins, ou si vous avez touché aux femmes et que vous ne trouviez pas d'eau, alors recourez à la terre pure*﴿.** [La Table servie, 6]

Et il s'agit là du recours à la lustration à sec (tayammum), qui est la purification alternative.

Et lorsqu'Il dit:

﴿أَوْ جَآءَ أَحَدٌ مِّنكُم مِّنَ ٱلْغَآئِطِ أَوْ لَٰمَسْتُمُ ٱلنِّسَآءَ﴾

﴾*Ou si l'un de vous revient du lieu où il a fait ses besoins, ou si vous avez touché à des femmes*﴿. [La Table servie, 6]

Ceci indique le motif exigeant la purification mineure.

Et dans:

﴿أَوْ لَٰمَسْتُمُ ٱلنِّسَآءَ﴾

﴾*Ou si vous avez touché à des femmes*﴿. [La Table servie, 6].

Ceci indique le motif de la purification majeure. Or, si nous l'interprétions au sens strict de palpation avec la main, le saint verset comporterait deux motifs exigeant la purification mineure, en omettant le motif exigeant la purification majeure, sachant, qu'en plus, Dieu ﷻ dit dans le verset:

﴿وَإِن كُنتُمْ جُنُبًا فَٱطَّهَّرُوا۟﴾

﴾*Et si vous êtes pollués, alors purifiez-vous [par un bain]*﴿. [La Table servie, 6]

Ce qui serait contraire à l'éloquence coranique.

Par conséquent, le verset indique:

﴿أَوْ لَٰمَسْتُمُ ٱلنِّسَآءَ﴾

﴾*Ou si vous avez touché à des femmes*﴿. [La Table servie, 6]

Ceci signifie: Dans le cas où vous avez accompli l'acte sexuel avec des femmes. Car, ainsi, le verset comporte-t-il les deux motifs exigeant la purification rituelle – majeur et mineur –, les deux modes de purification –

mineure concernant les quatre membres (mentionnés dans le verset), et majeure concernant l'ensemble du corps –, ainsi que la purification alternative, soit la lustration à sec – concernant uniquement deux parties du corps (qui sont les mains et le visage) –, vu qu'elle tient lieu, à la fois, de la purification mineure et de la purification majeure.

Partant d'ici, l'avis le plus plausible est que le toucher de la femme n'annule pas l'ablution, en général, que ce soit un toucher voluptueux ou non, tant qu'il n'y a pas émission de liquide sexuel. Mais s'il y a émission de sperme, l'on sera tenu d'accomplir un bain, tandis que l'on sera tenu de laver la verge et les testicules, et de faire l'ablution s'il y a émission de liquide prostatique.

[Majmû' Fatâwâ wa Rasâ'il al-Cheikh Ibn 'Uthaymîn]

Le bain, est-il obligatoire suite aux caresses et aux baisers?

Son éminence, Cheikh Muhammad Ibn Sâlih al-'Uthaymîn

Question: Le bain est-il obligatoire suite aux caresses et aux baisers?

Réponse: Le bain n'incombe-t-il pas ni à l'homme ni à la femme, suite à de simples caresses ou baisers, sauf s'il y a éjaculation. Dans ce dernier cas, le bain devient obligatoire pour les deux, si les deux ont éjaculé, ou obligatoire au seul des deux partenaires qui a éjaculé. Ceci quand il s'agit de simples caresses, baisers ou étreintes; mais lorsqu'il s'agit du coït, le bain incombe obligatoirement à l'homme et à la femme de toute façon, même s'il n'y a pas eu éjaculation, en vertu du hadîth du Prophète ﷺ rapporté par Abû Hurayra رضي الله عنه, disant: **"Quand l'homme s'installe entre les quatre membres [de la femme] et qu'il la remue, le bain lui sera obligatoire."** [Hadîth rapporté par al-Bukhârî et Muslim]. Une version de Muslim mentionne l'ajout: **"...même s'il n'aura pas éjaculé."** Or, beaucoup de femmes ignorent-elles sur ce point. En fait, la femme, ou encore l'homme, pensent-ils souvent que le coït, sans éjaculation, n'engendre pas l'obligation du bain, ce qui relève d'une grave ignorance, car le coït engendre l'obligation du bain dans tous les cas, contrairement aux caresses qui ne l'engendre qu'en cas d'éjaculation.

[Majmû' Fatâwâ wa Rasâ'il al-Cheikh Ibn 'Uthaymîn]

L'individu pollué n'est pas impur avant le bain rituel

Le collectif permanent de l'Iftâ', présidé par son éminence, Cheikh 'Abd-al-'Azîz Ibn 'Abdullah Ibn Bâz

Question: Lorsque l'acte sexuel est accompli par l'homme et la femme, leur est-il loisible de toucher quelqu' objet que ce soit? Et s'ils le touchent, cet objet sera-t-il souillé ou non?

Réponse: Certes, il est loisible à l'individu pollué de toucher les objets, tels que les vêtements, les assiettes, les marmites, etc., qu'il soit homme ou femme. Car l'individu n'est pas impur, ni ne devient impur, et de là ce qu'il touche ne sera pas souillé. De même, la femme en menstruation ou en lochies ne devient-elle pas impure à cause de l'écoulement sanguin des menstrues, ni des lochies. Bien au contraire, son corps et sa sueur sont purs, ainsi que tout ce qu'elle touche avec ses mains. Seul est souillure ce sang qui s'écoule de son corps.

[Fatâwâ du collectif permanent de L'Iftâ']

Le toucher et le bain rituel

Le collectif permanent de l'Iftâ', présidé par son éminence, Cheikh 'Abd-al-'Azîz Ibn 'Abdullah Ibn Bâz

Question: Je me suis marié, il y a quelques mois, avec ma cousine utérine. Tellement nous nous aimons, nous avons pris l'habitude de nous coucher parfois enlacés, en étant déshabillés. Aussi, voudrais-je vous demander dans lequel des cas suivants, où il n'y a pas eu de coït, la prière du s̲ubh̲ sera-t-elle valide sans avoir pris de bain rituel:

1. Cas où il n'y a pas de contact des deux sexes?

2. Cas de simple contact superficiel des deux sexes?

3. Cas de contact superficiel des sexes, avec émission de liquide prostatique uniquement de ma part, ou avec émission de liquide sexuel des deux partenaires?

Je prie votre éminence de bien vouloir me donner les réponses exhaustives à ces interrogations, et veuillez agréer mes sentiments de gratitude et de considération. Que Dieu vous garde.

Réponse: Si la réalité est telle que tu l'as présentée, alors le bain ne sera pas obligatoire dans le premier cas.

Il ne sera pas obligatoire, non plus, dans le deuxième cas, s'il n'y a pas eu intromission totale du gland dans le vagin, sinon le bain sera obligatoire.

Pour ce qui est du troisième cas, la liturgie indique les mêmes dispositions que pour le deuxième cas, sauf qu'il est obligatoire pour l'homme de laver sa verge et ses testicules en raison de l'émission du liquide prostatique; et la femme devra, de son côté, se laver le sexe, quand il y a émission du liquide sexuel.

Enfin, que Dieu nous guide au succès.

[Fatâwâ du collectif permanent de L'Iftâ']

Le bain rituel de l'homme avec son épouse

Le collectif permanent de l'Iftâ', présidé par son éminence, Cheikh 'Abd-al-'Azîz Ibn 'Abdullah Ibn Bâz

Question: Est-il loisible à l'homme de prendre un bain avec son épouse pour se purifier de la pollution, ou quelque autre motif?

Réponse: Il est loisible à l'homme de se prendre un bain avec son épouse, pour lever l'état de pollution, en puisant l'eau d'un même récipient. Cela se fonde sur le hadîth d'Ibn 'Abbâs ﵄, disant: "Le Messager de Dieu ﷺ avait pris un bain rituel avec l'eau restante de l'ablution de Maymûna." [Hadîth rapporté par Muslim et Ahmad]. D'après Ibn 'Abbâs ﵄, aussi, Maymûna rapporte-t-elle que le Messager de Dieu ﷺ avait fait l'ablution avec le reste de l'eau ayant servie à son bain, pour lever la pollution. [Hadîth rapporté par Ahmad et Ibn Mâja]. Ibn 'Abbâs ﵄ rapporte, encore, qu'une épouse du Prophète ﷺ prenait un bain, en puisant l'eau d'une grande écuelle, et qu'ensuite le Prophète ﷺ, étant venu pour faire l'ablution ou un bain avec cette eau, elle lui fit remarquer: "Ô Messager de Dieu! j'étais polluée, et lui de lui rétorquer: Mais l'eau ne devient-elle pas polluée [pour autant]." [Hadîth rapporté par Ahmad, Abû Dâwûd, al-Nasâ'î et Al-Tirmidhî]. Mais d'un autre côté, Abû Dâwûd et al-Nasâ'î rapportent le hadîth d'un homme qui avait accompagné le Prophète ﷺ, disant: "Le Messager de Dieu ﷺ a interdit à la femme de se prendre un bain avec le reste de l'eau utilisée par l'homme, et à l'homme de prendre un bain avec le reste de l'eau utilisée par la femme, et de puiser ensemble d'un même récipient." [Al-Hâfiz Ibn Hajar dit dans son Fath al-Bârî: Ce hadîth a été rapporté par Abû Dâwûd et al-Nasâ'î et son isnâd est authentique].

Al-Bukhârî et Muslim mentionnent également le hadîth d'Umm Salama رضي الله عنها qui dit: "Nous prenions le bain rituel, moi et le Messager de Dieu ﷺ, pour lever la pollution, en puisant l'eau d'un même récipient, de sorte que nos mains s'y croisaient." Une version d'al-Bukhârî dit: "...en utilisant un même récipient duquel nous puisions l'eau ensemble." La version de Muslim dit (et c'est 'Â'icha رضي الله عنها qui la rapporte): "Je me lavais, moi et le Messager de Dieu ﷺ, à partir d'un seul récipient, entre lui et moi. Il me devançait à y puiser l'eau, de sorte que je lui disais: Laisse-moi en prendre; laisse-moi en prendre."

Il ressort de ces hadîths que le bain de la femme et de l'homme, ensemble, en puisant l'eau d'un même récipient, est loisible. De même, il n'y a pas de grief pour l'un des deux à prendre un bain ou à faire son ablution avec le reste de l'eau ayant servi à l'autre. Seulement, est-il préférable de s'en abstenir, lorsqu'on dispose d'une autre eau, ceci sur la base de la conciliation des divers hadîths. Enfin, que Dieu nous guide au succès.

[Fatâwâ du collectif permanent de L'Iftâ']

Le bain rituel de la levée de l'état de pollution pour la femme, et la différence avec le bain de la fin de la menstruation

Le collectif permanent de l'Iftâ', présidé par son éminence, Cheikh 'Abd-al-'Azîz Ibn 'Abdullah Ibn Bâz

Question: Y a-t-il une différence entre le bain de l'homme et celui de la femme pour lever l'état d'impureté due à la pollution? La femme, doit-elle défaire ses cheveux, ou bien lui suffit-il de verser l'eau dessus à trois reprises, conformément au hadîth? Enfin, quelle est la différence entre le bain rituel pour la pollution et celui pour recouvrir la propreté suite à la menstruation?

Réponse: Il n'y a aucune différence entre l'homme et la femme, quant à la façon d'accomplir le bain rituel, pour lever l'état de pollution. Aucun des deux, ni la femme ni l'homme, ne doit défaire ses cheveux pour les laver. Il suffit plutôt de verser trois poignées d'eau sur la tête, ensuite de répandre l'eau sur l'ensemble du corps, conformément à l'indication mentionnée dans le hadîth d'Umm Salama qui rapporte avoir dit: "Ô Messager de Dieu! je suis une femme qui tresse les cheveux. Dois-je donc les défaire pour le bain de levée de la janâba?" "**Non**, lui répondit-il, et d'expliquer: **Il te suffit juste de verser trois poignées d'eau sur ta tête, puis tu répandras l'eau sur ton corps et ainsi tu te seras purifiée.**" [Hadîth rapporté par Muslim].

Ainsi, quand la chevelure de l'homme ou de la femme est-elle couverte d'un bandeau, ou de teinture, ou quelque chose empêchant l'accès de l'eau jusqu'au cuir chevelu, l'on devra alors s'en débarrasser. Mais s'il s'agit de quelque chose de léger, qui n'empêche pas l'eau de parvenir au cuir chevelu, il ne sera pas obligatoire de s'en débarrasser.

Quant au bain de la femme suite à la menstruation, il y a divergence d'avis sur l'obligation de défaire ses cheveux pour ce faire? Selon l'avis authentique, elle n'est pas tenue obligatoirement de les défaire, et ce, en vertu de certaines versions du hadîth d'Umm Salama, mentionnées par Muslim, où elle dit au Prophète ﷺ: "Dois-je donc défaire mes cheveux pour lever l'état d'impureté dû aux menstrues ou à la pollution?", et le Prophète ﷺ d'infirmer: "**Non. Il te suffit juste de verser trois poignées d'eau sur ta tête, puis tu répandras l'eau sur ton corps, et ainsi tu te seras purifiée.**" Cette version indique formellement, donc, qu'il n'est pas obligatoire de dénouer, ni de défaire ses cheveux pour le bain rituel de la menstruation, ni de la pollution. Il est toutefois préférable de les défaire pour le bain de la menstruation, par mesure de précaution, mais aussi pour échapper aux divergences des avis, et par conciliation des preuves scripturaires. Enfin, que Dieu nous guide au succès.

[Fatâwâ du collectif permanent de L'Iftâ']

Rapports sexuels après l'accouchement

Le collectif permanent de l'Iftâ', présidé par son éminence Cheikh 'Abd-al-'Azîz Ibn 'Abdullah Ibn Bâz

Question: Lorsque la femme enceinte accouche, et qu'il n'y ait plus d'écoulement sanguin (lochies), est-il alors loisible à son époux d'avoir des rapports sexuels avec elle? Et doit-elle faire la prière et jeûner ou non?

Réponse: Lorsque la femme accouche, et qu'il n'y a plus d'écoulement sanguin, elle sera dans l'obligation d'accomplir le bain rituel et de reprendre la prière et le jeûne. De même, son époux aura le droit d'avoir des rapports sexuels avec elle, une fois qu'elle aura accompli le bain. Car, en fait, l'accouchement est-il généralement accompagné ou suivi par un écoulement sanguin.

[Fatâwâ du collectif permanent de L'Iftâ']

Rapports sexuels au cours des lochies, en dehors du coït

Le collectif permanent de l'Iftâ', présidé par son éminence, Cheikh 'Abd-al-'Azîz Ibn 'Abdullah Ibn Bâz

Question: Est-il permis à l'homme de se livrer aux rapports sexuels avec sa femme en lochies, en dehors du coït, avant l'écoulement de quarante jours depuis l'accouchement, sachant que le sang des lochies n'a pas cessé?

Réponse: Oui, cela est permis, mais la Sunna commande à la femme de se draper le bas du corps, ainsi rapporté par 'Â'icha ﵂, qui dit: "Pendant ma menstruation, le Messager de Dieu ﷺ m'ordonnait de me draper le ventre, puis il se livrait au contact charnel avec moi." [Hadîth rapporté par al-Bukhârî et Muslim]. Enfin, que Dieu nous guide au succès.

[Fatâwâ du collectif permanent de l'Iftâ']

L'acte sexuel avec l'accouchée, avant l'écoulement de quarante jours, depuis l'accouchement

Le collectif permanent de l'Iftâ', présidé par son éminence, Cheikh 'Abd-al-A'zîz Ibn 'Abdullah Ibn Bâz

Question: Est-il permis à l'homme d'accomplir l'acte sexuel avec sa femme après trente ou vingt-cinq jours de l'accouchement, ou bien cela n'cst permis qu'après quarante jours? Car j'ai entendu certains gens dire que cela dépend de la disposition de la femme, tandis que d'autres affirment qu'on doit obligatoirement attendre l'écoulement des quarante jours entiers. Je ne sais pas qui dois-je croire. Veuillez donc m'éclairer sur l'avis authentique, et que Dieu vous en récompense pleinement.

Réponse: Il n'est pas permis à l'homme de se livrer à l'acte sexuel avec sa femme accouchée pendant sa période de lochies, ceci jusqu'à l'écoulement de quarante jours, depuis l'accouchement. Sauf si le sang des lochies cesse avant ces quarante jours, dans ce cas-là, il lui sera loisible d'avoir des rapports sexuels normaux avec elle, pendant la période de propreté, mais après qu'elle aura pris un bain rituel. Or, si l'écoulement sanguin des lochies reprend avant la fin des quarante jours, il lui sera de nouveau prohibé d'accomplir l'acte sexuel avec elle. Elle devra, quant à elle, s'abstenir de jeûner et de prier jusqu'à la fin des quarante jours, ou jusqu'à l'arrêt définitif de l'écoulement sanguin. Enfin, que Dieu nous guide au succès.

[Fatâwâ du collectif permanent de L'Iftâ']

Expiation du coït avec l'épouse en menstruation

Son éminence, Cheikh 'Abd-al-Rahmân Ibn Nâsir al-Sa'dî

Question: Quelle est l'expiation à acquitter en cas de coït pendant la période menstruelle?

Réponse: Celui qui accomplit l'acte sexuel avec une femme en menstruation est tenu de faire aumône d'un dinar ou d'un demi-dinar, en guise d'expiation, conformément au hadîth rapporté d'après Ibn 'Abbâs. Car comme l'expiation est requise en cas de parjure, elle l'est également en cas de péchés commis, dans l'espoir de les alléger et de se repentir parfaitement.

[Al-Fatâwâ al-Sa'diyya]

Rapports sexuels avec la femme qui a subi un avortement

Le collectif permanent de l'Iftâ', présidé par son éminence, Cheikh 'Abd-al-'Azîz Ibn 'Abdullah Ibn Bâz

Question: Nous avons une femme qui a avorté sans raison apparente, telle fut la volonté de Dieu. Le mari, peut-il poursuivre les rapports sexuels avec elle directement après l'avortement, ou bien doit-il les suspendre durant quarante jours?

Réponse: Si l'embryon a atteint un stade de développement où il présente les caractéristiques morphologiques de l'espèce, comme les mains, les pieds et la tête, il est alors prohibé d'avoir des rapports sexuels avec la mère, tant que le sang s'écoule pendant quarante jours. Mais il est permis de se livrer à l'acte sexuel avec elle pendant les périodes d'interruption de l'écoulement sanguin, après qu'elle aura pris un bain rituel. Par contre, si l'embryon avorté ne présente pas encore les caractéristiques morphologiques de l'espèce, il sera loisible d'avoir des rapports sexuels avec la mère, même directement après l'avortement. Car l'écoulement du sang qui s'ensuit n'est pas considéré comme lochies, mais comme sang dû à un accident de santé. Et de là, la femme pourra prier et jeûner au cours de la période de cet écoulement, comme il sera loisible d'avoir des rapports sexuels, et elle devra faire l'ablution pour chaque prière.

[Fatâwâ du collectif permanent de L'Iftâ']

L'état psychique et les rapports sexuels

Son éminence, Cheikh Muhammad Ibn Sâlih al-'Uthaymîn

Question: La femme, sera-t-elle coupable de péché si elle refuse de se livrer à son époux, quand il le demande, en raison d'un état psychologique passager ou en raison d'une maladie?

Réponse: La femme doit répondre favorablement à son époux quand il l'invite au lit. Mais quand elle souffre d'une maladie psychique ou organique qui l'empêche de s'adonner à l'acte sexuel, dans ce cas, il est interdit au mari de l'exiger d'elle, ceci conformément au hadîth du Prophète ﷺ disant: "**Ne portez pas préjudice à autrui, ni ne le rendez par la réciproque.**"[1] [Hadîth rapporté par Ibn Mâja, al-Dâraqutnî et Mâlik]. Partant de là, le mari doit-il suspendre les rapports sexuels avec elle pendant cette périodes, ou bien le faire de façon qui ne lui porte pas préjudice.

[Fatâwâ al-Mar'a]

La durée minimale de la grossesse

Le collectif permanent de l'Iftâ', présidé par son éminence, Cheikh 'Abd-al-'Azîz Ibn 'Abdullah Ibn Bâz

Question: Je me suis absenté une année complète durant laquelle je n'ai

(1) Celui qui cause une nuisance à son frère, commet par là une injustice envers lui. Et l'injustice est prohibée, comme susmentionné dans le hadîth d'Abû Dharr disant; 'Ô mes sujets! je me suis prohibé l'injustice et [je] vous la prohibe entre vous. Ne commettez donc pas d'injustice les uns envers les autres." Le Prophète ﷺ dit aussi: "Il vous est prohibé de commettre des violations entre vous, à vos vies, vos biens et vos dignités." Il ﷺ dit encore: "Ne portez pas préjudice à autrui, ni ne le rendez par la réciproque." Certains Ulémas disent que les deux termes en arabe: "darar" et "dirâr" désignent une même chose, et que la répétition sert alors à souligner la prohibition. Ibn Habîb dit: "darar" est, selon les lexicographes arabes, le nom (soit le préjudice ou la nuisance) et; "dirâr", le nom d'action ou le fait de porter préjudice. Ainsi, là, darar signifie que personne ne porte à autrui un préjudice qu'il ne porte à sa propre personne. Tandis que dirâr signifie que personne ne porte préjudice à autrui. Al-Mahâsinî dit qu'al-darar est ce en quoi il y a un bienfait pour toi, alors que cela comporte un préjudice pour ton prochain. Cet avis est, en fait, acceptable. D'autres disent que "darar" et "dirâr" sont des termes respectivement comparables à "qatl" (tuer) et "qitâl" (s'entretuer). Ainsi, "darar" consiste-t-il à nuire à quelqu'un qui ne te nuit pas, alors que "dirâr" c'est lorsque tu nuis à quelqu'un qui te nuit, non de façon à rendre strictement la réciproque, pour établir la justice. [Ibn Daqîq, Commentaire des quarante hadîths d'al-Nawawî, traduit de l'arabe par H. L. Yahiaoui, Dar al-Kotob al-Ilmiyya, Beyrouth].

pas vu ma femme qui ne savait même pas où j'étais. Ensuite, je suis rentré et j'ai passé avec elle huit mois et vingt-cinq jours au bout desquels elle a mis au monde un enfant. Je l'ai alors suspectée à cause des cinq jours manquant au neuf mois. Veuillez donc m'indiquer ce que je dois faire?

Réponse: Il n'y a pas lieu d'avoir des soupçons concernant une grossesse de moins de neuf mois, car sa durée minimale est de six mois, tel que Dieu ﷻ l'établit dans ces versets:

﴿وَحَمْلُهُۥ وَفِصَٰلُهُۥ ثَلَٰثُونَ شَهْرًا﴾

﴿Et sa gestation et sevrage durent trente mois.﴾ [Al-Ahqâf, 15]

﴿وَفِصَٰلُهُۥ فِى عَامَيْنِ﴾

﴿Son sevrage a lieu à deux ans.﴾ [Luqmân, 14]

Ceci prouve que la durée minimale de la grossesse est de six mois. Ainsi, quand la femme accouche-t-elle au septième mois, ou après ce délai, cela ne doit susciter aucun suspicion. Enfin, que Dieu nous guide au succès.

[Fatâwâ Islâmiyya]

Baisers ou caresses de l'homme, à sa femme, pendant le jour du mois de ramadan

Le collectif permanent de l'Iftâ', présidé par son éminence, Cheikh 'Abd-al-'Azîz Ibn 'Abdullah Ibn Bâz

Question: Le jeûne, s'annule-t-il quand l'homme embrasse ou caresse sa femme le jour, au cours du jeûne du ramadan? Veuillez m'éclairer sur ce point que Dieu vous éclaire.

Réponse: Il est loisible à l'homme en jeûne de cajoler sa femme, de l'embrasser et de toucher directement son corps sans grief, sans toutefois arriver au coït. Car le Prophète ﷺ "embrassait ses épouses et les touchait au cours de son jeûne."[1] Mais cela est répréhensible quand on craint de

(1) 'Â'icha ؓ dit: "Le Messager de Dieu ﷺ donnait des baisers tout en étant en jeûne, =

commettre l'acte prohibé par Dieu, en raison de la difficulté de se maîtriser[1]. Si l'homme éjacule, il sera tenu d'observer l'abstinence (imsâk), de s'abstenir de tout ce dont le jeûneur s'abstient et de compenser ce jour de jeûne, mais sans devoir pour autant une expiation, selon la quasi-totalité des Ulémas. Quant à l'émission du liquide prostatique, elle n'annule pas le jeûne, selon l'un des deux avis émis par les Ulémas sur la question. Le jeûne demeure normalement valide dans ce dernier cas, parce qu'il est difficile de se prémunir contre l'émission du liquide prostatique.

[Kitâb al-Da'wa]

Consommer l'acte charnel avec l'épouse, au cours de la journée, au mois de ramadan, lors d'un voyage

Son éminence, Cheikh Muhammad Ibn Sâlih al-'Uthaymîn

Question: J'ai voyagé dans une région du Royaume, accompagné de ma femme et de mes enfants, et nous y avons observé le jeûne du ramadan. Il ne m'était possible de me trouver dans l'intimité avec ma femme qu'après la prière du fajr. Aussi, j'en profitai pour consommer l'acte charnel avec elle. Cela s'est répété quatre fois. Or, étant incapable personnellement d'accomplir l'expiation par le jeûne, ma femme non plus, je vous demande de bien vouloir m'indiquer une solution à ce problème?

Réponse: Puisque ce problème t'es arrivé alors que tu te trouvais en voyage, et non pas dans ton pays, tu es tenu uniquement de la compensation du jeûne. Car le voyageur n'est pas tenu d'accomplir une expiation, même s'il consomme l'acte charnel avec son épouse pendant le jeûne. En effet, le voyageur est autorisé à rompre son jeûne par l'acte charnel, pour manger ou boire. Ainsi, ne t'incombe-t-il que de compenser le jeûne en réparation à ton

= comme il touchait [ses épouses] en étant en jeûne. Mais lui, il se maîtrisait plus que vous tous." [Hadîth rapporté par Muslim]. "Toucher", dans le hadîth, signifie seulement qu'il les touchait avec la main.

(1) C'est pourquoi, dans une autre version du hadîth susmentionné, 'Â'icha ﷺ dit: "Le Messager de Dieu ﷺ me donnait un baiser tout en jeûnant. Or, qui peut se maîtriser autant que le Messager de Dieu ﷺ le faisait?"

acte. De même, ta femme est tenue de compenser les jours en question, à moins que tu l'aies contrainte à l'acte et qu'elle ait été incapable de te résister; auquel cas, elle ne sera pas tenue d'accomplir la compensation du jeûne. Enfin, que Dieu nous guide au succès.

[Fatâwâ Manâr al-Islâm]

Contraindre sa femme, en jeûne, à l'acte charnel

Son éminence, Cheikh Mu<u>h</u>ammad Ibn <u>S</u>âli<u>h</u> al-'Uthaymîn

Question: À mon retour au pays d'un voyage en Arabie Saoudite, j'étais en rupture du jeûne, alors que ma famille jeûnait. J'ai, cependant, contraint ma femme à l'acte charnel. Qu'incombe-t-il alors à chacun de nous, comme réparation, votre éminence?

Réponse: C'est un fait connu, chez le commun des musulmans comme chez les Ulémas, qu'il est interdit au jeûneur de consommer l'acte charnel, quand il s'agit d'un jeûne prescrit, et que l'acte charnel est annulatif du jeûne. Quand l'acte charnel est consommé du jour, au ramadan, et que le fidèle y a l'obligation de jeûner, l'infraction de cette règle exigera, de sa part, la compensation, et l'expiation qui consiste à affranchir un esclave, sinon le jeûne de deux mois consécutifs, sinon offrir un repas à soixante pauvres, ceci en vertu du <u>h</u>adîth mentionné dans les deux <u>S</u>a<u>h</u>î<u>h</u>s, d'après Abû Hurayra, ﷺ qui rapporte qu'un homme vint dire au Prophète ﷺ: "J'encours la perdition, ô Messager de Dieu!". **"Pourquoi donc?"**, lui demanda le Prophète ﷺ. "J'ai eu un rapport charnel avec ma femme en plein ramadan", expliqua-t-il. Le Prophète ﷺ lui demanda: **"As-tu de quoi affranchir un esclave?"** "Non", infirma-t-il. Le Prophète ﷺ lui demanda de nouveau: **"Es-tu capable de jeûner deux mois consécutivement?"** ."Non", infirma encore l'homme. **"As-tu de quoi nourrir soixante pauvres?"**, poursuivit le Prophète ﷺ. "Non, non plus", infirma toujours l'homme qui, à ce moment, s'assit. Après on apporta un grand panier de dattes au Prophète ﷺ qui lui dit: **"Prends-le et fais-en aumône"** ."Mais y a-t-il plus pauvres que nous? En fait, aucune famille [de Médine] n'en a besoin plus que la mienne?" Sur ce, le Prophète ﷺ sourit et lui dit: **"Va donc et nourris-en ta famille."**

La femme sera tenue de la même réparation que l'homme si elle consent à l'acte charnel, en étant en jeûne, au cours du ramadan. Mais elle ne sera tenue d'aucune réparation si elle aura été contrainte par son époux à l'acte, car la personne qui agit sous la contrainte est dégagée de toute responsabilité. Dieu ﷻ dit:

﴿وَلَيْسَ عَلَيْكُمْ جُنَاحٌ فِيمَآ أَخْطَأْتُم بِهِۦ وَلَٰكِن مَّا تَعَمَّدَتْ قُلُوبُكُمْ﴾

﴿Nul blâme sur vous pour ce que vous faites par erreur, mais [vous serez blâmés pour] ce que vos cœurs font délibérément.﴾ [Les Coalisés, 5]

Il dit aussi:

﴿مَن كَفَرَ بِٱللَّهِ مِنۢ بَعْدِ إِيمَٰنِهِۦٓ إِلَّا مَنْ أُكْرِهَ وَقَلْبُهُۥ مُطْمَئِنٌّۢ بِٱلْإِيمَٰنِ وَلَٰكِن مَّن شَرَحَ بِٱلْكُفْرِ صَدْرًا فَعَلَيْهِمْ غَضَبٌ مِّنَ ٱللَّهِ وَلَهُمْ عَذَابٌ عَظِيمٌ ﴿١٠٦﴾﴾

﴿Quiconque a renié Allah après avoir cru, sauf celui qui y a été contraint alors que son cœur demeure plein de la sérénité de la Foi, mais ceux qui ouvrent délibérément leur cœur à la mécréance, ceux-là ont sur eux une colère d'Allah et ils ont un châtiment terrible.﴾ [Les Abeilles, 106]

Ainsi, Dieu ayant excepté la personne qui renie sa foi sous la contrainte d'un impie, celle qui commet un péché encore moins grave en est, à fortiori, déchargée des conséquences qui s'ensuivent normalement.

Par conséquent, dans le cas de cet homme qui, en rentrant du voyage, a contraint son épouse qui jeûnait à l'acte charnel, en jour du ramadan, la femme, affirmons-nous, n'est tenue d'aucune réparation, vu qu'elle a agi sous la contrainte, à condition qu'elle ait été incapable de se débarrasser de lui et de le repousser. Quant au voyageur, les Ulémas divergent-ils s'il lui incombe ou non d'observer l'abstinence, quand il rentre à son pays, en ayant rompu le jeûne.

Ceux qui soutiennent qu'il doit observer l'abstinence, affirment qu'il est tenu de l'expiation. Alors que selon le second avis soutenant qu'il n'est pas tenu d'observer l'abstinence, avis que je considère le plus plausible, ce voyageur n'est tenu de rien dans ce cas, car il est autorisé à rompre le jeûne.

Nous avons souligner ci-haut, dans la réponse: "Et que le fidèle y a l'obligation de jeûner", pour exclure le cas du jeûneur qui ne le fait pas par obligation, comme par exemple celui qui voyage pendant la journée du ramadan. Car quand celui-ci s'adonne à l'acte charnel avec son épouse, lors de son voyage, il ne sera tenu d'aucune expiation, même s'il observait le jeûne. Seulement, lui incombera-t-il de compenser ce jour. Enfin, que Dieu nous guide au succès.

[Fatâwâ Manâr al-Islâm]

Expiation de l'homme qui consomme l'acte charnel avec son épouse, pendant une journée de ramadan

Son éminence, Cheikh Muhammad Ibn Sâlih al-'Uthaymîn

Question: Je suis un jeune homme et j'ai accompli l'acte charnel avec mon épouse le jour, pendant le ramadan. Dois-je acheter des dattes et en faire aumône?

Réponse: Puisqu'il s'agit d'un jeune homme, il doit être capable de jeûner deux mois consécutifs, et nous prions Dieu ﷻ de l'y aider. En fait, quand on est résolu à faire quelque chose, celle-ci devient facile. Mais quand on cède à la paresse et que l'on considère la chose comme pénible, celle-ci le sera effectivement. Or, devrions-nous rendre grâce à Dieu de nous avoir établi des œuvres qui nous délivrent du châtiment dans l'autre monde.

Nous dirons, donc, à ce frère: Tu dois jeûner deux mois consécutifs. Et si le climat est très chaud et la journée, longue, tu as la possibilité de reporter ce jeûne à l'hiver. La même expiation incombe à l'épouse, si elle a été consentante. Mais si elle a été contrainte, et qu'elle n'était pas en mesure de se soustraire à la volonté de son mari, son jeûne sera considéré comme accompli, et elle n'aura ni expiation, ni compensation à s'en acquitter.

[Dars wa Fatâwâ al-Haram al-Maqqî]

Accomplissement de l'acte charnel, sans éjaculation, pendant une journée du ramadan

Son éminence, Cheikh Muhammad Ibn Sâlih al-'Uthaymîn

Question: Quelle est l'œuvre expiatoire de l'accomplissement de l'acte charnel pendant la journée, au cours du ramadan? La compensation du jeûne est-elle suffisante comme réparation? Et, enfin, l'acte charnel accompli du jour, au cours du ramadan, sans éjaculation, annule-t-il le jeûne?

Réponse: L'accomplissement de l'acte charnel pendant la journée du ramadan est prohibé pour tout individu tenu obligatoirement de jeûner.

Dieu ﷻ dit:

﴿فَٱلۡـَٰٔنَ بَٰشِرُوهُنَّ وَٱبۡتَغُواْ مَا كَتَبَ ٱللَّهُ لَكُمۡۚ وَكُلُواْ وَٱشۡرَبُواْ حَتَّىٰ يَتَبَيَّنَ لَكُمُ ٱلۡخَيۡطُ
ٱلۡأَبۡيَضُ مِنَ ٱلۡخَيۡطِ ٱلۡأَسۡوَدِ مِنَ ٱلۡفَجۡرِۖ ثُمَّ أَتِمُّواْ ٱلصِّيَامَ إِلَى ٱلَّيۡلِۚ وَلَا تُبَٰشِرُوهُنَّ وَأَنتُمۡ
عَٰكِفُونَ فِي ٱلۡمَسَٰجِدِۗ تِلۡكَ حُدُودُ ٱللَّهِ فَلَا تَقۡرَبُوهَاۗ كَذَٰلِكَ يُبَيِّنُ ٱللَّهُ ءَايَٰتِهِۦ لِلنَّاسِ
لَعَلَّهُمۡ يَتَّقُونَ ١٨٧﴾

﴿Cohabitez donc avec elles maintenant et cherchez ce qu'Allah a prescrit en votre faveur; mangez et buvez jusqu'à ce que se distingue pour vous le fil blanc de l'aube du fil noir de la nuit. Puis accomplissez le jeûne jusqu'à la nuit. Mais ne cohabitez pas avec elles pendant que vous êtes en retraite rituelle dans les mosquées. Voilà les lois d'Allah: ne vous en approchez donc pas [pour les transgresser]. C'est ainsi qu'Allah expose aux hommes Ses enseignements, afin qu'ils deviennent pieux!﴾

[La Vache, 187]

L'acte charnel est annulatif du jeûne, qu'il soit accompagné d'éjaculation ou non. Il engendre aussi l'obligation de l'expiation rigoureuse, à savoir l'affranchissement d'un esclave, et faute d'en être incapable, ce sera le jeûne de deux mois consécutifs; et faute d'en être incapable, ce sera offrir un repas à soixante pauvres, ceci en vertu du hadîth d'Abû Hurayra ؓ qui rapporte qu'un homme vint dire au Prophète ﷺ: "J'encours la perdition, ô Messager de Dieu!". **"Pourquoi donc?"**, lui demanda le Prophète ﷺ. "J'ai eu un rapport charnel avec ma femme en plein ramadan" ,expliqua-t-il. Le Prophète ﷺ lui demanda: **"As-tu de quoi affranchir un esclave?"** "Non", infirma-t-il. Le Prophète ﷺ lui demanda de nouveau: **"Es-tu capable de jeûner deux mois consécutivement?"** "Non", infirma encore l'homme. "As-tu de quoi nourrir soixante pauvres?", poursuivit le Prophète ﷺ. "Non plus."...etc.

Ce hadîth constitue une preuve établissant l'obligation de l'expiation, pour celui qui accomplit l'acte charnel, pendant la journée, au cours du ramadan, quand il s'agit d'un individu tenu obligatoirement de jeûner.

L'expiation doit être exécutée dans l'ordre susmentionné, et non pas au choix. Ainsi, l'expiation qui incombe en premier lieu doit-elle être l'affranchissement d'un esclave. Et, seulement quand l'individu ne dispose pas des moyens de l'accomplir, il devra recourir à la deuxième option, à savoir le jeûne de deux mois consécutifs, sans interrompre le jeûne au cours de cette période, sauf pour motif légal, tel que le voyage ou la maladie qui surviennent au cours de ces deux mois. Et s'il rompt le jeûne au cours des deux mois, sans motif légal, il devra reprendre depuis le début, même s'il ne lui restait qu'un jour pour terminer l'expiation. Ensuite, en troisième lieu, s'il n'a pas la capacité de le faire, lui incombera-t-il d'offrir à manger [un repas] à soixante pauvres: Soit il leur donnera des denrées, à raison de douze Sâ'[1] de riz avec de la viande assaisonnée, soit il prépare un banquet auquel il conviera soixante pauvres, au moment du repas du midi ou au dîner. Enfin, que Dieu nous guide au succès.

[Fatâwâ Manâr al-Islâm]

L'épouse et le jeûne volontaire

Son éminence, Cheikh 'Abdullah Ibn Jibrîn

Question: Est-ce que j'ai le droit d'empêcher mon épouse d'observer le jeûne volontaire, comme les six jours du mois de chawwâl? Commettrais-je une faute si je le ferais?

Réponse: La Sunna du Prophète ﷺ nous indique l'interdiction, pour l'épouse, d'observer un jeûne volontaire ou surérogatoire, quand son mari est présent, sauf s'il l'y autorise, ceci en raison de son besoin éventuel de jouir d'elle. Ainsi, lorsqu'elle jeûne sans son autorisation, il lui sera loisible de rompre son jeûne s'il veut avoir un rapport charnel avec elle. Mais s'il n'éprouve pas ce besoin, il lui sera répréhensible de l'empêcher son épouse d'observer ce jeûne, à moins que cela ne lui porte [une autre] nuisance, ou ne l'empêche de prendre soin des enfants ou d'allaiter. Ceci vaut aussi bien pour

(1) Mesure de poids valant quatre mudds, sachant qu'un mudd équivaut à la contenance des deux mains réunies.

les six jours de chawwâl que pour les autres jours du jeûne surérogatoire.

[Fatâwâ al-Siyâm]

Absence prolongée de l'époux

Son éminence, Cheikh Muhammad Ibn Sâlih al-'Uthaymîn

Question: Lorsque l'époux d'une femme part en voyage dans un autre pays, et s'absente durant plusieurs années, de sorte qu'elle n'a plus de ses nouvelles, ni ne sait s'il est mort ou vivant, doit-elle être séparée de lui, ou bien doit-elle attendre son retour?

Réponse: Le choix lui revient exclusivement. Elle peut, à volonté, porter son affaire devant la cour pour demander la dissolution du mariage, et elle sera en droit de se séparer de lui. Comme elle peut, si telle est sa volonté, rester sous son autorité maritale, jusqu'à ce qu'une issue soit décidée à son égard.

[Al-Bâb al-Maftûh]

Absence de l'époux pendant plus de six mois

Son éminence, Cheikh Muhammad Ibn Sâlih al-'Uthaymîn

Question: Je suis de la République Arabe d'Égypte, et je travaille au Royaume Arabe Saoudite. Ayant mon épouse en Egypte, j'ai entendu dire que le mari qui part en voyage, en laissant sa femme pour une période au-delà de six mois, sa femme lui sera prohibée, sachant que je maintiens le contact avec elle par correspondance, et notamment en lui versant l'argent mensuellement pour sa subsistance. Ce que j'ai entendu, est-il vrai?

Réponse: Il n'y a pas de mal quand le mari part en voyage, en laissant sa femme dans un lieu sûr. Il n'y a pas de grief, non plus, si sa femme lui permet de prolonger son voyage au-delà de six mois. Mais si la femme revendique ses droits et lui demande de retourner auprès d'elle, il ne devra pas s'absenter plus de six mois, à moins qu'il ait un motif légal justifiant son absence prolongée, tel que suivre un traitement médical ou quelque autre motif similaire. Ces cas de force majeure obéissent à des dispositions particulières.

De toute façon, le dernier mot revient à l'épouse dans cette affaire. Et quand elle le permet à son mari, et qu'elle se trouve en situation sûre, le mari ne sera pas coupable, même en cas de longue absence.

[Fatâwâ Manâr al-Islâm]

Les femmes, auront-elles des époux au paradis?

Son éminence, Cheikh Mu<u>h</u>ammad Ibn <u>S</u>âli<u>h</u> al-'Uthaymîn

Question: Un consultant demande dans sa lettre que, sachant qu'au paradis les hommes qui y sont destinés auront des houris comme épouses, quel est le sort réservé aux femmes au paradis? Auront-elles ou non des époux?

Réponse: Dieu ﷻ décrit ainsi les faveurs et les grâces dont sont comblés les bienheureux du paradis:

﴿وَلَكُمْ فِيهَا مَا تَشْتَهِيٓ أَنفُسُكُمْ وَلَكُمْ فِيهَا مَا تَدَّعُونَ ﴿٣١﴾ نُزُلًا مِّنْ غَفُورٍ رَّحِيمٍ ﴿٣٢﴾﴾

﴾Vous y aurez ce que vos âmes désireront et ce que vous réclamerez, un lieu d'accueil de la part d'un Très Grand Pardonneur, d'un Très Miséricordieux".﴿ [Les Versets détaillés, 31-32]

﴿يُطَافُ عَلَيْهِم بِصِحَافٍ مِّن ذَهَبٍ وَأَكْوَابٍ وَفِيهَا مَا تَشْتَهِيهِ ٱلْأَنفُسُ وَتَلَذُّ ٱلْأَعْيُنُ وَأَنتُمْ فِيهَا خَٰلِدُونَ ﴿٧١﴾﴾

﴾"Entrez au Paradis, vous et vos épouses, vous y serez fêtés". On fera circuler parmi eux des plats d'or et des coupes; et il y aura là [pour eux] tout ce que les âmes désirent et ce qui réjouit les yeux et vous y demeurerez éternellement.﴿ [L'Ornement, 71]

C'est un fait que le mariage fait partie de ce que les âmes désirent le plus, il existera également au paradis, comme faveur accordée aussi bien aux mâles qu'aux femelles. Ainsi, au paradis, Dieu ﷻ mariera-t-Il la femme à l'homme qu'elle avait comme époux dans l'ici-bas. Il ﷻ dit:

﴿رَبَّنَا وَأَدْخِلْهُمْ جَنَّٰتِ عَدْنٍ ٱلَّتِى وَعَدتَّهُمْ وَمَن صَلَحَ مِنْ ءَابَآئِهِمْ وَأَزْوَٰجِهِمْ وَذُرِّيَّٰتِهِمْ﴾

﴾Ô Seigneur! fais-les entrer aux jardins d'Éden que Tu leur as promis, ainsi qu'aux vertueux parmi leurs ancêtres, leurs épouses et leurs descendants.﴿ [Coran, Le Pardonneur, 8]

Si elle a eu deux maris [suite à un remariage] dans l'ici-bas, il lui sera donné à choisir l'un d'eux comme époux, au paradis. Et si elle n'a pas eu de mari dans l'ici-bas, Dieu ﷻ lui y donnera un époux dont elle sera réjoui. Ainsi, la félicité et les faveurs du paradis ne sont pas destinés uniquement aux hommes, mais, à la fois, aux hommes et aux femmes, le mariage étant l'une de ces faveurs divines.

Seulement, quelqu'un pourrait-il objecter que Dieu ﷻ a mentionné les houris comme épouses destinées aux hommes, alors qu'il n'a pas mentionné d'époux, pour les femmes. En réplique à cette objection, nous dirons qu'il est fait mention d'épouses aux hommes simplement, parce que c'est l'époux qui demande [la main de] la femme en mariage.

Je prie Dieu ﷻ, donc, de nous destiner tous à être parmi les bienheureux du paradis, qui jouiront de sa félicité éternelle en compagnie de nos épouses, de nos enfants, de nos mères, de nos pères et nos frères musulmans.

[Fatâwâ Nûr 'alâ al-Darb]

Le mariage clandestin

Son éminence, Cheikh S̲âlih̲ Ibn Fawzân al-Fawzân

Question: J'ai un frère qui a épousé une femme clandestinement, sans annoncer son mariage. Seuls le père et les frères de la femme ont connaissance de ce mariage et l'ont approuvé. Pour sa part, il ne veut pas divulguer son mariage, en raison du grand clivage du rang social entre eux.

Ce mariage, est-il légitime ou non? Veuillez nous éclairer.

Réponse: Si les conditions de validité du contrat du mariage sont remplies, à savoir la présence du tuteur, de deux témoins de moralité intègre et le consentement des deux conjoints, ce mariage sera valide s'il est exempt d'empêchements légaux, ceci même s'il n'est pas largement annoncé. Car la présence des témoins et du tuteur matrimonial est considéré comme annonce du mariage, quoique au degré minimal. Le mariage est donc valide, selon la volonté de Dieu, si les dites conditions sont remplies. Toutefois, plus l'annonce est grande, mieux c'est.

[Al-Muntaqâ min Fatâwâ al-Cheikh Sâlih al-Fawzân]

Le travail de la femme

Son éminence, Cheikh Muhammad Ibn Sâlih al-'Uthaymîn

Question: Quels sont les domaines licites où la femme musulmane peut travailler sans enfreindre aux enseignements de sa religion?

Réponse: Le domaine du travail de la femme est celui qui concerne les femmes particulièrement, tel que l'enseignement des filles, que ce soit dans l'administration ou dans l'enseignement proprement dit. La femme peut aussi travailler chez elle dans le domaine de la couture pour dames, par exemple. Mais il ne lui est pas permis de travailler dans des domaines spécifiques aux hommes, du fait que cela implique la mixité avec eux, ce qui représente une source de grande tentation dont il faut se méfier. On doit également savoir que le Prophète ﷺ dit: **"Après ma mort, l'épreuve la plus funeste pour les hommes sera les femmes. Car l'épreuve-tentation des israélites était due aux femmes."** L'homme doit donc préserver, par tous les moyens, sa femme contre les situations subversives et leurs causes.

[Fatâwâ Nisâ'iyya]

Sens de l'expression du Prophète ﷺ disant: "Des femmes portant des habits dévoilant leur nudité"

Son éminence, Cheikh Muhammad Ibn Sâlih al-'Uthaymîn

Question: Que signifient, dans le hadîth du Prophète ﷺ, l'expression: **"Des femmes portant des habits dévoilant leur nudité?"**

Réponse: **"Des femmes portant des habits dévoilant leur nudité"** signifie des femmes qui portent des habits qui ne couvrent pas la nudité de leurs corps comme il se doit.

Les Ulémas expliquent que de tels habits peuvent être transparents, de sorte à laisser transparaître la couleur de la peau. Ainsi, la femme qui les porte est certes vêtue, mais comme nue. Il se peut aussi que ces habits soient d'un tissu épais (opaque), mais trop courts; celle qui les porte est alors vêtue, tout en dévoilant sa nudité. Ils peuvent enfin être serrés de sorte à mouler le corps, à tel point que la femme se laisse paraître comme nue; ce sera aussi une femme vêtue, tout en dévoilant sa nudité. Il s'agit bien, ici, d'habillement et de nudité au sens littéral du terme.

Quant au sens figuré, les femmes "habillées" sont celles qui montrent ou affichent la pudeur et la chasteté; alors que par "nues", il faut entendre celles qui dissimulent la perversité et cachent ce qu'elles sont véritablement aux gens. Elles sont, donc, habillées sous un aspect, et nues sous un autre.

[Fatâwâ al-Haram]

La présence de la télévision à la maison

Son éminence, Cheikh Muhammad Ibn Sâlih al-'Uthaymîn

Question: Quel est l'avis de la religion sur la présence de la télévision dans la maison de l'homme musulman, sachant qu'il montre la nudité d'hommes et de femmes que regardent des hommes et des femmes aussi?

Réponse: À notre avis, il conviendrait - certes - mieux de se passer de la télévision. Quant au fait de la regarder, l'avis y dépend selon trois catégories de programmes:

Premier cas: Il n'y a pas de grief à regarder les nouvelles, les programmes religieux et ceux présentant les phénomènes naturels de l'univers, etc.

Deuxième cas: Regarder les séries télévisées qui suscitent la tentation et montrant des actes criminels peuvent favoriser, chez certains gens, le penchant aux attentats, au vol, au meurtre, etc. et par conséquent il est prohibé de les regarder.

Troisième cas: Regarder les programmes qui sont une perte du temps, qui ne comportent rien qui impliquent leur prohibition, mais dont la licéité présente, cependant, une certaine ambiguïté: Il ne convient pas à l'homme de perdre son temps à les regarder. En fait, lorsqu'on regarde des programmes futiles, cela implique plausiblement un gaspillage d'argent, du fait de la consommation de l'électricité, par exemple, en plus de la perte du temps. Voire, l'homme pourrait être traîné progressivement à regarder des choses qu'il est prohibé de voir.

Opinion légale sur le fait que les femmes regardent les hommes

Son éminence, Cheikh Mu<u>h</u>ammad Ibn <u>S</u>âli<u>h</u> al-'Uthaymîn

Question: Quelle est l'opinion légale du fait que les femmes regardent les hommes à la télévision et du regard direct dans la rue?

Réponse: Le fait que la femme regarde l'homme s'inscrit dans l'un de deux cas, qu'il s'agisse de le regarder à la télévision ou du regard direct dans la réalité:

1. Le regard voluptueux dont elle tire plaisir est prohibé, vu la corruption et la tentation qu'il implique.

2. Le regard simple, sans volupté, ni plaisir, qui ne représente aucun mal, selon l'avis authentique parmi les avis des Ulémas. Ce regard est permis en vertu du <u>h</u>adîth mentionné dans les deux <u>S</u>a<u>h</u>î<u>h</u>s, disant que 'Â'icha ﵂ regardait les abyssins jouer, tandis que le Prophète ﷺ se tenait devant elle pour les empêcher de la voir, ce qui prouve que le Prophète ﷺ l'approuvait.

En fait, les femmes fréquentent les marchés et voient les hommes, étant voilées. Elles regardent les hommes sans que ceux-ci ne les regardent, et ce regard n'est ni voluptueux, ni ne suscite de tentation. Sinon, ce regard devient prohibé aussi bien à travers la télévision que dans la réalité.

[Fatâwâ al-Cheikh Ibn -'Uthaymîn]

Licéité de la consultation de la femme d'un médecin [homme]

Son éminence, Cheikh Muhammad Ibn Sâlih al-'Uthaymîn

Question: La femme est parfois contrainte à consulter un médecin pour un examen médical, ce qui implique nécessairement qu'elle doit dévoiler une partie de son corps devant lui. Quel est l'opinion légale sur cette question?

Réponse: Il n'y a pas de mal, pour la femme, à se rendre chez un médecin [homme], en cas d'indisponibilité d'une femme. Les Ulémas affirment qu'il n'y a pas de grief en cela. Il lui est également loisible de découvrir la partie de son corps que le médecin a besoin de voir. Mais il est indispensable qu'elle soit accompagnée par un parent mahram, et qu'elle reste en tête-à-tête avec le médecin, car le tête-à-tête est prohibé, sauf dans le cadre de la nécessité absolue. Les Ulémas expliquent aussi que tels cas sont autorisés uniquement parce que leur prohibition dépend de leur rôle d'agent (qui incite à commettre une chose prohibée). Or, ce qui est prohibé pour sa qualité d'agent, devient licite en cas de nécessité.

Opinion légale sur l'achat des revues de mode

Son éminence, Cheikh Muhammad Ibn Sâlih al-'Uthaymîn

Question: Quelle est l'opinion légale sur l'achat des revues de mode pour tirer avantage de la diversité des nouveaux modèles d'habillement féminin? Et quelle est l'opinion légale sur leur acquisition sans en tirer avantage, sachant qu'elles sont pleines de photos de femmes?

Réponse: Sans doute, l'achat de revues qui ne contiennent que des photographies est prohibé, en raison de la prohibition d'acquérir des représentations figurées, comme dit dans le hadîth du Messager de Dieu ﷺ: **"Les anges n'entrent pas dans une maison contenant une représentation**

figurée." Aussi, lorsqu'en voyant une représentation figurée sur un coussin, dans l'appartement de 'Â'icha, il ﷺ s'arrêta et n'y entra pas. 'Â'icha rapporte avoir reconnu les signes de sa désapprobation sur son visage.

Les revues de la mode vestimentaire doivent être jugées selon leur contenu aussi, car les habits qu'elles illustrent ne sont pas tous licites. En effet, certaines tenues peuvent laisser paraître la nudité, sont très étroites, ou autre. Car pour les tenues pouvant, par ailleurs, être propres aux impies, il est prohibé de s'y apparenter, en vertu du hadîth dans lequel le Messager de Dieu ﷺ dit: **"Quiconque s'apparente à des gens, devient l'un des leurs."** Je conseille, donc, tous nos frères musulmans, et particulièrement les femmes, d'éviter ces tenues, car certaines impliquent l'apparentement aux non-musulmans, et d'autres montrent la nudité. En outre, l'aspiration des femmes aux nouveautés de la mode vestimentaire implique généralement l'importation de coutumes étrangères, qui viennent prendre place à nos coutumes ayant leur source dans l'islam.

[Fatâwâ Muhimma]

Opinion légale sur le port de la femme d'habits moulants, chez des parents mahram

Son éminence, Cheikh Muhammad Ibn Sâlih al-'Uthaymîn

Question: Quelle est l'opinion légale sur le port de vêtements moulants par la femme, parmi ses semblables et chez des parents mahram?

Réponse: Le vêtement moulant provocateur, qui montre les charmes de la femme, est prohibé, car le Prophète ﷺ dit: **"Il est deux catégories de réprouvés de l'enfer que je n'ai pas vus: des gens dotés de flagelles comme des queues de vaches dont ils fouettent d'autres..."**, c'est-à-dire: par pure injustice. **"Et des femmes portant des habits dévoilant leur nudité, enclines à la débauche et racoleuses".**

Les femmes portant des habits dévoilant leur nudité, selon l'explication des commentateurs du hadîth, sont celles qui portent des habits courts, ne couvrant pas la nudité qui doit obligatoirement être couverte; celles qui portent des habits légers, de sorte à laisser transparaître leur peau; et celles, enfin, qui portent des habits moulants qui, malgré qu'ils couvrent le corps, mettent en évidence ses charmes. Par conséquent, il est interdit à la femme de porter de tels vêtements, excepté en présence des personnes à qui il lui est licite de montrer sa nudité, à savoir son époux, en raison de l'intimité qui les lie, conformément au saint verset disant:

﴿وَالَّذِينَ هُمْ لِفُرُوجِهِمْ حَافِظُونَ ﴿٥﴾ إِلَّا عَلَىٰ أَزْوَاجِهِمْ أَوْ مَا مَلَكَتْ أَيْمَانُهُمْ فَإِنَّهُمْ
غَيْرُ مَلُومِينَ ﴿٦﴾﴾

﴾Et qui préservent leurs sexes [de tout rapport], si ce n'est qu'avec leurs épouses ou les esclaves qu'ils possèdent, car là vraiment on ne peut les blâmer﴿ [Les Croyants, 5-6]

Notons aussi le hadîth de 'Â'icha ﵂ qui rapporte: **"Nous prenions le bain rituel, moi et le Messager de Dieu ﷺ, pour lever la pollution, en puisant l'eau d'un même récipient de sorte que nos mains s'y croisaient."**

Il n'y a pas donc de notion de nudité à couvrir [les parties intimes] entre conjoints. Par contre, la femme doit obligatoirement couvrir sa nudité devant ses parents mahram. En fait, les habits moulants ne sont permis, ni entre parents mahram, ni entre femmes, surtout lorsqu'ils sont tellement serrés qu'ils metent en évidence leurs charmes.

[Fatâwâ Nisâ']

Opinion légale sur le port de la perruque

Son éminence, Cheikh Muhammad Ibn Sâlih al-'Uthaymîn

Question: Quelle est l'opinion légale sur le port de perruque, pour se faire belle, pour l'époux?

Réponse: Il n'est pas permis à la femme de porter une perruque dans l'intention de se faire belle pour son époux. Si l'époux ne désire sa femme qu'ainsi coiffée, mais il faut [lui] rappeler que l'artifice ne vaut jamais le naturel. Le port de la perruque n'est, en effet, pas permis; pire encore, je crains aussi qu'elle ne soit des cheveux d'emprunt, dont l'utilisatrice mérite la malédiction, que Dieu nous en préserve, sachant que: "Le Messager de Dieu ﷺ a maudit la femme qui allonge les cheveux d'une autre avec des cheveux d'emprunt et celle qui se le fait faire..."

[Fatâwâ Nisâ'iyya]

Opinion légale concernant le chignon

Son éminence, Cheikh Mu<u>h</u>ammad Ibn Sâli<u>h</u> al-'Uthaymîn

Question: Quelle est l'opinion légale concernant l'augmentation du volume de la chevelure qu'on enroule et attache sur la tête, à savoir ce qu'on appelle chignon?

Réponse: Les cheveux attachés sur la tête entrent, selon les Ulémas, dans le cadre de l'interdiction et des mises en garde du Prophète ﷺ disant: **"Il est deux catégories de réprouvés de l'enfer que je n'ai pas vus: des gens dotés de flagelles comme des queues de vaches dont ils fouettent d'autres; et des femmes portant des habits dévoilant leur nudité(1), enclines à la débauche et racoleuses, ayant des têtes telles des bosses de chameaux penchées."** L'interdiction porte sur les chignons attachés sur la tête, mais il n'y a pas de grief à faire des chignons attachés sur la nuque, par exemple, à moins que la femme ne compte sortir au marché (dans la rue). Dans ce cas, les chignons font partie de l'exhibition des charmes, puisqu'ils paraîtront par-dessous le voile, et de là, deviennent un moyen de provocation, d'où leur interdiction.

[Fatâwâ Nisâ'iyya]

Opinion légale sur la coupe de la femme de ses cheveux et ses sourcils

Son éminence, Cheikh Mu<u>h</u>ammad Ibn <u>S</u>âli<u>h</u> al-'Uthaymîn

(1) Littéralement: Nues bien que vêtues.

Question: Quelle est l'opinion légale sur la coupe des cheveux et des poils des sourcils pour la femme?

Réponse: Il est répréhensible, pour la femme, de couper ses cheveux selon l'avis de l'école hanbalite, voire prohibé si la coupe ressemble à celle des hommes, car le Messager de Dieu ﷺ dit: **"Dieu a maudit les femmes qui s'apparentent aux hommes"** [Hadîth rapporté par Ahmad]. Il lui est également prohibé de les couper d'une manière qui s'apparente à la coiffure des impies, puisqu'il est interdit de s'apparenter à eux, ceci en vertu du hadîth du Messager de Dieu ﷺ disant: **"Quiconque s'apparente à des gens, devient l'un des leurs."** Et même lorsqu'il ne s'agit ni de chercher à ressembler aux hommes, ni aux femmes impies, ces coupes sont répréhensibles selon les Ulémas hanbalites ﷺ. Par ailleurs, la taille des poils des sourcils est prohibée pour la femme, car le Messager de Dieu ﷺ dit: **"Dieu maudit les femmes qui tatouent et celles qui se font tatouer, les femmes qui épilent et celles qui se font épiler [le visage]."** Il faut excepter à cette règle les poils des moustaches ou la barbe qui pousseraient sur le visage de la femme; auquel cas, il n'y aura pas de grief pour elle à les éliminer.

[Fatâwâ Nisâ'iyya]

Opinion légale sur la coupe des cheveux des femmes, le port de chaussures à hauts talons et le maquillage

Son éminence, Cheikh Muhammad Ibn Sâlih al-'Uthaymîn

Question: Quelle est l'opinion légale sur la coupe des cheveux, le port de chaussures à hauts talons, ou moyens, pour la femme mariée ou célibataire, et celui sur le maquillage, dans l'intention de se faire belle pour le mari?

Réponse: La coupe des cheveux, pour la femme, peut être faite de façon qui s'apparente à la coiffure des hommes, ce qui est prohibé et constitue un grave péché, car le Prophète ﷺ a maudit les femmes qui s'apparentent aux hommes.

La coupe peut aussi être courte, mais pas assez pour s'apparenter aux hommes. Dans ce cas, il y a divergence d'avis chez les Ulémas sur la question:

- Certains affirment que cela est permis et qu'il n'y a pas de grief à le faire.

- D'autres soutiennent que cette coupe est prohibée.

- Et d'autres, enfin, la jugent répréhensible: L'avis célèbre chez l'école hanbalite soutient qu'elle est répréhensible. En fait, il convient, ainsi que précisé dans la réponse précédente, de ne pas adopter tout ce qui nous parvient comme coutumes étrangères, surtout que nos femmes se vantaient naguère de l'abondance et de la longueur de leurs chevelures. Qu'ont-elles maintenant à adopter ces coupes étrangères? Je ne suis pas contre tout ce qui est nouveau, mais je désapprouve tout ce qui mène la société à adopter des coutumes propres aux non-musulmans.

Pour ce qui est des chaussures à hauts talons, il n'est pas permis de les chausser si elles dépassent la norme, et qu'elles attirent l'attention à la femme qui les chaussent. Dieu ﷻ dit:

﴿وَلَا تَبَرَّجْنَ تَبَرُّجَ ٱلْجَٰهِلِيَّةِ ٱلْأُولَىٰ﴾

﴿Et ne vous exhibez pas à la manière des femmes d'avant l'islam.﴾

[Les Coalisés, 33]

Tout ce qui exhibe la femme, la démarque ou la distingue de ses semblables, par sa beauté, est prohibé et n'est pas autorisé.

Il n'y a pas de mal pour autant à se maquiller, comme utiliser le rouge à lèvres ou le fard à joues, surtout pour la femme mariée. Quant aux soins de beauté pratiqués par certaines, comme l'épilation des sourcils pour les affiner, ils sont prohibés, car le Prophète ﷺ dit: **"Dieu maudit les femmes qui épilent et celles qui se font épiler [le visage]."**

[Fatâwâ Nisâ'iyya]

Prohibition de la masturbation

Son éminence, Cheikh Mu<u>h</u>ammad Ibn <u>S</u>âli<u>h</u> al-'Uthaymîn

Question: Quelle est l'opinion légale concernant la masturbation?

Réponse: La masturbation qui consiste à s'exciter manuellement les organes génitaux (jusqu'à éjaculation) est prohibée par le saint Coran, la Sunna et la raison. Dieu ﷻ dit dans le saint Coran:

﴿وَالَّذِينَ هُمْ لِفُرُوجِهِمْ حَافِظُونَ ۝٥ إِلَّا عَلَىٰ أَزْوَاجِهِمْ أَوْ مَا مَلَكَتْ أَيْمَانُهُمْ فَإِنَّهُمْ غَيْرُ مَلُومِينَ ۝٦ فَمَنِ ابْتَغَىٰ وَرَاءَ ذَٰلِكَ فَأُولَٰئِكَ هُمُ الْعَادُونَ ۝٧﴾

﴿Et qui préservent leurs sexes [de tout rapport], si ce n'est qu'avec leurs épouses ou les esclaves qu'ils possèdent, car là, vraiment, on ne peut les blâmer; alors que ceux qui cherchent au-delà de ces limites sont des transgresseurs﴾ [Les Croyants, 5-7]

En effet, quiconque recherche la jouissance sexuelle par un moyen autre que le rapport avec son épouse ou son esclave, aura outrepassé les limites du licite, et devient transgresseur en vertu de ce saint verset.

La preuve de la Sunna est bien le hadîth du Prophète ﷺ qui dit: "**Ô jeunes [célibataires]! celui qui parmi vous a les moyens de se marier, qu'il le fasse, parce que le mariage est propre à vous éviter les regards interdits et à préserver contre le péché charnel. Celui qui n'en a pas les moyens devra s'appliquer au jeûne, car le jeûne est propre à le protéger.**" À celui qui n'a pas les moyens de se marier, le Prophète ﷺ recommande le jeûne[1], sachant que si la masturbation était autorisée, il ﷺ l'aurait indiquée. Or, ne l'ayant pas indiquée, bien quelle soit à la portée de quiconque, cela montre qu'elle n'est pas permise. Enfin, la preuve rationnelle rejetant cette pratique consiste dans ses effets néfastes sur le corps - comme établis par les médecins - sur l'instinct sexuel et sur le mental. La masturbation pourrait même détourner l'individu du besoin des rapports sexuels normaux, du fait de l'habitude qui s'enracine en satisfaisant ce besoin de cette façon, et de là, cette perversion ferait perdre l'intérêt de l'individu pour le mariage.

[Fatâwâ Muhimma]

---

(1) Pour briser l'ardeur du désir et des pulsions sexuels, et se protéger ainsi contre l'éventuel risque de succomber au péché charnel, ou bien à toute autre perversion.

Opinion légale sur le fait d'écouter la musique et les chansons, et de regarder les films

Son éminence, Cheikh Mu<u>h</u>ammad Ibn Sâli<u>h</u> al-'Uthaymîn

Question: Quelle est l'opinion légale sur le fait d'écouter la musique et les chansons, et sur le fait de regarder les films (séries télévisées) où les femmes exhibent leur nudité?

Réponse: L'écoute de la musique et des chansons est, sans doute, prohibée. Les traditions qui nous sont parvenues des pieux anciens, compagnons et épigones, indiquent que le chant suscite l'hypocrisie dans le cœur, et que son écoute est une façon de s'employer aux propos frivoles, alors que Dieu ﷻ dit:

﴿وَمِنَ ٱلنَّاسِ مَن يَشْتَرِى لَهْوَ ٱلْحَدِيثِ لِيُضِلَّ عَن سَبِيلِ ٱللَّهِ بِغَيْرِ عِلْمٍ وَيَتَّخِذَهَا هُزُوًا ۚ أُو۟لَـٰٓئِكَ لَهُمْ عَذَابٌ مُّهِينٌ ﴿٦﴾﴾

﴾Et, parmi les hommes, il est [quelqu'un] qui, dénué de science, achète de plaisants discours pour égarer hors du chemin d'Allah et pour le prendre en raillerie. Ceux-là subiront un châtiment avilissant.﴿

[Luqmân, 6]

Dans son exégèse de ce verset, Ibn Mas'ûd dit: "Par Dieu en dehors de qui il n'y a nul autre divinité, il s'agit pertinemment du chant!" Or, l'exégèse des compagnons a la valeur d'un argument, et se classe comme troisième moyen dans l'exégèse du Coran, à savoir:

1) Exégèse du Coran par le Coran;

2) Exégèse du Coran par la Sunna;

3) Puis l'exégèse du Coran par les interprétations des compagnons. Voire, certains Ulémas sont allés jusqu'à considérer l'exégèse des compagnons au rang de <u>h</u>adîths du Prophète ﷺ. Mais, en vérité, elle n'atteint pas ce degré argumentatif, et représente simplement l'interprétation la plus plausible (après les deux premiers moyens exégétiques.)

En outre, l'écoute des chansons et de la musique constitue une pratique dont le Prophète ﷺ nous a mis en garde, en disant: **"Il apparaîtra, au sein de**

ma nation, des gens qui violeront l'interdiction de forniquer, de porter des habits de soie, de boire le vin et d'écouter la musique." [Hadîth rapporté par al-Bukhârî d'après Abû Mâlik ou Abû 'Âmir al-Ach'arî]. Ce sont donc des hommes, et de là, il leur est interdit de s'habiller de soie et d'écouter [ou de jouer aux] instruments de musique. Partant de ce qui précède, je conseille à mes frères musulmans de prendre garde d'écouter les chansons et la musique, et de ne pas se laisser fourvoyer par certains Ulémas qui soutiennent leur licéité, car les preuves la prohibant sont claires et explicites.

Pour ce qui est des séries télévisées qui montrent des femmes, elles sont prohibées, vu qu'elles nourrissent la tentation. En fait, toutes les séries sont généralement pernicieuses, même si les hommes n'y regardent pas de femmes, ni les femmes n'y regardent d'hommes, car leurs effets sont souvent néfastes pour le comportement et la morale de la société.

J'implore Dieu ﷻ finalement de préserver les musulmans contre leurs méfaits, et de guider leurs chefs à œuvrer pour le bien et l'intérêt de la communauté. Enfin, Dieu sait mieux la vérité.

[Fatâwâ Muhimma]

Prohibition de fumer

Son éminence, Cheikh Muhammad Ibn Sâlih al-'Uthaymîn

Question: Quelle est l'opinion légale sur le fait de fumer, et quelles sont les preuves de sa prohibition?

Réponse: Fumer est prohibé sur la base des implications des textes du Coran et de la Sunna, et du jugement rationnel correct.

Dans le Coran, Dieu ﷻ dit:

﴿وَلَا تُلْقُوا۟ بِأَيْدِيكُمْ إِلَى ٱلتَّهْلُكَةِ﴾

﴿Et ne vous jetez pas par vos propres mains dans la destruction.﴾

[La Vache, 195]

C'est-à-dire: Ne faites pas quelque chose qui soit une cause de votre destruction ni de votre perte. La preuve déduite du verset c'est que fumer est une pratique par laquelle, l'on court vers sa propre perte.

Pour ce qui est de la preuve de la Sunna, l'on rapporte que le Messager de Dieu ﷺ a interdit de gaspiller l'argent. Sachant que le gaspillage d'argent signifie le dépenser pour des choses qui ne présentent aucun bienfait, et pire encore, dans le cas de la cigarette, il s'agit de dépenses faites pour une chose nuisible.

La belle-mère de l'épouse qui s'adonne à la délation, pour séparer le couple

Son éminence, Cheikh Mu<u>h</u>ammad Ibn <u>S</u>âli<u>h</u> al-'Uthaymîn

Question: Une femme dit qu'elle était heureuse avec son mari durant deux ans et demi, puis il a changé brusquement, sans qu'elle n'en puisse comprendre la cause. Aussi, a-t-elle appris dernièrement que sa belle-mère demandait de se séparer d'elle et de ne plus la contacter. Celui-ci, en fait, étant parti à un autre pays, parlait seulement sa famille, en la privant de tout contact avec lui. Elle s'est donc beaucoup peinée qu'elle s'est enfermée dans sa chambre et y est restée à pleurer. Ensuite, ne supportant plus cette situation, et n'ayant pas d'autre issue, elle en a informé sa famille. Quel est donc le moyen de la délivrer de cette situation, selon l'opinion de votre éminence?

Réponse: Les problèmes conjugaux sont désormais devenus très fréquents, car chacun des conjoints ne se conforme pas au commandement de Dieu, disant de traiter son partenaire selon la bienséance; et de là, chacun fait du mal à l'autre, ce qui engendre les crises et les malheurs au sein du couple. Il arrive aussi que les problèmes proviennent d'une tierce partie, en dehors des conjoints, par défaillance de Foi en Dieu ﷻ et absence de sa vénération. Si tout individu n'outrepassait pas ses limites et les limites prescrites par Dieu, et remplissait les obligations qu'Il lui a assignées, de sorte à ne porter aucune atteinte au prochain, tous ces problèmes interminables ne se seraient pas produits.

Pour ce qui est de la question de cette consultante, nous tenons ces quelques conseils:

La belle-mère doit craindre Dieu ﷻ et redouter les suites de ces actions, au Jour du Jugement dernier. L'atteinte à cette femme par la délation, auprès de son époux, si ses allégations sont vraies, est un acte prohibé qui entre dans le cadre du colportage de calomnie (namîma) que Dieu ﷻ condamne dans le verset suivant:

﴿وَلَا تُطِعْ كُلَّ حَلَّافٍ مَّهِينٍ ﴿١٠﴾ هَمَّازٍ مَّشَّاءٍ بِنَمِيمٍ ﴿١١﴾ مَّنَّاعٍ لِّلْخَيْرِ مُعْتَدٍ أَثِيمٍ ﴿١٢﴾﴾

﴾N'obéis pas à tout faiseur ignoble de serments, dénigreur impénitent, colporteur de calomnie, ennemi résolu du bien, fauteur d'iniquité, scélérat dans l'âme.﴿ [Le Calame, 10-12]

Et le Prophète ﷺ dit: "**Aucun calomniateur ne sera admis au paradis.**" Puis cet autre hadîth: "Passant près les tombes de deux morts qui étaient suppliciés, le Messager de Dieu ﷺ dit: "**En fait, l'un d'eux colportait des propos malveillants pour semer la discorde, alors que l'autre ne se préservait d'être souillé par son urine.**" [Hadîth rapporté par al-Bukhârî et Muslim]. Ceci implique que le colportage de calomnie engendre le supplice dans la tombe, ainsi que la privation de l'accès au paradis, surtout dans ce cas où elle cause la séparation des conjoints. Cette femme doit alors craindre Dieu à cause de ce qu'elle fait subir à son fils et son épouse.

Ces agissements sont généralement dus à la jalousie qu'éprouve la belle-mère, en voyant l'amour du fils pour sa femme, comme si celle-ci était sa propre coépouse, ou comme si elle devait le partager avec elle, ce qui relève de son ignorance et de sa maladresse.

Le fils doit, pour sa part, bien juger l'affaire. Si sa femme s'avère innocente des accusations que lui jette sa mère, il devra les ignorer, et ne pas leur donner de l'attention, afin de mener une vie paisible avec sa femme, même s'il doit vivre avec elle à part, dans sa maison. Ceci lui est loisible, vu que sa mère - telle que décrite par l'épouse - est injuste et lui porte atteinte.

[Fatâwâ Manâr al-Islâm]

Opinion légale sur l'empêchement de l'épouse d'entretenir ses liens de parenté

Son éminence, Cheikh Sâlih al-Fawzân

Question: Est-il permis à l'époux d'empêcher son épouse d'entretenir ses liens de parenté, surtout avec son père et sa mère?

Réponse: L'entretien des liens de parenté, étant obligatoire, il n'est pas permis à l'époux d'en empêcher son épouse, car leur rupture constitue un grave péché. Aussi, l'épouse ne doit-elle pas lui obéir en cela, car l'on ne doit obéissance à personne d'entre les créatures, quand cela implique de désobéir au Créateur. Elle doit plutôt entretenir ses parents de son propre argent, maintenir le contact avec eux, et leur rendre visite, à moins que cela n'engendre une atteinte aux droits de l'époux, lorsqu'il y a risque pour la femme d'être corrompue par ses proches. Dans ce dernier cas, l'époux peut l'empêcher de leur rendre visite. Mais il sera toujours à la femme d'entretenir ses liens de parenté par un moyen autre que la visite, et qui n'implique aucun tort pour l'époux. Enfin, Dieu Seul sait parfaitement la vérité.

[Al-Muntaqâ min Fatâwâ al-Cheikh al-Fawzân]

La piété filiale envers la mère attendrit le cœur, affermit la Foi, augmente les biens, prolonge la vie et assure la prospérité de l'avenir

Son éminence, Cheikh Mu<u>h</u>ammad Ibn Ibrâhîm Âl al-Cheikh

Question: Ma mère est en discorde permanente avec ma femme. Toutes mes tentatives de les réconcilier se sont soldées par l'échec. Ma femme me demande maintenant de choisir entre elle ou bien ma mère, ce qui me rend vraiment confus. Car, d'un côté, je ne peux pas répudier ma femme, en raison des enfants que nous avons; et d'un autre côté, je ne peux pas chasser ma mère de la maison. Certains amis m'ont conseillé de mettre ma mère dans une maison de repos. Cela, serait-il un mauvais traitement envers elle?

Réponse: Tu as des obligations envers ton épouse et d'autres envers ta mère. Tu as l'obligation envers ta mère de bien la traiter, d'agir avec bonté envers elle, de la respecter, de la servir et de remplir tous tes devoirs envers elle, par gratitude et reconnaissance de ses bienfaits pour toi, dans le passé. Dieu ﷻ insiste sur les obligations envers le père et la mère et lie ces obligations avec les obligations qu'on a envers Lui. À chaque fois qu'Il commande de L'adorer, Il commande conjointement de bien traiter les parents:

﴿وَٱعۡبُدُواْ ٱللَّهَ وَلَا تُشۡرِكُواْ بِهِۦ شَيۡـٔٗاۖ وَبِٱلۡوَٰلِدَيۡنِ إِحۡسَٰنٗا﴾

﴾Adorez Allah et ne Lui donnez aucun associé. Agissez avec bonté envers [vos] père et mère.﴿ [Les Femmes, 36]

Il dit aussi:

﴿وَقَضَىٰ رَبُّكَ أَلَّا تَعۡبُدُوٓاْ إِلَّآ إِيَّاهُ وَبِٱلۡوَٰلِدَيۡنِ إِحۡسَٰنًاۚ﴾

﴾Et ton Seigneur a décrété: "N'adorez que Lui; et [marquez] de la bonté envers les père et mère.﴿ [Le Voyage nocturne, 23]

C'est-à-dire que Dieu ﷻ a commandé et insisté sur le culte à Lui rendre, et également sur le bon traitement du père et de la mère.

Dieu ﷻ dit dans un autre verset:

﴿أَنِ ٱشۡكُرۡ لِي وَلِوَٰلِدَيۡكَ﴾

﴾Nous avons commandé à l'homme [la bienfaisance envers] ses père et mère.﴿ [Luqmân, 14]

Il commande ainsi à l'homme de lui témoigner sa reconnaissance, et conjointement de la témoigner envers ses père et mère.

L'obligation et les devoirs envers la mère sont d'une importance capitale. Dans le hadîth, un homme vint demander au Messager de Dieu ﷺ: "Qui a le plus droit à mon traitement de faveur d'entre les gens?". Celui-ci lui répondit: **"C'est ta mère."** "Qui ensuite?", demanda l'homme. **"Encore ta mère."**, répondit le Prophète ﷺ. "Qui ensuite?", reprit l'homme et le Prophète ﷺ d'insister: **"Encore ta mère"**. "Qui ensuite?", réitéra-t-il. Alors il lui dit: **"Ensuite ton père."**[1] [Hadîth rapporté par al-Bukhârî et Muslim].

---

(1) Le hadîth incite au bon traitement entre parents, notamment à la piété filiale, avec la priorité marquée de cette piété envers la mère, ensuite le père, ensuite le bon traitement du reste des parents, respectivement du plus proche au plus éloigné. La mère à la priorité absolue sur les autres, expliquent les Ulémas, vu la fatigue qu'elle se donne pour son =

L'obligation envers la mère est une obligation appuyée. Le fils à qui Dieu a inspiré la droiture se réjouit que sa mère atteigne un âge avancé pour lui témoigner, en guise de signe de gratitude, une part des bienfaits qu'elle lui a rendu auparavant. Dieu ﷻ dit:

﴿وَقَضَىٰ رَبُّكَ أَلَّا تَعْبُدُوٓا۟ إِلَّآ إِيَّاهُ وَبِٱلْوَٰلِدَيْنِ إِحْسَٰنًا ۚ إِمَّا يَبْلُغَنَّ عِندَكَ ٱلْكِبَرَ أَحَدُهُمَآ أَوْ كِلَاهُمَا فَلَا تَقُل لَّهُمَآ أُفٍّ وَلَا تَنْهَرْهُمَا وَقُل لَّهُمَا قَوْلًا كَرِيمًا ﴿٢٣﴾ وَٱخْفِضْ لَهُمَا جَنَاحَ ٱلذُّلِّ مِنَ ٱلرَّحْمَةِ وَقُل رَّبِّ ٱرْحَمْهُمَا كَمَا رَبَّيَانِى صَغِيرًا ﴿٢٤﴾﴾

﴾Et ton Seigneur a décrété: "N'adorez que Lui; et [marquez] de la bonté envers les père et mère: si l'un d'eux ou tous deux doivent atteindre la vieillesse auprès de toi, alors ne leur dis point: "Fi!" et ne les brusque pas, mais adresse-leur des paroles respectueuses, et par miséricorde, abaisse pour eux l'aile de l'humilité, et dis: "Ô mon Seigneur! fais-leur, à tous deux, miséricorde comme ils m'ont élevé tout petit.﴿

[Le Voyage nocturne, 23-24]

La bonté envers la mère favorise l'attendrissement du cœur, raffermit la foi, augmente les faveurs de Dieu, prolonge la vie, assure la prospérité et le salut dans la vie future et le bon traitement de la part de la descendance.

De même, tu as tes obligations envers ton épouse. Tu dois la traiter convenablement, lui assurer sa subsistance, y compris l'habillement et l'habitat, et remplir tes devoirs prescrits envers elle, conformément au commandement de Dieu ﷻ:

﴿وَلَهُنَّ مِثْلُ ٱلَّذِى عَلَيْهِنَّ بِٱلْمَعْرُوفِ ۚ﴾

﴾Quant à elles (les épouses), elles ont des droits équivalents à leurs obligations, conformément à la bienséance.﴿

[La Vache, 228]

Mais il arrive parfois que l'homme soit confronté à une situation de conflit entre sa mère et son épouse. Il doit alors craindre Dieu, et ne point

= enfant, sa tendresse envers lui et les peines qu'elle endure [pour lui, comme]: la grossesse, l'accouchement, l'allaitement, l'éducation ainsi que tous les autres soins dont elle l'entoure, y compris le fait de veiller sur lui pendant sa maladie, etc. Al-Hârith al-Muhâthibî rapporte même qu'il est fait consensus, selon les Ulémas, sur la priorité de la mère, en matière de bon traitement, sur le père.

prendre le parti de l'une au détriment de l'autre. Il doit, donc, assurer un certain équilibre dans leur traitement, en les prenant une attitude équitable vis-à-vis des deux. S'il est sincère et dévoué envers Dieu, dans son attitude et son traitement du problème, Dieu l'assistera certainement. Quand c'est l'épouse qui porte atteinte à la mère, en l'ignorant et en lui faisant du tort, l'époux devra mettre un terme à ses agissements et l'empêcher de continuer dans cette injustice. Pour ce faire, il devra lui expliquer qu'il est grandement redevable à sa mère, et qu'il mérite la précellence en toute chose. Par contre, quand il constate que c'est plutôt sa mère qui porte atteinte aux droits de son épouse, il devra prêter conseil à sa mère avec politesse, respect et tact, et lui dire, par exemple: "C'est mon épouse et la mère de mes enfants. Elle mériterait, de ta part, un traitement convenable." En fait, l'homme peut-il bien établir cette équité entre sa mère et son épouse, en employant la sagesse et la pondération.

Quant à mettre sa mère dans un établissement pour les personnes âgées, pour se débarrasser d'elle, par complaisance envers son épouse, cela est un comportement ignoble et bas. J'estime que le consultant soit trop noble pour agir de cette manière, en vertu de sa piété filiale. Ainsi, lorsque tu dois prendre soin d'elle, fais-le toi-même quand elle en a besoin, et ne confie rien de cette tâche à ton épouse. D'ailleurs, lorsque ta femme verra ton dévouement pour ta mère, elle la servira du bon cœur, et sera pleine de prévenance envers elle. Tâche donc, ô mon frère, de bien traiter ta mère, par vénération de Dieu, et n'oublie jamais ses bienfaits pour toi!

[Kitâb al-Da'wa]

Habitat de l'épouse avec sa belle-mère

Son éminence, Cheikh Mu<u>h</u>ammad Ibn Ibrâhîm Âl al-Cheikh

Question: Quelle est votre opinion au sujet de cette affaire: Je suis un homme qui, ayant épousé une femme, et après avoir vécu trois mois avec elle, son père est venu l'emmener chez lui, sous prétexte de rendre visite à sa mère. Puis il l'a retenue dans sa maison, en m'imposant de venir vivre avec eux, et laisser seule ma mère veuve et âgée, sans raison justifiant son comportement. Dix-huit mois se sont écoulés depuis sa rétention chez son père. J'ai essayé de faire intervenir beaucoup de musulmans pour le persuader de la faute qu'il commet, surtout que mon épouse n'a subi aucun tort chez moi, mais il persiste opiniâtrement et insiste que sa fille habite avec sa grande famille. Est-ce que la Loi lui autorise de se conduire ainsi? Et est-ce moi, l'époux, je suis obligé de me plier à sa volonté? Veillez bien me donner une fatwâ sur cette question, et que Dieu vous en récompense.

Réponse: Je rends d'abord louange à Dieu. Ensuite, je dirais que cette épouse est tenue d'habiter dans la maison de son mari, où vit sa mère, car en vertu du contrat du mariage, l'épouse doit être remise à l'époux, dans sa maison. Ceci a été effectivement observé d'après la question, puisqu'il y est précisé qu'elle a vécu trois mois dans la maison de son époux. Or, ceci n'est-il vrai qu'au cas où elle ne subit aucun tort suite à sa résidence avec sa belle-mère. Son père n'a pas, non plus, le droit de l'en empêcher, de même qu'il n'est légalement pas tenu d'habiter avec elle dans la maison de ses parents. Et Dieu Seul détient le savoir absolu.

[Fatâwâ wa Rasâ'il Samâhat al-cheikh Muhammad Ibn Ibrâhîm]

Habite avec ton épouse dans une maison à part, mais ne rompt pas avec ta famille

Son éminence, Cheikh Muhammad Ibn Sâlih al-'Uthaymîn

Question: Je suis marié à ma cousine consanguine depuis quatre mois, et nous habitons dans la maison de ma famille. Un jour, suite à un malentendu entre eux, ma femme est partie chez son père et a demandé que nous habitions dans une maison à part, pour éviter les problèmes, ou bien d'habiter chez son père, sans rompre mes liens avec ma famille, et de demander régulièrement de leurs nouvelles. Mais lorsque j'ai soumis cette proposition à ma famille, ils ont opposé un refus catégorique. Serai-je fautif si j'agis contrairement à leur volonté et à leur insistance pour habiter avec eux?

Réponse: Ce problème est fréquent au sein des couples. Il convient à l'homme, dans ces situations, d'essayer de réconcilier son épouse et sa famille, et d'établir l'entente entre eux autant que possible. Pour cela, il devra reprocher à la personne injuste et coupable le tort qu'elle fait à l'autre, mais avec tact et finesse, pour réaliser la conciliation et une vie commune pleines d'avantages. Mais si la cohabitation s'avère impossible, il n'y aura pas de grief pour l'époux de vivre dans une maison à part [avec sa femme]. Voire, cela vaudrait mieux pour tous, afin d'effacer toute trace de rancune. Dans ce cas, l'époux ne devra pas rompre ses liens avec sa famille, mais plutôt, de les entretenir. Il conviendrait aussi que la maison, où il vivra avec son épouse, soit à proximité de celle de ses parents, pour qu'il lui soit facile de leur rendre visite et de maintenir le contact avec eux. Ainsi, s'il remplit ses devoirs, à la fois envers sa famille et son épouse, en faisant ménage à part, avec elle, puisqu'il s'est avéré impossible de vivre tous sous le même toit, cela vaudra mieux, et devra être adopté comme option prioritaire.

[Fatâwâ Nisâ'iyya]

Opinion légale sur la contraception, en cas de nécessité absolue

Collectif permanent de l'Iftâ', présidé par son éminence, Cheikh 'Abd-al-'Azîz Ibn 'Abdullah Ibn Bâz

Question: Un médecin musulman et compétent a informé une femme qu'elle doit éviter la grossesse, car elle risque de mourir en couches, sachant que son mari n'a pas d'autre épouse. Ces deux conjoints sont jeunes, et aucun ne peut se passer de l'autre. Est-il alors permis à cette femme d'utiliser des médicaments contraceptifs, ou bien son mari doit-il pratiquer le coït interrompu?

Réponse:

Premièrement: L'opinion de la Loi sur l'utilisation des pilules contraceptives, par les femmes, diffère selon le cas. Cette question a été traitée par le Conseil des grands Ulémas, en Arabie Saoudite, et ils ont émis une décision à son sujet.

Deuxièmement: Les textes scripturaires établissent la licéité du coït interrompu[1]. En effet, Jâbir ﷺ dit: "Nous pratiquions le coït interrompu du vivant du Messager de Dieu ﷺ, et à l'époque où la révélation du Coran était en cours." [Hadîth rapporté par al-Bukhârî et Muslim]. Une version de Muslim dit: "Nous pratiquions le coït interrompu du vivant du Messager de Dieu ﷺ qui, une fois ayant été informé de cela, ne nous l'a pas interdit."

Troisièmement: L'utilisation des pilules contraceptives et du coït interrompu n'empêchent pas la création de l'âme humaine que Dieu ﷻ veut créer, si telle est Sa volonté. Et voici le texte qui établit cette vérité: Jâbir ﷺ rapporte qu'un homme vint trouver le Messager de Dieu ﷺ, et lui dit: "J'ai une fille esclave, qui est notre servante, qui nous transporte l'eau, et avec laquelle je fais le commerce charnel tout en répugnant qu'elle ne devienne enceinte." Il lui dit alors: **"Pratique le coït interrompu avec elle, si tu veux, mais ce qui lui est destiné lui parviendra inéluctablement."[2]** [Hadîth rapporté par Muslim, Ahmad et Abû Dâwûd].

Abû Sa'îd ﷺ rapporte aussi: "Lors de notre expédition militaire en compagnie du Messager de Dieu ﷺ, à al-Mustaliq, nous fîmes captives des femmes arabes de valeur. Comme, d'une part, nous étions restés longtemps privés de femmes et que, d'autre part, nous aspirions à la rançon desdites captives, nous décidâmes de jouir d'elles, tout en interrompant le coït. Mais nous nous dîmes qu'il ne convenait pas de le faire en présence du Messager de Dieu ﷺ sans le consulter d'abord. Ainsi, nous dit-il ﷺ: "Il n'y a pas de mal pour vous à éviter cette pratique (l'interruption du coït). Car toute âme dont la création a été décrétée par Dieu, jusqu'au Jour de la Résurrection, comme devant exister, existera inéluctablement." [Hadîth rapporté par al-Bukhârî et Muslim].

Ces deux hadîths, parmi tant d'autres, dans le même sens, prouvent la licéité de pratiquer le coït interrompu et l'utilisation des pilules contraceptives, puisqu'elles remplissent la même fonction.

---

(1) Le coït interrompu ('azl) consiste à pratiquer le coït jusqu'au moment où l'on est sur le point d'éjaculer, auquel moment l'on retire le membre, et l'on éjacule à l'extérieur du vagin.

(2) Suite du hadîth: L'homme revint le trouver après coup, et lui dit: "L'esclave est enceinte", et le Messager de Dieu ﷺ de dire: "Je t'avais informé que ce qui est destiné pour elle se réalisera."

Quatrièmement: L'affirmation de ce médecin musulman que cette femme risque de mourir en couches est fausse, car la connaissance du terme de la vie relève du mystère dont Dieu ﷻ Seul détient le savoir.

Dieu ﷻ dit:

﴿إِنَّ ٱللَّهَ عِندَهُۥ عِلْمُ ٱلسَّاعَةِ وَيُنَزِّلُ ٱلْغَيْثَ وَيَعْلَمُ مَا فِى ٱلْأَرْحَامِ ۖ وَمَا تَدْرِى نَفْسٌ مَّاذَا تَكْسِبُ غَدًا ۖ وَمَا تَدْرِى نَفْسٌۢ بِأَىِّ أَرْضٍ تَمُوتُ ۚ إِنَّ ٱللَّهَ عَلِيمٌ خَبِيرٌۢ ﴿٣٤﴾﴾

﴾La connaissance de l'Heure est auprès d'Allah; et c'est Lui qui fait tomber la pluie salvatrice; et Il sait ce qu'il y a dans les matrices. Et personne ne sait ce qu'il acquerra demain, et personne ne sait dans quelle terre il mourra. Certes, Allah est Omniscient et Parfaitement Connaisseur.﴿

[Luqmân, 34]

[Fatâwâ Islâmiyya]

Opinion légale sur le coït interrompu et sur le contrôle des naissances

Son éminence, Cheikh Muhammad Ibn Sâlih al-'Uthaymîn

Question: Quand est-ce est-il permis à la femme d'utiliser les pilules de contraception, et quand est-ce que cela lui est-il légalement prohibé? Existe-t-il un texte formel, ou un avis juridique, autorisant la limitation des naissances? Est-il permis, au musulman, de pratiquer le coït interrompu, sans motif précis?

Réponse: En fait, les musulmans sont censés multiplier leurs naissances autant que possible, telle est la recommandation du Prophète ﷺ dans ce hadîth disant: **"Prenez pour épouse la femme affectueuse et féconde. Car je rivaliserai de votre surabondance avec les autres peuples, au Jour de la Résurrection."** [Hadîth rapporté par Abû Dâwûd et al-Nasâ'î d'après Ma'qil Ibn Yasâr ﷺ.] En outre, l'expansion démographique est un facteur qui contribue à la puissance de la nation, ainsi que Dieu ﷻ l'indique, en rappelant son bienfait envers les israélites:

﴿وَجَعَلْنَٰكُمْ أَكْثَرَ نَفِيرًا﴾

﴾Ensuite, Nous vous donnâmes la revanche sur eux﴿

[Le Voyage nocturne, 6]

Puis, Chu'ayb a dit à son peuple:

﴿وَاذْكُرُوٓا۟ إِذْ كُنتُمْ قَلِيلًا فَكَثَّرَكُمْ﴾

﴿*Rappelez-vous quand vous étiez peu nombreux et qu'Il vous a multipliés en grand nombre.*﴾ [Les Limbes, 86]

Nul ne saurait nier le fait que l'importance démographique d'une nation est un facteur de puissance et de force, contrairement aux sceptiques qui estiment qu'une nombreuse population est cause de pauvreté et de famine. Que la nation fortement peuplée compte donc sur Dieu ﷻ, et croit en sa promesse, car:

﴿وَمَا مِن دَآبَّةٍ فِى ٱلْأَرْضِ إِلَّا عَلَى ٱللَّهِ رِزْقُهَا﴾

﴿*Il n'y a point de bête sur terre dont la subsistance n'incombe à Allah*﴾ [Hûd, 6]

Dieu lui rendra ainsi la vie facile, et la prouvoira en richesses et en ressources, de par Sa grâce. Partant de ce qui précède, la réponse à la question est que la femme ne doit utiliser les pilules contraceptives que sous deux conditions:

Première condition: En cas de nécessité, comme dans le cas d'une femme malade qui ne supporte pas être enceinte chaque année, ou celle de constitution faible ou présentant d'autres empêchements, de sorte que l'enfantement, chaque année, lui est pernicieux.

Deuxième condition: Requise est l'autorisation de l'époux, car la procréation est de son droit.

Il est également indispensable de consulter un médecin, à propos de l'utilisation de ces pilules, pour savoir si elles ont des effets néfastes ou non.

Il n'y a pas de mal à utiliser ces pillules lorsque ces deux conditions sont satisfaites, mais il faut que cette contraception ne soit pas irréversible. Il ne faut pas pourtant les utiliser durant toute la vie, car cela impliquerait l'arrêt définitif de la procréation.

Pour la seconde partie de la question: La réponse c'est que la limitation des naissances est impossible en réalité, puisque la conception d'un enfant ou non dépend exclusivement de la volonté de Dieu ﷻ. Ensuite, en cas de limitation des naissances à un nombre [qui soit minime], ce nombre pourrait bien être touché par une épidémie [par exemple], qui le fera périr dans sa totalité, la même année, et alors l'on se retrouvera sans descendance.

La limitation des naissances n'est pas indiquée par la Loi, toutefois la contraception dépend de la nécessité absolue, selon les conditions précisées dans la réponse à la première question.

Pour ce qui est du coït interrompu sans motif, l'avis authentique des Ulémas indique qu'il n'y a pas de mal à le faire, ceci sur la base du hadîth de Jâbir رضي الله عنه, disant: "Nous pratiquions le coït interrompu du vivant du Messager de Dieu ﷺ, et à l'époque où la révélation du Coran était en cours." Or, si cette pratique était prohibée, Dieu l'aurait certes interdite. Néamoins, l'homme ne doit pas, selon les Ulémas, pratiquer le coït interrompu avec son épouse de condition libre sauf avec son consentement, du fait de son droit à l'engendrement, et que cette pratique la prive de son droit à la jouissance, faute de l'interruption de l'acte. Ainsi, pusique l'interruption du coït l'empêche-t-elle de jouir parfaitement, et la prive de l'enfantement, nous avons stipulé la condition que cela doit être pratiqué avec son consentement.

[Fatâwâ al-Mar'a]

Signification de la séparation des couches

Son éminence, Cheikh Muhammad Ibn Sâlih al-'Uthaymîn

Question: Vous avez mentionné le verset disant:

﴿وَٱهۡجُرُوهُنَّ فِي ٱلۡمَضَاجِعِ﴾

﴿Éloignez-vous d'elles dans leurs lits﴾ [Les Femmes, 34]

Cela signifie-t-il que le mari doit faire lit à part, ou bien qu'il peut coucher à côté d'elle, dans le même lit, et lui parler en évitant uniquement d'avoir des relations sexuelles avec elle? Je souhaiterais être éclairé sur ce point.

Réponse: Le verset a une portée générale qui englobe le fait de se coucher à côté d'elle, sans lui adresser la parole, ni se livrer au commerce charnel avec elle, et aussi le fait de dormir dans un autre endroit, sachant que nous avons déjà traité ce point. Ainsi, peut-il dormir dans un lit à part, dans une autre chambre, ou même à l'extérieur de la maison, l'important étant de prendre la mesure la mieux appropriée pour la discipliner.

[Al-Bâb al-Maftû<u>h</u>]

La rupture entre les conjoints

Son éminence, Cheikh <u>S</u>âli<u>h</u> Ibn Fawzân al-Fawzân

Question: Sachant qu'il est interdit au musulman de rompre avec son frère au-delà de trois jours, quelle est donc la qualification juridique de la rupture entre conjoints, que ce soit comme mesure disciplinaire vis-à-vis de l'épouse, ou pour quelque autre motif que ce soit?

Réponse: Lorsque l'épouse se rebelle à ses devoirs conjugaux, et persiste malgré l'exhortation de son époux, celui-ci pourra se séparer d'elle, au lit. C'est-à-dire qu'il se couche avec elle, dans le même lit, mais en lui tournant le dos, et en s'abstenant de lui adresser la parole, jusqu'à ce qu'elle se repente de sa faute, ceci n'étant pas en contradiction avec la prohibition de la rupture entre musulmans au-delà de trois jours.

L'on pourrait dire également que la rupture-ou la séparation-interdite est celle qui est suscitée par une raison autre que la transgression de la Loi, et l'indiscipline de la femme est une trangression rendant loisible à l'époux de suspendre ses relations avec elle.

[Al-Muntaqâ min Fatâwâ al-Cheikh al-Fawzân]

La femme qui fait lit à part sur ordre de son époux

Son éminence, Cheikh Mu<u>h</u>ammad Ibn <u>S</u>âli<u>h</u> al-'Uthaymîn

Question: Nous entendons souvent que lorsqu'une femme abandonne le lit conjugal, les anges la maudissent jusqu'au matin. Quel est donc l'opinion légale concernant une femme que son mari chasse de la chambre, en lui disant, suite à une simple dispute: "Sors d'ici, je ne veux pas de toi dans la chambre!". La femme quitte alors son lit pendant quatre jours, et dort avec ses enfants. Ensuite, le mari lui autorise de regagner la chambre. Les anges, la maudissent-ils dans ce cas? Est-elle fautive dans cette affaire? Et quelle est l'expiation qui lui incombe pour que Dieu soit satisfait d'elle?

Réponse: Avant de répondre à cette question, je voudrais souligner que chacun des conjoints doit traiter son partenaire convenablement, conformément aux obligations mutuelles établies par Dieu ﷻ:

﴿وَعَاشِرُوهُنَّ بِٱلْمَعْرُوفِۚ﴾

﴾Et comportez-vous convenablement envers elles.﴿ [Les Femmes, 19]

﴿وَلَهُنَّ مِثْلُ ٱلَّذِى عَلَيْهِنَّ بِٱلْمَعْرُوفِۚ﴾

﴾Quant à elles (les épouses), elles ont des droits équivalents à leurs obligations, conformément à la bienséance.﴿ [La Vache, 228]

Il incombe, donc, à chacun des conjoints, de traiter l'autre avec affection et bonté.

Dieu ﷻ dit aussi:

﴿وَمِنْ ءَايَـٰتِهِۦٓ أَنْ خَلَقَ لَكُم مِّنْ أَنفُسِكُمْ أَزْوَٰجًا لِّتَسْكُنُوٓا۟ إِلَيْهَا وَجَعَلَ بَيْنَكُم مَّوَدَّةً وَرَحْمَةًۚ﴾

﴾Et parmi Ses signes, Il a créé de vous, pour vous, des épouses pour que vous viviez en tranquillité avec elles, et Il a mis entre vous de l'affection et de la bonté.﴿

[Les Romains, 21]

Cette cohabitation, paisible et heureuse, loin des rapports tendus et de l'ambiance tourmentée, leur garantit une vie heureuse. Chacun doit être patient avec l'autre, et prêt à remplir ses obligations envers lui, en évitant toute atteinte à ses droits:

﴿إِنَّمَا يُوَفَّى ٱلصَّـٰبِرُونَ أَجْرَهُم بِغَيْرِ حِسَابٍ﴾

﴿Et les endurants auront leur pleine récompense, dépassant toute mesure.﴾

[Les Groupes, 10]

Voici la réponse à la question: Lorsque c'est le mari qui chasse son épouse du lit, elle n'encourt pas de blâme si elle refuse d'y retourner, quand il le lui demande. À moins que celle-ci n'ait été coupable d'une faute qui a causé son expulsion de la chambre, auquel cas elle sera tenue de s'excuser et d'œuvrer pour gagner la satisfaction de son mari, et que Dieu couronne ses efforts de succès.

[Fatâwâ Manâr al-Islâm]

Élimination de la pilosité faciale anormale

Son éminence, Cheikh Mu<u>h</u>ammad Ibn <u>S</u>âli<u>h</u> al-'Uthaymîn

Question: Est-il permis légalement à la femme d'épiler les sourcils ou de les affiner lorsqu'ils l'enlaidissent?

Réponse: Cela dépend de deux cas:

Premier cas: L'épilation par arrachage, ce qui est prohibé et constitue un péché grave, du fait que ce procédé relève de l'épilation du visage dont les auteurs ont été maudits par le Prophète ﷺ.

Deuxième cas: L'épilation par la taille ou le rasage des poils, ce qui fait l'objet d'une divergence d'avis entre les Ulémas, s'il relève ou non de l'épilation du visage. Il est donc préférable de l'éviter, et que la femme s'en abstienne.

Par contre, il n'y a point de mal à éliminer la pilosité anormale, comme les moustaches chez la femme, ou des poils sur les joues, car il s'agit dans ce cas d'anomalie qui l'enlaidit. Quant aux sourcils, ils peuvent être naturellement fins ou denses, et tout ce qui est normal ne doit pas être touché, n'étant pas considéré comme défaut, car certains trouvent les larges sourcils comme signe de beauté, alors que d'autres y voient le contraire; ce ne sont donc pas un défaut, et il n'est pas urgent de les éliminer.

[Fatâwâ al-Mar'a]

Tête-à-tête de l'homme avec la femme de son frère, en voiture, ou bien dans la maison

Son éminence, Cheikh Muhammad Ibn Sâlih al-'Uthaymîn

Question: Est-il loisible à l'homme d'accompagner la femme de son frère chez le médecin, lorsque son frère est absent, ou bien lorsqu'il a un empêchement quelconque, sachant que l'hôpital sc trouve dans la ville?

Réponse: Il n'est pas permis à la femme de monter en voiture seule avec le frère de son mari, car cela fait partie du tête-à-tête dont le Messager de Dieu ﷺ nous a mis en garde, en disant: **"Gardez-vous d'entrer chez les femmes."** On demanda alors: "Ô Messager de Dieu, qu'en est-il d'un proche parent du mari?", et le Prophète ﷺ de répliquer: **"Le proche parent du mari c'est le danger mortel."** [Hadîth rapporté par al-Bukhârî et Muslim]. Que comprenez-vous, ô sujets de Dieu, de ces mots? Est-ce de la mise en garde ou une licéité? Il y a certainement là un avertissement qu'on entend, et non pas une licéité! Il n'est donc pas permis à l'homme de se trouver en tête-à-tête avec l'épouse de son frère, ni en voiture, ni dans la maison. Pire encore est la pratique des gens qui, lorsqu'un visiteur arrive chez quelqu'un et, ne l'y trouvant pas, la femme lui ouvre la porte et l'invite à entrer pour attendre le maître des lieux. Il est donc interdit à toute femme de se trouver en tête-à-tête avec un homme, même s'il s'agit d'un parent proche de son époux, d'un parent à elle, ou bien d'un voisin, sauf en présence d'un mahram, et ceci s'applique aussi bien dans le lieu de résidence qu'en voyage. Aussi, faut-il souligner qu'il lui est prohibé de voyager sans être accompagnée par un parent mahram, même si elle ne va pas se trouver en tête-à-tête avec un homme, ceci sur la base du hadîth mentionné dans les deux Sahîhs d'al-Bukhârî et de Muslim, dans lequel Ibn 'Abbâs ﷺ rapporte avoir entendu le Prophète ﷺ dire, dans un prêche: **"Il est interdit à tout homme de sc trouver en tête-à-tête avec une femme qu'en présence d'un parent mahram de celle-ci. Comme il est interdit, à toute femme, d'effectuer un voyage, sauf accompagnée d'un parent mahram"**.

[Fatâwâ Nisâ'iyya]

Opinion légale sur le fait de serrer la main des femmes parentes

Son éminence, Cheikh Mu<u>h</u>ammad Ibn <u>S</u>âli<u>h</u> al-'Uthaymîn

Question: Est-il permis de serrer la main aux femmes parentes, à travers un voile?

Réponse: Quand il s'agit de femmes parentes qui sont ma<u>h</u>ram pour l'homme, c'est-à-dire celles qui lui sont prohibées en mariage, il lui est permis de leur serrer la main à travers un voile, puisqu'il lui est permis de regarder les parties du corps précisées par les Ulémas, comme le visage, les mains et les pieds. Mais quand il agit d'une femme parente mais non-ma<u>h</u>ram, il ne lui sera pas loisible de lui serrer la main, que ce soit à travers un voile ou non, même si la poignée de main fait partie des coutumes chez eux. Cette coutume doit être annulée, parce qu'elle est contraire à la Loi, et le toucher est encore plus grave que le regard, du fait qu'il est généralement plus excitant. Ainsi, étant donné que l'homme ne doit-il pas regarder la main d'une femme non-ma<u>h</u>ram, il doit éviter, à plus forte raison, de la lui serrer.

[Fatâwâ Nisâ'iyya]

Opinion légale sur la toilette de la femme, pour sortir de chez elle

Son éminence, Cheikh Mu<u>h</u>ammad Ibn <u>S</u>âli<u>h</u> al-'Uthaymîn

Question: Quelle est l'opinion légale sur la femme qui se parfume et soigne sa toilette, en sortant de chez elle, pour se rendre directement à son école. Lui est-il loisible de le faire? Et quels sont les atours qu'il est prohibé à la femme de montrer aux autres femmes?

Réponse: Il est porhibé à la femme de sortir parfumée dans la rue, en raison de la séduction que cela comporte. Mais il n'y a pas de grief pour elle à se parfumer lorsqu'elle doit monter en voiture à condition que son parfum ne soit perçu que par des individus pour lesquels sa perception est licite, et qu'elle entre immédiatement à l'école, sans qu'il y ait d'hommes devant elle. Cela n'est pas du tout condamnable, car la femme, dans sa voiture, est considérée comme étant chez elle.

Par ailleurs, il est interdit à l'homme de permettre à son épouse, ou à toute femme dont il est tuteur, de monter seule avec le chauffeur, car il s'agit bien là d'un tête-à-tête. Bref, il est interdit à la femme qui doit passer près des hommes, de se parfumer.

Je profiterai de cette occasion pour souligner, qu'au cours du ramadan, certaines femmes amènent du parfum [à la mosquée], et en offrent à leurs semblables, ce qui fait qu'elles en sortent sentant l'encens. Rappelons alors que le Prophète ﷺ dit: **"Quand une femme s'est parfumée à l'encens, elle ne devra pas venir assister à la prière du 'ichâ' (soir) avec nous."**

Il n'y a toutefois pas de mal à amener de l'encens pour parfumer la mosquée.

Aussi, lui est-il loisible de laisser paraître les atours que les femmes peuvent voir habituellement entre elles. Quant aux atours illicites, il est illicite de se les montrer les unes aux autres, comme par exemple en portant les habits légers qui laissent transparaître la peau, ou les habits moulants qui mettent en évidence les chrames. Le Prophète ﷺ dit: **"Il est deux catégories de réprouvés de l'enfer que je n'ai pas encore vus: Des gens dotés de flagelles comme des queues de vaches, dont ils fouettent d'autres; et des femmes portant des habits dévoilant leur nudité, enclines à la débauche et racoleuses, ayant des têtes telles des bosses de chameaux penchées. Elles n'entreront pas au paradis et n'en sentiront même pas l'odeur, laquelle sera perceptible à une très grande distance."** [Hadîth rapporté par Muslim et Ahmad].

[Fatâwâ Nisâ'iyya]

Opinion légale sur l'habit de la femme, pendant jusqu'aux pieds

Son éminence, Cheikh Muhammad Ibn Sâlih al-'Uthaymîn

Question: Est-il permis pour la femme de porter un habit long dépassant le pied d'environ cinq centimères? Veuillez nous éclairer.

Fatwâ: Oui, il est permis à la femme de laisser pendre son habit, jusqu'en dessous des chevilles. Voire, c'est ce qui est indiqué légalement à son intention, pour se couvrir les pieds. En effet, il est obligatoire, selon beaucoup d'ulémas, pour la femme, de couvrir ses pieds. Il lui convient donc de couvrir ses pieds avec un habit long ou des chaussettes, des chaussures ou autres.

[Fatâwâ Nisâ'iyya]

Opinion légale sur le fait que la femme doit laisser ses avant-bras dénudés

Son éminence, Cheikh Muhammad Ibn Sâlih al-'Uthaymîn

Question: Est-il vrai, qu'au Jour de la Résurrection, les femmes seront-elles brûlées aux avant-bras pour les avoir laissés dénudés ici-bas, en étant chez elles? Car nous avons fait nos vêtements de sorte que certains nous arrivent jusqu'au poignets, et d'autres jusqu'au coudes. Nous vous prions de nous préciser l'avis légal sur cette question.

Réponse: D'abord, ce prétendu châtiment du feu, infligé aux avant-bras, le Jour de la Résurrection, n'a aucun fondement. Ensuite, et selon l'avis légal, il est prohibé pour la femme de laisser paraître ses avant-bras devant des gens autres que ses parents mahram, ou bien son époux. La femme doit porter une tenue décente, et éviter, autant que possible, de s'exposer aux regards. Elle doit ainsi couvrir ses avant-bras, à moins qu'il n'y ait personne d'autre chez elle en dehors de son époux ou de ses parents mahram; auquel cas, il n'y a pas de grief, pour elle, à les dénuder. Ainsi, concernant les vêtements à manches courtes que vous avez confectionnés, il n'y a pas de mal à les garder sous cette forme, pour les porter devant vos époux ou vos parents mahram. Mais vous devrez, en revanche, confectionner d'autres pour les porter en cas de présence, chez vous, d'hommes non-mahram, tels que le frère votre époux par exemple. Aussi, n'est-il pas permis à la femme de sortir dans la rue en portant ce genre de vêtements (à manches courtes), à moins de les couvir par une 'abâya, et de ne plus les découvrir devant les gens, à l'extérieur.

[Fatâwâ Nisâ'iyya]

Opinion légale sur l'allongement des ongles

Son éminence, Cheikh Muhammad Ibn Sâlih al-'Uthaymîn

Question: Quelle est l'opinion légale sur l'allongement des ongles, sachant qu'ils sont propres? Et est-ce la coupe des ongles est une pratique qui relève de la Sunna ou bien est-elle prescrite?

Fatwâ: Couper ou tailler les ongles est un soin de l'hygiène du corps dont Dieu a inspiré la pratique naturellement, et Il l'a indiqué scripturairement. Le Prophète ﷺ a établi un délai de quarante jours à ne pas dépasser pour tailler les moustaches, épiler le pubis et les aisselles. Ainsi, l'on ne doit pas laisser pousser les ongles, sans les couper après quarante jours, qu'ils soient propres ou sales, conformément aux enseignements de Muhammad ﷺ qui sont les meilleurs de tous. Aussi, s'asbtenir de couper les ongles est contraire aux soins que Dieu a inspirés aux humains. Il est, de par cela, prohibé de les laisser pousser après quarante jours, par imitation des impies qui ont dévié de la nature saine, et le Prophète ﷺ dit: **"Quiconque imite des gens devient un des leurs."** [Hadîth rapporté par Ahmad]. Cheikh al-Islâm Ibn Taymiyya affirme que ce hadîth indique la prohibition au minimum, sachant, qu'au sens strict, il implique l'impiété de ceux qui s'apparentent à eux. Et quand on laisse pousser les ongles après ce délai, par simple désir de le faire, cela relève d'une pratique contraire à la nature, et est contraire aux injonctions fixées par le Prophète ﷺ, à l'intention de sa nation.

[As'ila Muhimma]

La procréation dépend du destin préétabli par Dieu

Son éminence, Cheikh 'Abd-al-'Azîz Ibn 'Abdullah Ibn Bâz

Question: Une femme sombre dans la mélancolie parce qu'elle n'a pas enfanté. Aussi, passe-t-elle son temps à pleurer, à se tourmenter l'esprit, et vit dans le renoncement. Quel est donc l'avis de la religion à son propos, et quel conseil lui adresserez-vous?

Réponse: Cette femme ne doit pas se faire de tourments, ni pleurer pour ne pas avoir enfanté, car la disposition naturelle à engendrer des enfants mâles seulement, femelles seulement, ou bien des deux à la fois, ainsi que l'incapacité de l'homme ou de la femme à procréer... tout cela dépend du destin préétabli par Dieu ﷻ, qui dit:

﴿لِّلَّهِ مُلْكُ ٱلسَّمَٰوَٰتِ وَٱلْأَرْضِ يَخْلُقُ مَا يَشَآءُ يَهَبُ لِمَن يَشَآءُ إِنَٰثًا وَيَهَبُ لِمَن يَشَآءُ ٱلذُّكُورَ ﴿٤٩﴾ أَوْ يُزَوِّجُهُمْ ذُكْرَانًا وَإِنَٰثًا وَيَجْعَلُ مَن يَشَآءُ عَقِيمًا إِنَّهُۥ عَلِيمٌ قَدِيرٌ ﴿٥٠﴾﴾

﴿À Allah appartient la royauté des cieux et de la terre. Il crée ce qu'Il veut. Il fait don de filles à qui Il veut, et don de garçons à qui Il veut, ou bien Il donne à la fois garçons et filles; et Il rend stérile qui Il veut. Il est certes Omniscient et Omnipotent.﴾

[La Concertation, 49-50]

C'est, en fait, Dieu ﷻ Seul qui sait à quelle catégorie appartient tel ou tel individu, selon Sa seule volonté.

La consultante doit tirer enseignement du récit de Jean-Baptiste (Yahyâ), fils de Zacharie, fils de Marie, car les deux n'avaient pas d'enfants au départ. Elle devra donc se résigner et adresser ses vœux à Dieu qui détient la sagesse infinie et la puissance absolue.

Rien n'empêche, non plus, qu'elle ne consulte des médecins spécialistes femmes ou, à défaut, hommes, qui pourraient traiter les causes empêchant la conception. Il en est de même pour son mari qui doit, à son tour, consulter un spécialiste, puisque la cause pourrait provenir éventuellement de lui. Enfin, que Dieu nous guide au succès.

[Majalat al-Buhûth al-Islâmiyya]

La stérilité de l'homme autorise le divorce

Son éminence, Cheikh Muhammad Ibn Sâlih al-'Uthaymîn

Question: Une femme mariée depuis un certain temps n'a pas eu d'enfants. Les analyses ont montré, par la suite, que le problème vient de son mari et que, par conséquent, il est impossible, pour ce couple, d'engendrer. Cette femme, a-t-elle alors le droit de demander le divorce?

Réponse: Il revient à cette femme de demander le divorce de son mari s'il est établi que la stérilité est exclusivement masculine au sein du couple. S'il accepte de divorcer, le problème sera résolu, sinon c'est le juge qui dissoudra le mariage vu le droit de la femme d'avoir des enfants. Sachant que beaucoup de femmes se marient dans le seul but d'enfanter, lorsque le mari s'avère stérile, la femme a le droit de demander le divorce et le mariage sera dissous. Tel est l'avis plausible chez les Ulémas.

[Fâtâwâ al-Mar'a]

Opinion légale sur le maquillage pour le mari

Son éminence, Cheikh Mu<u>h</u>ammad Ibn <u>S</u>âli<u>h</u> al-'Uthaymîn

Question: Est-il permis à la femme de se maquiller pour se faire belle à son mari? Lui est-il permis de se montrer ainsi devant sa famille, ou bien devant d'autres femmes musulmanes?

Réponse: Les soins de beauté de la femme, visant à se faire belle pour son mari, dans les limites loisibles, sont recommandés, vu que cela favorise son attachement à elle et renforce l'affection entre eux, conformément au but de la loi. Il n'y a pas de mal donc, ni de grief, pour la femme de se maquiller, si cela l'embellit sans lui être pernicieux. J'ai néanmoins entendu que le maquillage nuit à la peau du visage et l'enlaidit, bien avant d'atteindre l'âge de la vieillesse. Je prie de par ceci les femmes de consulter l'avis des médecins sur ce point. Et si cela s'avère vrai, l'utilisation du maquillage sera prohibée ou, du moins, répréhensible; car tout ce qui dénature ou altère le corps humain est soit prohibé, soit répréhensible.

Je voudrais souligner, à l'occasion, [une remaraque sur] l'utilisation du vernis à ongles, qui y forme une couche imperméable: Il n'est point permis à la femme de l'utiliser lorsqu'elle prie, car il empêche l'eau de parvenir aux ongles, lors de la purification rituelle. En fait, tout ce qui empêche l'eau de parvenir au corps est interdit pour l'individu qui doit faire l'ablution ou le bain, car Dieu ﷻ dit:

﴿فَٱغْسِلُوا۟ وُجُوهَكُمْ وَأَيْدِيَكُمْ﴾

﴾Ô les croyants! lorsque vous vous levez pour la prière, lavez vos visages et vos mains jusqu'aux coudes﴿

[La Table servie, 6]

Quand la femme a les ongles couverts de vernis, il empêchera l'eau d'y parvenir ; et de là, elle n'aura pas lavé effectivement les mains, et aura ainsi manqué un acte obligatoire de l'ablution ou du bain rituel. Il n'y a pas, par contre, de grief, pour la femme qui ne prie pas[1], à utiliser le vernis, à moins que ce ne sera une pratique propre aux femmes impies; auquel cas, son utilisation sera interdite, du fait de l'apparentement à elles.

J'ai entendu que quelqu'un a émis une fatwâ, soutenant que l'utilisation du vernis à ongles est assimilable au port de chaussures, en matière d'ablution. Par conséquent, il est permis à la femme, selon cet avis, d'utiliser le vernis à ongles pour une durée d'une journée et d'une nuit si elle est sédentaire (muqîma), et pour une durée de trois jours lorsqu'elle est en voyage. Mais cette fatwâ est fausse, car l'on ne peut considérer au même titre que les chaussures tout ce que les gens couvrent leurs corps avec. En fait, la Loi a autorisé d'essuyer les chaussures (en passant la main mouillée dessus, lors des ablutions) par nécessité, puisqu'on a généralement besoin de se chausser pour se couvrir les pieds, et les préserver du sol, des cailloux et du froid, etc, c'est pourquoi donc que le législateur a autorisé l'essuyage par leur dessus, spécifiquement. Aussi, certains établissent-ils une analogie entre le vernis à ongles et le turban, pour autoriser ce qui est encore incorrect, car le turban couvre la tête. Or, l'acte de purification concernant la tête est une obligation faisant l'objet d'une facilité à l'origine, et l'obligation concernant la tête est l'essuyage, contrairement au visage dont l'on a l'obligation de le laver. D'autant plus, le Prophète ﷺ n'a-t-il pas permis à la femme d'essuyer par-dessus les gants, malgré qu'ils couvrent ses mains. Les deux Sahîhs mentionnent le hadîth d'al-Mughîra Ibn Chu'ba qui rapporte que le Prophète ﷺ portait une robe aux manches serrées. Ne pouvant pas en sortir les mains, il les fit paraître de dessous de la robe même et les lava. Ceci prouve qu'il n'est pas permis à l'homme d'établir une analogie entre n'importe quelle chose qui empêche l'eau de parvenir au corps, d'un côté, et le turban ou les chaussures d'autre côté. Le musulman est tenu de faire de son mieux pour connaître la vérité, et de n'émettre de fatwâ qu'en se présentant à l'esprit qu'il devra en rendre

---

(1) Au cours de la période des lochies ou de la menstruation.

compte devant Dieu ﷻ, parce qu'il s'agit d'un avis concernant Sa Loi. Enfin, que Dieu nous guide au succès, et nous oriente vers le droit chemin.

[Fatâwâ Nisâ'iyya]

La voix de la femme à la radio et à la télévision

Son éminence, Cheikh Muhammad Ibn Sâlih al-'Uthaymîn

Question: Est-il permis à la femme de travailler comme présentatrice, de sorte que les gens étrangers entendent sa voix? Est-il permis à l'homme étranger de lui parler [indirectement, quand elle] anime un programme à la télévision [par exemple], ou bien de lui parler directement?

Réponse: À la radio, la femme se mêle sûrement aux hommes et il se pourrait aussi qu'elle reste seule avec l'un d'eux, au studio, ce qui est incontestablement condamnable et prohibé, tel que le Prophète ﷺ le déclare: **"Il est interdit à tout homme de rester en tête-à-tête avec une femme."** Ceci ne saurait donc être permis par la Loi. Ensuite, c'est un fait que la présentatrice s'applique à adoucir sa voix pour attirer les auditeurs, ce qui est un grand malheur qu'il faut absolument éviter, vu la tentation que cela implique, surtout qu'il y a des hommes, jeunes et adultes, qui peuvent faire [ça à sa place], sachant que la voix masculine est plus forte et plus claire. Il n'y a pas de mal, par contre, à entendre la voix de la femme à la télévision, et rien n'empêche qu'elle y parle; seulement, il est interdit à tout homme de tirer plaisir de sa voix, ou de prolonger la conversation avec elle dans ce but, car ceci est prohibé. Il n'y a cependant pas de mal lorsqu'elle contacte quelqu'un pour lui communiquer une information, ou bien le consulter au sujet d'une question. Mais ceci devient prohibé s'il y a complaisance dans les propos, même lorsque cela ne se produit pas, quand, par exemple, la femme ne se rend pas compte que l'homme qui lui parle tire un plaisir sensuel en l'écoutant; ceci alors sera prohibé à l'homme; puis à la femme, si elle poursuit la conversation avec lui, une fois rendue compte de son dessein. Efin il n'y a pas cependant de mal à parler à une femme directement quand elle est voilée, et quand il n'y a pas risque de tentation, comme lorsqu'il s'agit d'une connaissance, comme pour la femme de son frère, sa cousine consanguine ou utérine.

[Fatâwâ Ibn 'Uthaymîn]

Opinion légale sur le banquet le de célébration d'une naissance

Son éminence, Cheikh Mu<u>h</u>ammad Ibn <u>S</u>âli<u>h</u> al-'Uthaymîn

Question: Que signifie la 'aqîqa du nouveau-né, et constitue-t-elle une partique obligatoire ou bien une Sunna?

Réponse: La 'aqîqa du nouveau-né désigne le banquet constitué d'une bête que l'on immole en signe de dévotion et de gratitude à Dieu, pour la faveur de la naissance d'un enfant, et que l'on organise au septième jour de sa naissance. Les Ulémas divergent sur sa qualification légale de pratique Sunna ou de pratique obligatoire; mais la majorité d'entre eux soutiennent qu'il s'agit d'une pratique Sunna appuyée (Sunna mu'akkada). L'Imam A<u>h</u>mad va jusqu'à soutenir que l'on doit emprunter de l'argent quitte à célébrer la 'aqîqa. C'est-à-dire que celui qui n'a pas d'argent doit en emprunter pour organiser ce banquet, et Dieu lui compensera ces frais, car il aura par là revivifié une pratique Sunna. Cependant, faut-il souligner que l'Imam A<u>h</u>mad entend dire que l'on doit emprunter de l'argent seulement si l'on se sait capable de pouvoir rembourser cette dette ultérieurement. Par contre, la personne qui ne pense pas pouvoir la rembourser dans l'avenir, ne doit pas s'en emprunter pour célébrer une 'aqîqa. Cet avis de l'Imam A<u>h</u>mad رضي الله عنه constitue une preuve que la 'aqîqa est donc une pratique Sunna appuyée, ce qui est vrai. L'homme doit ainsi organiser la 'aqîqa en égorgeant deux bêtes (moutons) pour le nouveau-né mâle, et une seule bête pour la femelle le septième jour de la naissance [comme déjà dit plus haut]. La famille en mangera, en offrira et en fera aumône. Il n'y a pas de grief, non plus, à faire aumône d'une partie de la viande, et d'inviter les proches et les voisins à manger des plats préparés avec cette viande.

[Fatâwâ Ibn 'Uthaymîn]

Table des matières